国家社会科学基金项目『信托税收法律制度研究』
（项目编号：11CFX023）成果

本书出版得到北京工商大学学科建设项目
『法学学科发展支撑计划2018』
（项目编号：19008001484）的支持

信托税收法律制度研究

Study on the Legal System of Trust Taxation

财税法学研究文丛

财税

总主编　刘剑文

郝琳琳／著

法律出版社
LAW PRESS·CHINA
北京

图书在版编目(CIP)数据

信托税收法律制度研究 / 郝琳琳著. -- 北京 : 法律出版社, 2023
(财税法学研究文丛 / 刘剑文总主编)
ISBN 978-7-5197-8334-1

Ⅰ. ①信… Ⅱ. ①郝… Ⅲ. ①信托—税法—研究—中国 Ⅳ. ①D922.220.4

中国国家版本馆 CIP 数据核字(2023)第 178658 号

信托税收法律制度研究
XINTUO SHUISHOU FALÜ ZHIDU YANJIU

郝琳琳 著

策划编辑 沈小英
责任编辑 毛镜澄
装帧设计 汪奇峰

出版发行 法律出版社
编辑统筹 法治与经济出版分社
责任校对 王 丰 郭艳萍
责任印制 吕亚莉
经 销 新华书店

开本 710 毫米×1000 毫米 1/16
印张 14.75 字数 279 千
版本 2023 年 9 月第 1 版
印次 2023 年 9 月第 1 次印刷
印刷 北京虎彩文化传播有限公司

地址:北京市丰台区莲花池西里 7 号(100073)
网址:www.lawpress.com.cn
投稿邮箱:info@lawpress.com.cn
举报盗版邮箱:jbwq@lawpress.com.cn
销售电话:010-83938349
客服电话:010-83938350
咨询电话:010-63939796

书号:ISBN 978-7-5197-8334-1
定价:89.00 元

Contents

目　录

第一章　绪论

第一节　研究背景和研究意义

一、研究背景

信托起源于英国,是以追求良心和正义而著称的衡平法的主要产物。独具特色的法律架构使其成为一种优良的理财方式。由于财产的所有权与利益分离,信托财产的权利在法律上属于受托人,受托人据此对信托财产进行管理、使用和处分,但信托财产所产生的收益却并非归属于受托人,而是归属于受益人,使受益人无须承受管理财产的劳顿就能享受财产带来的利益。信托的这种法律特性使信托制度成为那些因为各种原因而无法自己管理财产的人的理想理财工具,同时也为信托制度的发展带来了巨大的弹性空间。信托业已发展成为重要的金融产业之一,与银行业、证券业和保险业共同构成现代金融业的四大支柱。凭借信托独有的风险隔离和权利义务重构功能,信托产品始终以设计精巧、操作灵活而著称,信托的发展历程也堪称一部金融创新史。在今天,除财产管理外,信托制度的运用已经深入到投资、融资、慈善事业、社会保障,乃至政治生活等许多领域。信托制度所具有的巨大弹性空间,使之不但在英美法系国家得到广泛应用,而且日益成为一种全球性的法律制度。正如英国著名法律史学家梅特兰德(F. W. Maitland)所言,信托概念在 21 世纪将日益广泛地传播并影响整个世界。

改革开放以来,我国也融入经济全球化之中。随着1979年10月4日中国国际信托投资公司的成立,20世纪五六十年代陆续停办的信托机构在中华大地重新崛起。我国信托业在经历了多次发展—整顿—再发展—再整顿的循环后,终于进入了法治、规范的新阶段。[①] 肇始于1998年的广东国投破产案的信托业第五次整顿,被认为是信托业的一次根本性变革。在这次整顿中,《信托法》《信托投资公司管理办法》《信托投资公司资金信托管理暂行办法》相继出台。这些法律法规对于确认和创建信托关系,维护信托当事人的合法权益,促进信托业的健康发展,营造良好的信托法律环境具有重要意义。

在过去几年中,资金信托、财产信托等各类信托产品层出不穷,资金融通数额急剧增长,财产管理业务推陈出新,信托业呈现出前所未有的发展势头。而且,与经济发展同步,私人所拥有的财产规模也迅速扩张。招商银行和贝恩公司(管理咨询机构)在北京联合发布的《2021中国私人财富报告》指出,2020年,中国个人可投资资产总规模达人民币241万亿元,可投资资产在人民币1000万元以上的中国高净值人群数量达262万人。[②]

但是《信托法》出台至今,我国的信托税收法律制度的不足亟须弥补。目前对信托的课税只能适用税法关于一般经济业务的规定,因此在税款征纳过程中难免出现问题,如纳税主体尚不明确、征税客体难以界定、纳税环节仍未清楚、适用税率无法统一,以致一些信托公司在其信托产品招募说明书中,不能将信托收益的税收问题作出说明。不但如此,随着信托制度的不断发展,已发生或将要发生的信托税收法律关系,必须有相关法律的规制,才能充分保障国家的税收利益和纳税人的合法权益,才能为信托制度实现其理财功能提供一个稳定有序的法律平台。这就使及时完善信托税收立法成为我国法治建设所面临的一个亟待解决的问题。作为英美法系下特有的财产管理制度,信托与大陆法系国家的财产制度存在明显差别。由于我国继受了大陆法系的传统,信托制度必然面临如何调整现有的财产法律制度以适应信托运行的问题。税收制度与信托的发展联系紧密,因此,信托税法的完善成为财产法律制度调整的重要内容。

---

① 参见蔡概还:《信托业调整与发展的趋势》,载《清华金融评论》2016年第6期。

② 参见谢绮珊:《〈2021中国私人财富报告〉发布》,载人民资讯网2021年5月25日,https://baijiahao.baidu.com/s?id=1700729942874678866&wfr=spider&for=pc。

重复征税是我国信托税收制度中存在的重要问题。从信托环节来看，信托设立时就信托财产形式移转所产生的纳税义务，与信托终止时信托财产实质移转所产生的纳税义务相重复，造成对同一税源两次征收流转税；信托存续期间信托收益产生时的所得税纳税义务，与信托收益分配或信托终止时受益人接受受托人转移该收益而产生的所得税纳税义务相重复，导致对同一所得两次课征所得税。由于现行税收制度未触及信托中所有权的二元化问题，重复征税也就成为必然。对信托所得税中的重复征税现象，各国普遍采取了否定态度，因此，应将“实质课税”作为我国信托各主体所得税纳税义务分配均衡的评判标准，确定形式移转不征税，由实际受益人负税。

虽然，我国2001年就颁布了《信托法》，并设专章规定了公益信托的基本制度，而后于2016年9月施行的《慈善法》中又以专章丰富和完善了慈善信托制度，但是却并未能推动慈善信托的长足发展，①缺乏税收优惠制度的支持已经成为我国慈善事业发展之路上难以克服的障碍。

由于信托具有避税的功能，曾使一些大陆法系国家长期拒绝接受信托制度。这是由于“任何试图采纳信托法的国家都将面对信托便于避税的发展趋势，信托多变的性质使其特别适于进行财政以及规章性的规避”。② 可以预见，随着信托制度的发展和运行，我国也将涌现出大量利用信托避税的现象，因此，防范信托避税也是信托税收法律制度面临的难题。

2020年中国证监会和国家发展改革委联合发布了《关于推进基础设施领域不动产投资信托基金（REITs）试点相关工作的通知》（证监发〔2020〕40号），标志着公募REITs在我国正式拉开了帷幕。REITs本身具有复杂的交易结构，征税事项繁多，相较我国其他房地产融资产品和其他国家的REITs产品税负较重。由此，应结合REITs产品的税负现状，并参考其他国家对REITs课税的规则，遵循税收中性原则，制定符合我国国情的公募REITs税收制度。

长期以来，高净值人群凭借其得天独厚的资源调配优势进行个人财富的税务筹划，常用的避税手段包括利用关联方转让定价、设置离岸避税架构、弃籍取得非居民身份等。《共同申报准则》（Common Reporting Standard，CRS）和我国《个人所得税法》的施行逐渐挤压了其避税空间，但我国个人所得税反避

---

① 截至2016年年底，全国范围内仅成功备案22个慈善信托，备案数量最多的北京市也只有6单。到2018年虽成倍增长，也只是备案87单。

② 郝琳琳：《信托所得课税法律问题研究》，法律出版社2013年版，第3页。

税规则仍亟须优化。在《个人所得税法》中引入具体明晰的特殊反避税条款、将“合理商业目的”和“经济实质”共同作为评判避税行为的标准,以及构建执法程序中的反避税规则等,都是税务透明时代优化反避税制度的进路和要求,也是共同富裕视域下规范财富积累机制的题中之义。

二、研究意义

我国信托业尚处于初步发展阶段,信托税法的完善与否将在很大程度上影响信托的发展状况,因此本课题的研究在当前具有十分重要的现实意义。

(一)理论意义

1. 有助于丰富和完善财税法理论体系

近年来,学术界对信托问题的研究成果日益丰富,但对信托税法却少有涉及,对这一问题一般也是选择在某一学科范围内进行探讨。本书的研究则涉及法学、金融学、税收学等多领域,从制度化的高度全面研究信托课税问题,力图得出对理论研究具有拓展性意义的结论。这一交叉研究的结果将有助于我国财税法理论体系的丰富与完善,具有一定的理论意义。

2. 将实质课税原则作为信托各主体纳税义务分配均衡的评判标准

由于信托分割了财产的管理属性和利益属性,导致信托运行的各环节中财产的形式移转与实质移转并存。信托重复征税与信托避税成为信托税收制度面临的两大难题。实质课税原则注重根据实际情况,判断经济活动的目的和实质,而不仅仅通过其外观形式,从而能够更加有效、公平、合理地完成课税。实质课税主义符合税法所追求的实质公平的社会理念,因此应将其应用于信托课税实践,作为信托各主体纳税义务分配均衡的评价标准。

3. 有助于合理构建信托税收法律制度

理论界与实务部门一直注重对信托投资理财功能的发掘,尚缺乏对信托课税问题的深度思考。本书尝试对信托税法规则进行解析,构建以实质受益者为纳税主体、以信托所得为征税客体、分类适用超额累进税率和比例税率的信托所得税框架体系;遵循实质课税原则,简化并完善理财产品的流转税制度;对未来可能开征的信托遗产税采取审慎的宽容态度。在这一过程中,既对信托课税中的共性问题提出设想,也对一些可操作性问题的具体处理提出基本思路,力求对合理构建我国信托税收法律制度有所裨益。

4. 有助于完善反避税规则

信托中的避税问题是信托税收制度中的核心问题之一,但是通过对世界各国的立法考察，发现许多国家对信托避税行为并未一概采取坚决打击的严苛做法，即使在对避税行为持最严厉态度的英国，其政府也遵循“对纳税人友好原则”。① 因此，在信托税收立法中首先要解决的问题，是将信托的灵活机制限制在合理的限度内，并在此基础上发挥信托的功能，而税法则应在规范信托的发展中担当起义不容辞的责任。一方面，我国为了鼓励信托的进一步发展，不应对其过分限制，如目前已经颁布了对基金投资信托的减免税政策；另一方面，由于信托具有规避法律的“先天血统”，②需要税法通过严谨的规定对其进行约束。充分考虑上述两方面要求的信托税收法律制度，也是对反避税规则的补充和完善。

（二）实践意义

我国的营业信托行为已经获得较大的发展，截至2018年年底，全国68家信托公司管理的信托资产规模已达22.70万亿元，③截至2019年年末，虽然信托资产规模减少为21.60万亿元，但是信托资产结构优化趋势明显。④ 信托业存在的空间将越来越巨大，主要由下列3个因素决定：第一，中国宏观经济的健康发展。中国的GDP总量从2008年的31.4万亿元增长到2020年的101万亿元，⑤客观上为信托业的快速发展提供了雄厚的市场基础。第二，中国储蓄存款余额继续稳步增长。2020年12月末，本外币存款余额已达218.37万亿元，同比增长10.2%。⑥ 社会财富一直呈现增加趋势，财富的增加必然寻求更有效的财产增值途径。第三，信托业务结构不断优化，理财优势日益凸显。随着企业和个人财富迅速增长，对不同类型资产配置和财富传承的需求日益旺盛。信托以其资产管理专业化、产品多样化等特点，适应了金融消费者投资、消费、

---

① 参见张建棣：《信托收益所得税法的比较与借鉴》，载刘剑文主编：《财税法论丛》第2卷，法律出版社2003年版，第247～268页。

② 参见郝琳琳：《信托规避遗产税的立法应对》，载《税收经济研究》2014年第2期。

③ 参见孟凡霞、宋亦桐：《信托行业“挤水分”　2016年受托资产下滑13.5%》，载北京商报网，http://www.bbtnews.com.cn/2019/0313/290118.shtml。

④ 参见《信托资产规模降至21.6万亿结构优化趋势明显》，载新华网，http://www.xinhuanet.com/money/2020-03/23/c_1210526029.htm。

⑤ 参见赵剑影：《2020年国内生产总值破百万亿元》，载新华网客户端2021年3月1日，https://baijiahao.baidu.com/s?id=1692985229475835924&wfr=spider&for=pc。

⑥ 参见陈莉：《2020年12月份金融数据出炉：货币供应量M2同比增长10.1%》，载金融界2021年1月12日，https://baijiahao.baidu.com/s?id=1688678838595302140&wfr=spider&for=pc。

财富管理、慈善等多种富有特色和个性的金融需求,为财产的保值增值提供了更多的渠道。第四,信托业能够有效服务于实体经济。信托公司近年来积极落实国家产业政策和宏观经济政策,利用信托业务经营敏锐性、综合性和灵活性方面的特质,依赖市场化方式快速聚集社会资金,通过跨市场配置,多渠道运用,以股权投资、债权融资、产业基金、投贷联动以及资产证券化等多种方式,向实体经济领域引入社会资金,对弥补传统银行信贷不足成效显著,在支持"一带一路"倡议、传统产业优化升级、战略性新兴产业发展、京津冀协同发展、长江经济带建设等国家重大战略方面,都发挥了积极作用。

信托业的发展必然带来相应的财政税收收入的增长,使制定合理的信托税收法律制度以促进国家税收体系的完善、避免国家税收的流失、保护信托当事人合法权益,具有了重要的实践价值。

1. 信托税收法律制度是保证信托当事人合法权益的重要手段

信托所得税对当事人合法权益的保护,首先,体现为传统税法所具有的在税收领域中为依法纳税提供依据的功能上。信托税收制度为信托财产上所产生的信托收益如何征税提供了法律依据,能够避免当事人多缴纳税款的情况发生,有利于保护当事人的合法权益。其次,由于信托的纳税主体可以是受益人,也可以是受托人或者委托人,因此通过厘清信托各方当事人的纳税义务,信托税收制度具有了保护相关当事人合法权益的功能。

2. 信托税收法律制度是累积国家财政收入的重要手段

现代信托在商事领域中得到了广泛的应用,促进了商事领域的资产的增值。以证券投资基金为例,利用投资信托进行投资的结果,使基金份额持有人的单位资金被投资于多领域,不仅可以分散投资风险,而且由于担任信托基金管理人或受托人的都是专业的投资专家,因而可以获得比投资者自己投资更丰厚的收益。也正因如此,证券投资信托自20世纪以来风靡于各个国家和地区,成为一种广受欢迎的投资形式,同时也使投资者的资金获得比较高且稳定的增值。因此,信托税收制度成为国家聚集财政收入的重要手段。

3. 信托税收法律制度具有促进社会慈善事业、增进社会共同福利的作用

慈善信托出于慈善目的而设立,是开展慈善事业、实现社会公众利益的行之有效的途径。一般英美法系国家税法对慈善信托均给予一定程度的税收优惠,对于促进社会公益事业的繁荣发展起到了积极的推动作用。慈善信托自20世纪70年代以后,逐渐为大陆法系国家所接受。信托税收制度正是通过减免税等方式,促进了慈善信托的发展,增进了社会共同福利。

第二节 研究重点和创新之处

一、研究重点

学术界对信托制度和税法的研究虽然日渐深入,但是针对信托课税的研究依旧薄弱。从目前的成果来看,学者对信托税收法律制度的研究多限于从法学的视角进行探讨,而融汇法学、金融学、财政税收学等多学科角度的研究,却是亟待填补的空白。因此,在前人研究的基础上,当前仍需深入研究的信托课税问题主要包括以下几个方面,这些问题也正是本书的研究重点。

第一,确立信托税收法律制度的基本原则,以此为指导构建信托税收制度的框架体系,从而推动我国信托业的健康发展。

第二,解析信托税收法律规则,研究、构建符合我国国情的信托所得税法律制度,展望未来信托遗产税制度,完善信托流转税以及其他涉信托税收法律制度。

第三,均衡分配信托各相关主体的权利和义务,研究建立符合信托属性的一般反避税规则和特殊反避税规则,以防范不正当的信托避税行为,并有效避免双重征税。

第四,以税收激励制度支持慈善信托的运营,不仅让信托与慈善事业珠联璧合,还能优化公益资源并提高慈善效率。因此,应该设计宽松的税收制度鼓励慈善信托的发展。

第五,面对 CRS 启动的全球税务信息透明的新时代,高净值人士未来的财富筹划必须同时遵从国际协定和国内税法的双重要求,应以"合规"为本进行税务规划,让财富得以保护和传承。

二、可能的创新

本书的创新之处在于:一是跨学科全面研究信托课税的理论问题。信托课税实践中出现的问题,并非针对学科而提出,因此,信托税收制度理论研究的立场与分析方法的设计,必须以现实问题为导向。财税法本身具有综合性和复杂性,单纯研究某一制度内部的任何一个问题均难免失之偏颇。本书以解决信托课税问题为要旨,尝试综合运用税法学、经济学、税收学、博弈论等基础知识,从制度化的角度研究信托课税法律问题,力求全面构建信托税收法律制度的理论体系,高度提炼信托税收的制度理念,以期得出对理论研究具有拓展性意义的结论。

二是确立了以实质课税作为信托各主体纳税义务分配均衡的评价标准。实质课税强调当行为的法律形式与经济实质不一致时,应当抛开法律形式的束缚,直接针对经济实质课税。信托分割了财产的管理属性和利益属性,导致信托运行各环节中财产形式移转与实质移转的并存。信托避税和信托重复征税是信托税收制度面临的两大困境。因此,应以实质课税作为信托各主体纳税义务分配均衡的评价标准。同时提出了具体且便于实务操作的信托税收法律制度的两项原则——形式移转不课税和实质受益者负税。

三是构建了涉信托各税种的法律制度框架体系并就其具体内容进行了全面分析。综观前人对信托税制的研究成果,多是大量介绍其他国家信托税收制度的有关规定,并无对信托所得税、信托流转税以及其他涉信托税种法律制度具体内容的分析。本书构建了信托税收法律制度的框架体系,并首次对各税种的构成要素进行了详细解析。

四是力图通过设计合理的税收激励制度支持并推动慈善信托的发展。在域外慈善信托的发展历程中,税收优惠制度功不可没。慈善信托可以享受到的优惠涉及企业所得税、个人所得税、增值税、房地产税等诸多税种,并覆盖了信托设立、存续和终止各个阶段。目前,我国税法供给不足、公益性捐赠的税前扣除标准差异较大等问题,不仅导致慈善信托的优势难以充分发挥,而且催生了慈善信托的两种冗繁架构。因此,应该设计宽松的税收制度鼓励慈善信托的发展,并辅之以严格的监管机制避免其对减免税制度的滥用。

五是关注税务透明化时代离岸家族信托面临的新挑战。CRS 启动了全球税务信息透明的新时代,高净值人士面对 CRS 与我国《个人所得税法》的双重作用,未来的财富筹划必须同时遵从国际协定和国内税法的双重要求。只有以“合规”为前提进行税务规划,才能保护和传承财富。

第二章　我国信托和信托税收法律制度的发展概况

第一节　信托制度的源流

一、信托概念诠释

"信托"一词的基本含义容易为人理解。"信"代表信任、忠实和可靠,"托"则意味着委托与嘱托。顾名思义,信托即表示"信任委托"之意。本书即将探讨的信托比其表面的含义更深刻和丰富。不同法系的学者从各自的法律传统出发对信托的概念进行了大量研究,但是对信托的定义仍未形成一致意见,即使是英美法系国家对信托的定义也各不相同,为适应大陆法系引入信托的需要,国际公约也提出了折中的信托定义,本书将从这些研究成果入手分析信托的内涵。

(一)英美法系国家学者及相关法律关于信托的定义

英国杰出的法律史学家梅特兰德(F. W. Maitland)将信托概念描述为"英国法律的最大贡献之一"。信托起源于英国,在英美法系国家,关于信托的定义主要是学者们提出并在司法实践中得到承认的定义,其中具有代表性的信托定义有:

1. 英国权威信托法著作的定义:"信托是一项衡平法义务,它约束受托人为受益人(受托人可能是其中之一)的利益处分他所控制的信托财产,任何一位受益人都可以强制实施这项义务。受托人的任何行为或疏忽如未得到信托文件条款或者法律的授权或豁免，均构成违反信托。”

2. 美国法学家协会编纂的《信托法重述》（*Restatement of Trust Law*）的定义：“信托，除慈善信托、结果信托以及推定信托外，是指以明示意思表示设定的，发生在当事人之间的一种财产信托关系，在这种关系中，一方享有财产上的所有权，并负有为另一方在衡平法上的利益处分和管理财产的义务。”

3. 美国学者爱德华·C. 豪拜切（Edward. C. Hallbach）的定义：“信托是关于特定财产的一种信任关系。受托人为了他人利益而享有该特定财产的法律上的所有权，该他人作为受益人则享有该特定财产的衡平法上的所有权。”

上述3种观点是英美法系国家学者关于信托的代表性定义，虽有差别，但都强调“衡平法义务”，其共同特点是依据“双重所有权”原则对信托法律关系进行描述：受托人对信托财产享有普通法上的所有权，而受益人则享有信托财产衡平法上的所有权，两种所有权同时存在于信托财产之上。

（二）大陆法系国家和地区对信托的定义

进入20世纪以后，随着经济全球化的迅速发展和社会财富的日益增加，信托作为灵活有效的财产管理制度受到了越来越多的关注，部分大陆法系国家和地区先后引进信托制度，并通过立法建立信托制度，以促进本国（地区）经济发展。

日本在1922年公布了《信托法》，该法对信托的定义是：“信托，是指办理财产权的转移或者其他处理，使他人（受托人）遵从一定目的，对财产进行管理或处分的行为。”

韩国于1961年制定了《信托法》，其中大部分条款直接取自日本的规定，其对信托的定义是：“信托，是指以信托指定者（即委托人）与信托接收者（即受托人）间的特别信任关系为基础，信托人将特定财产转移给受托人，或经过其他手续，请受托人为指定者（即受益人）的利益或特定目的，管理或者处分其财产的法律关系。”

可见，日本的信托定义主要是从委托人与受托人关系出发的，其优点是明确了财产权转移是信托成立的必要条件，但是该定义没有就受益人的法律地位作出明确规定。① 与日本的信托定义相比，韩国的定义是在日本定义的基础

① 日本于2006年修订了《信托法》，并修改了信托定义，规定为“本法所称信托，是指特定人依照一定目的进行财产管理或者处分，以及为实现其目的而实施的行为”，删除了原有的“财产权的转移”的规定。修改后的《信托法》遭到日本学者的严厉批评，认为其内容有明显缺失，在理论上不够周延。

上，进一步对受益人的法律地位进行了明确，因此信托定义显得更加完整。将这些定义与英美法系国家关于信托的定义对照来看，大陆法系国家和地区的信托定义主要包括三个方面的内容：一是信托财产的转移，即委托人将信托财产转移或者为其他处分给受托人；二是受托人依信托目的管理或处分信托财产；三是信托为受益人利益而设。值得一提的是，以上定义的内容回避了"双重所有权"问题，并未对受益人的财产权益作出规定。

（三）《海牙信托公约》关于信托的定义

英美法系传统的"双重所有权"原则与大陆法系传统的"一元所有权"原则差别很大，因此，当一个信托的当事人或财产涉及国家时，信托的运作就会受到法律冲突的影响。为解决不同国家在信托事务交往中发生的信托法律冲突问题，1985 年在荷兰海牙召开的国际私法会议第 15 届大会通过了《关于信托的法律适用及其承认公约》（Convention on the Law Applicable to Trusts and on Their Recognition，以下简称《海牙信托公约》），该公约给信托下了一个包容性很广的定义："当财产为受益人的利益或为了特定目的而置于受托人的控制之下时，信托是指委托人设定的在其生前或死后发生效力的法律关系。"该公约同时还明确了信托的法律特征：（1）信托财产构成了一项独立的财产，不属于受托人的固有财产。（2）信托财产以受托人或代表受托人的第三人的名义持有。（3）受托人服从信托条款以及法律加诸他的特别义务，享有并承担管理、使用、处分信托财产的权利、义务和责任。委托人保留某些权利和义务以及受托人本身享有作为受益人的权利这一事实，并不一定与信托的存在相矛盾。

《海牙信托公约》的定义符合了英美法系与大陆法系关于信托的定义，既反映了英美法系国家信托制度的基本构造，又包含了大陆法系国家信托概念的主要内涵，其适用范围比较宽泛。

（四）我国《信托法》关于信托的定义

2001 年 4 月 28 日，我国第九届全国人大常委会第二十一次会议审议通过了《信托法》。我国《信托法》第 2 条规定："本法所称信托，是指委托人基于对受托人的信任，将其财产权委托给受托人，由受托人按委托人的意愿以自己的名义，为受益人的利益或者特定目的，进行管理或者处分的行为。"这个定义同样回避了所有权上存在的法律冲突，但对信托财产的转移作了规定，并赋予了受益人所能享有的权利，与韩国的信托定义较接近。[①]

---

① 参见郝琳琳：《信托所得课税法律问题研究》，法律出版社 2013 年版，第 26 页。

（五）信托的基本内涵

虽然信托的定义各不相同，但一致的观点是：信托是一种典型的多边信用关系，信托行为的发生涉及委托人、受托人和受益人三方；信托以委托人对受托人的信任为基础，以委托人向受托人转移财产权为条件，受托人为受益人的利益管理信托事务和处分信托财产。信托的基本内涵包括：

1. 信托以信任为设立和存在的基础。信托建立在委托人对受托人充分信任的基础之上，且这种信任贯穿信托活动的全过程。委托人将信托财产权转移给受托人管理或处分，其目的是为受益人谋利益。所谓信任，早在罗马法中就有信用、信义、诚实之含义。作为一种规范要素，表示“相信他人会给自己以保护或某种保障，它既可以涉及从属关系，也可以涉及平等关系”。[①] 由于受托人在得到充分信任的前提下，恪尽职守地承担对委托人的忠实义务，对受益人的谨慎、善良管理人的义务，所以才会在管理和处分信托财产的过程中获得自由裁量的权利。正是由于信任关系的存在，才使信托制度有别于民商法上的其他财产管理制度。同样地，委托人才会为实现信托目的向受托人转移财产权利。由此可见，信任是信托的基础，无信任即无信托。

2. 信托以委托人向受托人转移财产权为必要条件。在信托关系中，委托人必须将财产所有权移转给受托人，从而使受托人以自己的名义享有信托财产权。但是受托人并不能因此享有收益权，只能按照委托人的意愿对信托财产进行管理。财产权，是指以特定财产上的利益为标的的权利。就委托人而言，任何权利或者可用金钱计算价值的财产权，如物权、债权、专利权、商标权、著作权等知识产权，均可作为信托财产设立信托。但是身份权、姓名权、名誉权、社员权等权利不能作为信托财产。当委托人以信托经营机构为受托人时，为便于监督管理和实务操作，其信托财产的范围往往还要受到法律、行政法规的限制。

3. 受托人要为受益人的利益管理和处分财产。创设信托的目的是实现委托人的意愿，使受益人获取利益或实现其他特定目的。虽然信托财产转移给受托人，但是该财产权不是为受托人的利益而转移的。“为受益人利益”要求受托人管理和处分行为所产生的各种实际利益都应归属于受益人。即信托财产可能转移到受托人的名下或者置于受托人的控制之下，但是受托人并不享有信托财产上的利益，受托人违背这一前提对财产进行管理、处分的，违反信

---

① ［意］朱塞佩·格罗索：《罗马法史》，黄风译，中国政法大学出版社1994年版，第234页。

托义务,应承担相应的法律责任。

4. 信托是受托人以自己的名义而非委托人的名义进行的法律行为。信托以受托人的名义而非委托人的名义进行财产管理,在信托存续期间,虽然信托的利益不属于受托人,但受托人拥有对信托财产的充分管理权。信托财产移转之后,委托人就失去了对信托财产直接控制的权利,受托人完全以自己的名义,独立自主地管理和处分信托财产。这是信托有别于一般委托代理的重要特征。① 但值得一提的是,受托人管理、处分信托财产的具体内容,应当依照信托文件或者信托合同的规定。

二、信托主体分析

信托主体即信托关系人,是与信托有直接利害关系或者权利义务关系的人。一般而言,包括委托人、受托人和受益人。

(一)委托人

委托人是信托关系的创设者。委托人为了一定的目的将自己的一定财产委托他人管理和处分,从而设立信托。委托人应当是具有完全民事行为能力的自然人、法人或依法成立的其他组织,能够以自己的行为从事民事活动、承担权利义务。

1. 委托人的权利

就委托人的权利而言,根据英美法系的信托法,委托人的主要权利,是指定信托的初始受托人,确定信托的受益人以及受益权。除非委托人本身也是受益人之一或者唯一的受益人,在信托设立之后,委托人即基本退出信托舞台。而在大陆法系国家,委托人被普遍赋予一定的监督权和知情权,其有权了解信托财产的管理情况,并有权监督受托人依照信托合同实施信托行为。依据我国《信托法》第 20 条至第 23 条的规定,委托人有权了解其信托财产的管理运用、处分及收支情况,并有权要求受托人作出说明。委托人有权查阅、抄录或者复制与其信托财产有关的信托账目以及处理信托事务的其他文件。因设立信托时未能预见的特别事由,致使信托财产的管理方法不利于实现信托目的或者不符合受益人的利益时,委托人有权要求受托人调整该信托财产的管理方法。受托人违反信托目的处分信托财产或者因违背管理职责、处理信托事务不当致使信托财产受到损失的,委托人有权申请人民法院撤销该处分

---

① 参见何宝玉:《信托法原理研究》(第 2 版),中国法制出版社 2015 年版,第 11 页。

行为,并有权要求受托人恢复信托财产的原状或者予以赔偿;该信托财产的受让人明知是违反信托目的而接受该财产的,应当予以返还或者予以赔偿。受托人违反信托目的处分信托财产或者管理运用、处分信托财产有重大过失的,委托人有权依照信托文件的规定解任受托人,或者申请人民法院解任受托人。

由此,委托人的权利可归纳为:信托财产的管理运用、处分及收支情况的知情权;信托账目以及处理信托事务文件的查阅、抄录或者复制权;信托财产管理方法的变更权;信托财产的恢复原状请求权、损失补偿请求权以及撤销请求权;受托人的解任权、解任请求权和新受托人的选任权;受益人的变更权;信托的解除权。

2. 委托人的义务

委托人在设立信托之后,有义务提供信托财产,并将信托财产转移到受托人的名下或交由受托人控制。

(二)受托人

受托人是委托人信任的人。受托人从委托人处取得信托财产,并以该财产的名义所有人的身份,依信托文件规定的目的,为受益人的利益管理和处分该财产。规范受托人的资格、权利与义务是各国信托法的主要内容,例如,英国议会制定的信托法在名称上就直接称为《1925 年受托人法》和《2000 年受托人法》,英美法系的其他国家在信托立法时也继承了这一做法,即称信托法为受托人法。

1. 受托人的资格

按照信托法的规定,委托人在设立信托之后,就基本退出了信托关系,受托人则成为信托事务处理上的主角。在以信任为基础而成立的信托关系中,受托人必定是委托人信赖之人,并必须具有处理信托事务的能力。因此,各国信托法均规定,受托人应当是具有完全民事行为能力的自然人、法人,能以自己的行为从事信托活动,管理和处分信托财产。对于慈善信托和营业信托的受托人,法律一般还会作出其他要求。根据我国《信托法》第 24 条的规定,"受托人应当是具有完全民事行为能力的自然人、法人。法律、行政法规对受托人的条件另有规定的,从其规定"。

2. 受托人的权利

由于委托人设立信托是基于对受托人的信任,因此,信托合同中往往会赋予受托人权利以确保信托目的得以实现。依据我国《信托法》第 35 条和第 38 条的规定,受托人有权依照信托文件的约定取得报酬。信托文件未作事先约定的，经信托当事人协商同意，可以作出补充约定；未作事先约定和补充约定的，不得收取报酬。设立信托后，经委托人和受益人同意，受托人可以辞任。可见，受托人的权利主要是报酬和补偿的请求权以及辞任权。

3. 受托人的义务

受托人在信托法律关系中处于极其重要的地位，相应地，信托法中对受托人义务的规定也更严格。我国《信托法》也不例外，不仅规定了受托人处理信托事务的基本原则，同时还规定了受托人的积极义务（《信托法》第25条、第29条、第30条、第31条、第32条、第34条等）和消极义务（《信托法》第18条、第26条、第27条和第28条）。① 具体而言，受托人的积极义务包括：受托人应当遵守信托文件的规定，为受益人的最大利益处理信托事务。受托人管理信托财产，必须恪尽职守，履行诚实、信用、谨慎、有效管理的义务。受托人必须将信托财产与其固有财产分别管理、分别记账，并将不同委托人的信托财产分别管理、分别记账。受托人应当自己处理信托事务，但信托文件另有规定或者有不得已事由的，可以委托他人代为处理。受托人依法将信托事务委托他人代理的，应当对他人处理信托事务的行为承担责任。同一信托的受托人有两个以上的，为共同受托人。共同受托人应当共同处理信托事务，但信托文件规定对某些具体事务由受托人分别处理的，从其规定。共同受托人共同处理信托事务，意见不一致时，按信托文件规定处理；信托文件未规定的，由委托人、受益人或者其利害关系人决定。共同受托人处理信托事务对第三人所负债务，应当承担连带清偿责任。第三人对共同受托人之一所作的意思表示，对其他受托人同样有效。共同受托人之一违反信托目的处分信托财产或者因违背管理职责、处理信托事务不当致使信托财产受到损失的，其他受托人应当承担连带赔偿责任。受托人以信托财产为限向受益人承担支付信托利益的义务。

受托人的消极义务主要有：受托人管理运用、处分信托财产所产生的债权，不得与其固有财产产生的债务相抵销。受托人管理运用、处分不同委托人的信托财产所产生的债权债务，不得相互抵销。受托人除依信托法规定取得报酬外，不得利用信托财产为自己谋取利益。受托人违反规定，利用信托财产为自己谋取利益的，所得利益归入信托财产。受托人不得将信托财产转为其

---

① 参见张军建主编：《信托法纵横谈——写在我国信托法修改之前》，中国财政经济出版社2016年版，第203页。

固有财产。受托人将信托财产转为其固有财产的,必须恢复该信托财产的原状;造成信托财产损失的,应当承担赔偿责任。受托人不得将其固有财产与信托财产进行交易或者将不同委托人的信托财产进行相互交易,但信托文件另有规定或者经委托人或者受益人同意,并以公平的市场价格进行交易的除外。受托人违反规定,造成信托财产损失的,应当承担赔偿责任。

受托人的义务可以概括为给付信托利益的义务、忠实义务、善良管理人的注意义务、信托财产的分别管理义务、亲自管理义务、共同管理义务、公平义务(duty to deal impartially with beneficiaries)、[①]保密义务、禁止享受信托利益、禁止将信托财产转为其固有财产等。[②]

(三)受益人

受益人是在信托中享有信托受益权的人,是信托产生的经济利益的直接享有者。受益人享受信托财产产生的利益,除信托文件另有特别规定外,受益人自信托生效之日起就享有受益权。无论是否具有完全民事行为能力,均可成为受益人。受益人可以是自然人、法人或依法成立的其他组织,甚至可以是未出生的胎儿。

1. 受益人的权利

受益人享受信托利益的权利称为受益权,也是受益人的基本权利。在信托存续过程中,受益人还可以行使除受益权以外的其他权利,这些权利均派生于受益权。依据我国《信托法》的规定,除受益权外,受益人还可以行使《信托法》第20条至第23条规定的委托人享有的权利。受益人行使上述权利与委托人意见不一致时,可以申请人民法院作出裁定。因此,受益人的权利内容包括:受益权;信托财产的管理运用、处分及收支情况的知情权;信托实施的监督权,即受益人有权查阅、抄录或者复制与其信托财产有关的信托账目以及处理信托事务的其他文件;受托人处理信托事务不当致使信托财产受到损失的,受益人有权申请人民法院撤销该处分行为,并有权要求受托人恢复信托财产的原状或者予以赔偿;有关事项的同意权,即受益人对于原受托人的解任和新受托人的选任等享有同意权。

---

① 在此处,受托人的公平义务,是指当受益人为数人时,受托人不得为了某一受益人的利益而损害其他共同受益人的利益,即受托人必须公平对待所有共同受益人。

② 参见张军建主编:《信托法纵横谈——写在我国信托法修改之前》,中国财政经济出版社2016年版,第204~220页。

2. 受益人的义务

我国《信托法》规定,受益人只享受信托利益,不承担义务。但是,让受益人承担一定义务的信托行为也可以有效成立。在信托文件中对受益人的义务有约定的,应该从其约定。在其他国家的信托法中,有规定受益人义务的立法先例。①

三、信托特征归纳

随着社会经济的不断发展,信托逐渐成为英美法系国家经济生活中不可或缺的一项商事活动。信托业务种类繁多、范围广泛,信托公司往往享有经济百货公司之称誉,与此同时,信托制度自身也经历了巨大变化,由以执行遗嘱、管理遗产为主要业务的民事信托,发展为以营利为目的的商业性信托,由单纯的财产管理发展到带有融通资金性质的工具,由个人经办的信托发展到法人经营的信托。信托的法律特征主要表现为:

第一,所有权与利益分离。信托财产所有权的性质很特殊,一方面,受托人可以像所有权人那样独立管理和处分信托财产,但这种管理和处分必须符合信托目的,信托财产和受托人的个人财产也不能混同;另一方面,受益人虽然不能管理和处分信托财产,但有权享受信托财产产生的利益,在特定情况下,还可以按照信托条款的要求收回信托财产本身。由此可见,受托人和受益人对信托财产都具有部分类似所有权的权利,但又都不具有大陆法系物权法上的所有权的全部权能。在英美法系中,将受托人对信托财产的权利称为"普通法上的所有权",将受益人的权利称为"衡平法上的所有权",从而产生了英美法系所谓的"双重所有权"。

第二,信托在内部关系和外部关系中都体现了有限责任原则。内部的有限责任,是指受托人在恪尽职守的前提下,对在管理和处分信托财产中造成的损失不承担赔偿责任;外部的有限责任,是指对于因处理信托事务而发生的债务,仅以信托财产为限予以清偿,在不足清偿时,委托人、受托人、受益人也无须用自己的财产进行清偿。实际上,有限责任是信托财产独立性的延伸。

第三,信托管理的连续性。信托是一种具有长期性和稳定性的财产管理制度,信托管理的连续性突出表现在已经成立的信托不因受托人的更迭而影

---

① 例如,在日本《信托法》中,明确规定了受益人的义务:信托财产不足以支付费用和债务的,受托人可以请求受益人补偿费用、清偿债务或者赔偿损失。

响其存续。例如,英国1925年《受托人法》第36条第1款规定,凡受托人职责终止,由信托文件中规定的享有选任权的一人或数人来选任新受托人。日本《信托法》也规定,“受托者任务结束时,利害关系人可向法院申请选任新受托者,依遗嘱被指定为受托者的人不为或不能为信托承受时,准用前款规定……”。可见信托管理的连续性已经得到各国法律原则上的肯定与确认。

虽然信托一般都具有上述3个基本特征,但信托在现实适用中,根据信托目的、财产性质、客观条件的不同,每个信托的具体安排和设计也颇有差异,出现了不同种类和品种的信托安排,以满足千变万化的社会经济生活需要。

四、信托类型列举

每种信托类型都是在一定历史背景下应运产生的。它们或源于投资者对新的投资工具的需求,①或源于防止后代挥霍无度的需求,②或源于公益事业发展的要求,③或源于纳税人的节税愿望,因此某些信托类型与税收有天然的联系,在税法上的处理方式各不相同。在大陆法系国家,信托属于舶来品,对信托通常依据信托法理来进行分类,依据信托产生的原因、信托目的、设立方式、委托人或受益人的关系及数量等为标准来进行划分,具有较强的规范性,能够反映每一种类型在信托法上的共性,却可能无法反映它们在信托课税时的共同特征。因此,本书主张在探讨信托课税时,应当从税法的角度对信托进行类型化研究。应该说,信托的下述分类具有税法上的规范意义。

(一)法定信托和任意信托

根据信托产生原因的不同,可将信托分为法定信托和任意信托。法定信托是通过法律的强制,或者法律根据对当事人意思的解释、推定而成立的信托,与委托人的意愿基本无关。与之相对,任意信托,是指根据当事人之间的法律行为而成立的信托,其表现形式可以是以合同或遗嘱等法律行为而设立的信托。英美信托法承认法定信托,而我国信托法原则上不承认法定信托,只承认任意信托。但作为例外,也认可在信托终止时,符合下述情形作出的法定

---

① 如单位信托和投资信托。参见[英]大卫·海顿:《信托法》,周翼、王昊译,法律出版社2004年版,第67~75页。

② 如保护信托。参见[英]大卫·海顿:《信托法》,周翼、王昊译,法律出版社2004年版,第58页。

③ 如慈善信托。参见[英]大卫·海顿:《信托法》,周翼、王昊译,法律出版社2004年版,第50页。

信托:例如,我国《信托法》第 54 条、第 55 条、第 72 条规定,信托终止时,对于信托财产的归属,“信托文件未规定的,按下列顺序确定归属……”“依照前条规定,信托财产的归属确定后,在该信托财产转移给权利归属人的过程中,信托视为存续,权利归属人视为受益人”“公益信托终止,没有信托财产权利归属人或者信托财产权利归属人是不特定的社会公众的,经公益事业管理机构批准,受托人应当将信托财产用于与原公益目的相近似的目的,或者将信托财产转移给具有近似目的的公益组织或者其他公益信托”。由于上述信托关系的成立,并非基于当事人的意思表示,而是依据法律的规定,所以这一类信托属于法定信托。

(二)私益信托与公益信托

依据信托目的,信托可分为私益信托和公益信托。私益信托是委托人为了自己和其他特定人(可以是一人也可以是多人)的利益而设定的信托。顾名思义,私益信托是为了特定个人或特定的某一类人的私益。与此相反,公益信托则是为了实现社会公益而设定的信托,其目的必须有利于全社会或社会中的部分公众,又称为慈善信托。公益慈善性是公益信托区别于其他信托形式的首要特征,这一特征表现在公益信托在设立、运行、监管以及救济等方面具有特别之处,即受益人不确定,受到严格的监管,可以享受税收优惠。

(三)自益信托和他益信托

这是按照信托利益的归属进行的分类。自益信托,是指信托设立者即委托人自身作为受益人享受信托利益的信托。相对应,他益信托,是指信托的设立人即委托人以外的第三者,作为受益人享受信托利益的信托。自益信托的委托人和受益人是同一人,他益信托的委托人和受益人则必定不是同一人。目前,广泛存在于世界各国的各种商业信托,其中有相当一部分在事实上均属于自益信托。而通过遗嘱等形式设立的民事信托以及公益信托,均属于他益信托。

(四)主动信托和被动信托

根据受托人是否承担积极义务,可将信托划分为主动信托和被动信托。主动信托,是指受托人在进行信托财产的管理和处分时承担积极义务的信托。相反地,被动信托,是指受托人在进行信托财产的管理和处分时不承担任何积极义务的信托。被动信托一般有以下两种情形:(1)受托人虽然是信托财产名义上的所有人,但必须承认受益人为自己获利而进行的管理和处分信托财产的行为;(2)形式上受托人虽然承担管理和处分信托财产的义务,但实际上受托人所进行的管理和处分行为完全服从委托人或受益人的指示、命令。由于被动信托能够让委托人对信托的利用更加灵活，并使他们能够进一步借助信托支配财产，从而达到使自己或他人获益的目的，因此，被动信托在英美法系国家被广泛采用。

（五）个别信托和集团信托

这是根据受托人对所受托的信托财产实施的是个别管理还是集团管理而进行的分类。个别信托，是指受托人对所受托的不同委托人的信托财产分别、独立地进行管理或者处分的信托。相反地，集团信托，是指受托人把所受托的众多委托人的信托财产，集中成一个整体予以管理或者处分的信托。也就是说，集团信托系指受托人将为数众多的同一内容的个别信托合同予以集结，并把其视为一个信托进行统一管理的信托，例如，证券投资基金和房地产集合信托就是集团信托的典型代表。集团信托的特点是同时存在众多委托人和众多受益人。由于集团信托存在众多受益人，并且受托人身为信托财产的管理和处分者，其所处的地位容易使其故意牺牲某些受益人的利益而为特定的受益人谋取利益，所以受托人的公平义务在集团信托中显得尤为重要。

（六）营业信托和非营业信托

根据受托人是否以营业为目的接受信托，可将其分为营业信托和非营业信托。① 营业信托，是指受托人以营业为目的而接受的信托。非营业信托的受托人接受信托并非为了营业。因为营业信托的受托人接受信托的行为属于商业行为，所以，原则上营业信托除适用信托法的规定外，还必须适用商法（如公司法等）的诸项相关规定。而非营业信托因为不是以营业为目的，所以原则上适用信托法和民法的规定。以是否具有营业目的来区分该两种信托并非难事，但两种信托主体所承担的纳税义务却截然不同。②

（七）债权信托、股权信托、标品信托等八类信托

在2016年12月底召开的中国信托业年会上，将我国的信托业务按照资金运用方式的不同，划分为债权信托、股权信托、标品信托、同业信托、财产信托、资产证券化信托、慈善信托和事务信托八大类别，其目的是统一信托行业的资

---

① 也有人把这种分类称作商事信托和民事信托。

② 本书将在第八章专门论述慈善信托的税收法律制度。

产负债表和会计报表,并能够更有效防范业务风险。①

1. 债权信托

债权信托是委托人把借据、定期存款单、保险证书、票据等拥有债权的凭证转移给受托人,由受托人为了受益人的利益进行管理和处分的信托。债权信托通过受托人的专业管理和运作,实现信托财产的盘活变现、保值增值。

2. 股权信托

股权信托是委托人将其持有的公司股权转移给受托人或者委托人将其所有合法的资金交给受托人,由受托人以自己名义,按照委托人的意愿将信托资金投资于非上市的各类法人企业和经济主体的股权。因此,股权信托又可分为股权投资信托和股权管理信托。

3. 标品信托

标品信托,即标准化产品信托,其投资标的一般是可分割和能够在公开市场流通的有价证券,包括国债、期货、股票、金融衍生品等。标品信托面临的主要风险来自市场,其盈利则是通过价差、投资收益等获取的资本利得。

4. 同业信托

同业信托的资金来源和运用都发生在金融系统内部,主要包括通道、过桥、出表等。一般要求受托人信托公司在信托计划中需明示不承担风险责任,也不允许有私下签署的"抽屉协议"。同业非标准化信托产品,包括同业拆借、短期融资等,均属同业信托。

5. 财产信托

财产信托是从传统民事信托中逐渐发展而来的,是委托人将非资金的各类财产委托给信托公司(受托人),信托公司帮助委托人进行专业的管理运用、处分,实现信托财产的保值增值和代际传承。家族信托即属此类。

6. 事务信托

所有事务性代理业务,包括融资解决方案、财务顾问、代理应收应付款项、代理存款等,都属于事务信托。此类业务对专业要求极高,因此需要专业人员进行操作,以防欺诈发生。

7. 资产证券化信托

资产支持证券是由特定目的信托受托机构发行,代表特定目的信托的信

① 参见胡萍:《信托八大业务类型明晰市场细分需量体裁衣》,载中国金融新闻网,http://www.financialnews.com.cn/trust/hyzx/201612/t20161230_110469.html。

托受益权份额。信托财产的独立性契合了资产证券化中破产隔离和风险隔离的制度设计。资产证券化信托是通过设立特殊目的信托(special purpose trust, SPT)实现的。目前,信托公司在这类业务中扮演了多重角色,既是产品设计者,又是发行者,同时也可以作为资产管理人把委托人的信托财产投资于资产证券化产品。本书将对资产证券化信托的课税问题设置单章进行探讨。

8. 慈善信托

如前所述,慈善信托即公益信托,是委托人出于社会公益目的,为使一定范围内的社会公众受益而设立的信托。我国《信托法》和《慈善法》均对慈善信托作出了明确的界定和规范,本书也将设专章探讨慈善信托的税款征纳以及税收优惠等问题。

除上述分类方法外,信托还可以分为国内信托与离岸信托、可撤销信托与不可撤销信托等。

第二节　我国信托制度演进

一、信托业发展概况

回顾我国信托业的发展之路,应该用曲折艰难来描绘。随着每一次行业整顿和变革,信托公司的数量也不断起起落落。1979 年 10 月中国国际信托投资公司在北京成立,标志新中国信托业正式复建。于是各种类型的信托投资公司在短期内迅速扩张,到 1982 年年底,各类信托机构已经发展到 620 多家。截至 1988 年年底,全国信托投资机构的数量已经达到了峰值近千家。而从 1999 年 3 月开始,我国信托业又迎来了史上规模最大、措施最严厉的第五次清理整顿。① 遵循此次整顿的原则和严格治理,至 2004 年年末,全国已获重新登记并领取金融许可证的信托公司仅存 59 家。在继续经历了十几年的艰辛路程之后,全国正式获得中国银保监会运营牌照的信托公司为 68 家。②

近几年,随着金融市场环境和信托法治环境的不断改善,信托资产的规模稳步攀升。截至 2016 年年底,我国 68 家信托公司的信托资产合计已经达到了

---

① 当时全国 239 家信托公司中,彻底退出信托市场的信托机构有 160 家左右,余下的 80 多家合并保留为 60 家左右。

② 参见中国人民大学信托与基金研究所:《中国信托业发展报告 2017》,中国财富出版社 2017 年版,第 71 页。

20.22万亿元。固有资产规模达到了5569.96亿元。[①] 截至2022年3季度末，信托资产规模余额为21.07万亿元，同比增加0.63万亿元，增幅为3.08%；与2021年年末规模余额相比，增加0.52亿元，增幅2.55%。[②] 与2017年年末的历史峰值26.25万亿元相比，信托资产规模虽有下降，但在整个资产管理行业中，仍与银行理财和公募基金并驾齐驱。[③] 目前，我国信托行业人均拥有信托资产规模超过10亿元，特别是自2016年以来，信托行业人均拥有信托资产规模稳定在10亿元以上，堪称人均规模最高的金融行业。[④] 各项数据表明，我国信托业发展势头始终与宏观经济运行密切相关，且能够不失时机地把握宏观经济运行的积极变化，不断开拓业务空间，保持全行业资产规模呈增长趋势。

但是随着资产规模的扩大，风险因素也在潜滋暗长。信托业的经营风险当然与中国宏观经济环境相关，但是信托税收法律制度的缺失，对信托业的风险积累和信托业的结构性问题将产生更深远的影响。

二、信托法律环境现状

（一）信托监管体系基本形成

2001年在中国信托法制史上具有划时代的意义。当年《信托法》颁行，成为调整民事信托、营业信托和慈善信托活动的共同基本法。该法虽然较粗略，但也明确了信托法基本原理，例如，信托财产的独立性及信托破产隔离功能、受托人的忠实义务、注意义务和信息披露义务、受托人对受益人的有限责任、受益人的最终风险承担者的法律地位等基本规则得以确立，成为其后一系列信托法律法规的立法基础。

2001年和2002年，《信托投资公司管理办法》和《信托投资公司资金信托管理暂行办法》相继由中国人民银行颁布实施，后来于2007年，又由中国银监会重新修订颁布了《信托公司管理办法》和《信托公司集合资金信托计划管理

① 参见中国人民大学信托与基金研究所：《中国信托业发展报告2017》，中国财富出版社2017年版，第23页。

② 参见王玉国：《2022年3季度中国信托业发展评析》，载中国信托业协会网2022年12月16日，http://www.xtxh.net/xtxh/statistics/48187.htm。

③ 参见巴曙松等：《2022年中国资产管理行业发展报告》，中国财政经济出版社2022年版，第4页。

④ 参见唐婧：《一文看透68家信托公司！》，载新浪财经网，https://finance.sina.com.cn/trust/xtplyj/2019-08-14/doc-ihytcitm9147420。

办法》(业内称其为“新两规”)。上述两部办法虽然法律层级较低,但仍被赋予“信托业法”的功能,信托法律体系和监管框架也因此逐步建立和完善,信托业开始走上规范化发展之路。

2010 年,中国银监会颁布了《信托公司净资本管理办法》,旨在引导信托公司从事主动管理业务,确保固有资产充足并保持必要的流动性,以满足抵御各项业务不可预期损失的需要。2020 年 1 月,中国银保监会又颁布了《信托公司股权管理暂行办法》,目的在于加强信托公司股权管理,规范股东行为,保护信托公司、信托当事人等合法权益,维护股东利益。至此,信托“一法三规”的法律框架体系初步形成。

《信托法》是信托领域的基础性规则,但是《信托法》的适用却并不囿于信托公司所从事的业务,例如,《证券投资基金法》中明确规定,该法是根据《信托法》制定的。另外,2016 年开始实施的《慈善法》中关于慈善信托的规定,亦可将其理解为《信托法》的特别法。由此,在这些特别法未作规定时,应适用作为一般法的《信托法》规定。而且,在更广泛的意义上,基金公司、资产管理公司、保险公司甚至商业银行等机构,在从事资产管理业务的时候,虽然在监管上按照分业模式,但在产生纠纷时仍应考虑适用《信托法》以及《信托法》所确定的原理。由此,在分业经营、分业监管的背景下,《信托法》和信托法原理的普及显得十分必要。

(二)信托公司法律法规体系逐渐完善

在《信托法》出台后,陆续颁布了一系列关于信托公司监督管理的法规,除上文提及的《信托公司管理办法》和《信托公司净资本管理办法》外,2003 年还出台了《银行业监督管理法》,该法为银行业监督管理的基本法律。原中国银监会具体制定了《信托公司治理指引》(银监发〔2007〕4 号)、《信托投资公司信息披露管理暂行办法》(银监发〔2005〕1 号)、《信托公司监管评级与分类监管指引》(银监发〔2010〕21 号)、《关于进一步加强信托投资公司内部控制管理有关问题的通知》(银监发〔2004〕97 号)、《中国银监会信托公司行政许可事项实施办法》(中国银监会令 2015 年第 5 号),这些法律法规确立了我国信托机构的法律属性、内部治理结构、经营体制、经营范围和经营规则,并确立了信托业的监管机构及其监管权限、监管内容和监管手段。

除对信托公司综合监管进行规范外,为了规制特定信托业务,我国还为各具体信托业务制定了专门的适用规则。例如,2003 年出台了《证券投资基金法》，并于 2012 年、2015 年进行了两次修改。原中国银监会[①]针对信托公司具体的信托业务发布了《信托公司受托境外理财业务管理暂行办法》（银监发〔2007〕27 号）、《信托公司证券投资信托业务操作指引》（银监发〔2009〕11 号）、《关于加强信托公司房地产、证券业务监管有关问题的通知》（银监办发〔2008〕265 号）等一系列规章和规范性文件。另外，在 2014 年中国银监会办公厅下发了《关于信托公司风险监管的指导意见》（银监办发〔2014〕99 号），对信托公司的风险防控、转型方向和监管机制等三个主要方面作了规定，该指导意见是银监会对信托公司进行监管的总体思路。

2018 年 4 月 27 日，中国人民银行、中国银行保险监督管理委员会、中国证券监督管理委员会、国家外汇管理局四部门联合印发了《关于规范金融机构资产管理业务的指导意见》（以下简称《资管新规》），开启了对信托业进行强监管的新篇章。《资管新规》要求打破刚性兑付、限制通道业务、禁止资金池操作和期限错配、提高合格投资门槛，无不彰显监管部门期望重塑我国信托业，让信托回归"受人之托、代人理财"本源的决心。

此外，2017 年中国银监会颁行《信托登记管理办法》，规定信托机构开展信托业务，应当办理信托登记。2020 年 1 月，中国银保监会颁布了《信托公司股权管理暂行办法》，目的是加强对信托公司的股权管理、规范信托公司股东行为，并保护信托公司、信托当事人等合法权益，维护股东的合法利益，促进信托公司持续健康发展。

这些规定无疑为我国信托业发展提供了依据和保障，但是，我国信托业的法律规范和法律环境仍然存在一些问题：

一是缺乏顶层设计。由于没有统一的信托业法，《信托公司管理办法》和《信托公司集合资金信托计划管理办法》又仅适用于信托公司，很多资产管理行业，有意或者无意回避适用信托法理，导致《信托法》和信托法原理被虚置，不利于发挥信托架构隔离风险的功能优势，难以保证资产管理的安全，也不利于保护投资者利益。资产管理行业业务已经具有高度同质化的特点，但是由于监管机构和监管规范无法统一，导致各规范之间缺乏协调和统筹，难以达到

---

① 2018 年 3 月，根据第十三届全国人民代表大会第一次会议批准的国务院机构改革方案，将中国银行业监督管理委员会和中国保险监督管理委员会的职责整合，组建中国银行保险监督管理委员会，不再保留中国银行业监督管理委员会。2023 年 3 月，中共中央、国务院印发了《党和国家机构改革方案》，决定在中国银行保险监督管理委员会基础上组建国家金融监督管理总局。不再保留中国银行保险监督管理委员会。

监管目标。

二是重监管、轻责任。从《信托法》到监管法律法规的具体规定，都是注重规范信托公司的行为，重视对信托公司违法行为的处罚，而对于信托公司在经营过程中给投资者或者交易对手造成的损害，则鲜有相应的救济制度。2017年1月，中国银监会办公厅印发了《信托公司监管评级办法》，该办法虽然完善了信托业的监管评级体系，有助于投资者谨慎选择管理财产的受托人，但是并未根本扭转信托行业重监管、轻责任的状况。①

三是信托税收制度等相关制度尚未健全。作为信托法最重要的配套制度，信托登记和信托税收制度至今仍然缺位，由此严重制约了信托业的规范发展和信托业务的有效开展。由于这些涉信托法规的制定和实施并非中国银保监会的监管职责，只能采用协调措施促成财税等相关部门制定规则，这些相关制度的缺位成为制约信托业良性发展的“瓶颈”。

第三节　我国信托税收法律制度现状

信托税并非一个独立的税种，它是由涉信托的所得课税、流转额课税、遗产课税以及其他课税问题组成的体系。

一、信托所得税制度

对信托所得课税，目前尚无独立的可适用法规，因此与普通经济业务所得的课税制度并无区别，同样依据《企业所得税法》及其实施条例和《个人所得税法》及其实施条例缴纳税款。随着我国信托类业务及产品的不断丰富，财政部和国家税务总局相继出台了一些与信托业务和产品相关的税务规范性文件。包括《关于证券投资基金税收问题的通知》(财税字〔1998〕55号，部分失效)、《关于开放式证券投资基金有关税收问题的通知》(财税〔2002〕128号，已失效)、《关于证券投资基金税收政策的通知》(财税〔2004〕78号)、《关于信贷资产证券化有关税收政策问题的通知》(财税〔2006〕5号，部分失效)、《关于企业所得税若干优惠政策的通知》(财税〔2008〕1号，部分失效)等。

依据上述文件及规定，信托所得目前的课税情况是：

---

① 参见中国人民大学信托与基金研究所：《中国信托业发展报告2017》，中国财富出版社2017年版，第198页。

1. 在信托设立阶段,如果信托财产是非货币型资产,那么委托人可能需要在将信托财产委托给受托人时作视同销售处理。对于视同销售产生的所得,可能需要按规定缴纳企业所得税或个人所得税。受托人因此取得的财产也应作为所得缴纳企业所得税或者个人所得税。

2. 在信托存续阶段,所得税纳税义务主要由受托人和受益人承担。在信托业务中,受托人一般应就其自身取得的信托业务报酬收入缴纳企业所得税。但对归属于信托财产的信托收益,是由委托人、受托人还是受益人缴纳或代扣代缴企业所得税或个人所得税,目前仍未有明确规定。

3. 在信托终止环节,如果信托财产为非货币型资产,那么受托人在向受益人分配信托财产时需按视同销售处理。对于视同销售产生的所得,是由委托人承担纳税义务,还是由受托人代扣代缴企业所得税或个人所得税,目前仍未有明确规定。此外,如果该信托为他益信托,则当受益人取得信托财产及收益时,还需要按接受捐赠的收入缴纳企业所得税或个人所得税。

二、信托流转税制度

流转税是以纳税人商品和服务的流转额为征税对象的一类税收。流转税是政府财政收入的重要来源。其以商品生产、交换和提供服务为征税前提,征税范围较广泛,既包括第一产业和第二产业的产品销售收入,也包括第三产业的营业收入。税源既包括国内商品、服务的流转额,也包括进出口商品和服务的流转额。流转税具有间接税的性质,税收与价格密切相关,有助于广泛筹集财政收入。

目前,信托流转税的征税依据主要是《增值税暂行条例》《增值税暂行条例实施细则》,以及在营业税改征增值税的过程中陆续颁布的税收规章,这些规章主要包括财政部、国家税务总局《关于全面推开营业税改征增值税试点的通知》(财税〔2016〕36 号,以下简称 36 号文)以及相关附件,财政部、国家税务总局《关于明确金融房地产开发教育辅助服务等增值税政策的通知》(财税〔2016〕140 号),财政部、国家税务总局《关于资管产品增值税政策有关问题的补充通知》(财税〔2017〕2 号),财政部、国家税务总局《关于资管产品增值税有关问题的通知》(财税〔2017〕56 号)等。依据上述规范性文件的规定,信托各阶段均涉及增值税的缴纳。

在信托设立阶段,如果委托人将动产、不动产、无形资产等其他信托财产交由受托人管理,此时,由于信托财产的名义所有权在法律形式上已经发生移转,因此委托人应申报、缴纳增值税。如果以资金设立信托并取得保本收入,则需要按照金融服务业务课征增值税。

在信托存续阶段,受托人为经营信托而发生的转让、出租信托财产的交易行为,需申报、缴纳增值税。

在信托终止环节,受托人依据信托合同将信托财产及其收益归还受益人或者其他财产承受人,则视同销售或者视同有偿转让,需缴纳增值税。

三、其他涉信托税收制度

如果以房产作为信托财产,在信托存续阶段,受托人作为房产的名义所有人,需要缴纳应税房产的房产税。①

当信托财产属于应税不动产时,在信托设立环节,委托人将应税不动产转交给受托人时,作为信托财产名义承受人的受托人需要按其市场价格缴纳契税。在信托存续环节,受托人在运作信托项目过程中购入其他应税不动产时,也需要按照规定计算缴纳契税。在信托终止环节,受托人将不动产归还委托人或受益人时,委托人或受益人需要就所取得的不动产缴纳契税。②

以各类财产设立信托,信托各主体在信托设立、存续、终止等环节还需要缴纳印花税。③ 以动产、不动产以及无形资产设立信托,在信托设立、存续和终止各阶段,还需要以增值税为计税依据缴纳城市维护建设税和教育费附加(见表2-1)。

表2-1 我国现行税收制度下信托各主体在各阶段的课税情况

阶段	委托人	受托人	受益人
信托设立阶段	增值税、城市维护建设税及教育费附加、企业所得税、个人所得税、印花税	增值税、城市维护建设税及教育费附加、契税、企业所得税、个人所得税、印花税	

① 参见《房产税暂行条例》。

② 参见《契税法》。

③ 参见《印花税法》。

续表

阶段	委托人	受托人	受益人
信托存续阶段		增值税、城市维护建设税及教育费附加、契税、企业所得税、个人所得税、印花税	企业所得税、个人所得税
信托终止阶段		增值税、城市维护建设税及教育费附加、企业所得税、个人所得税、印花税	企业所得税、个人所得税、契税、印花税

第三章　我国信托所得税法律制度的构建

第一节　信托所得税的内涵和特征

一、信托所得税的内涵

信托所得税并不单独构成所得税的一个种类，而是由围绕着信托收益的所得税处理而产生的各种问题所组成的体系。

信托所得税以信托财产所产生的纯所得（信托所得）作为征税对象。所谓信托所得，是指受托人在管理处分或使用信托财产的过程中，取得的由信托财产所产生的所得。信托财产可以表现为动产和不动产、物权和债权、股票和债券等有价证券，著作权、专利权和商标权等知识产权。但是，出于维护国家利益和社会公共利益的需要，依据法律、法规禁止流通的财产不得作为信托财产。

信托财产的形态同样适用于信托所得。信托所得是信托收入减除各项成本、费用、税金、损失后的余额。在信托实践中，下列财产应当属于信托收入：第一，因管理信托财产而取得的财产。受托人在管理信托财产的过程中，需要保存、利用或者改良信托财产，这样就会产生一定的收益，包括天然孳息（如植物所结果实）、法定孳息（如房屋出租租金、利息）、卖售信托财产而得的价款、支付信托财产而取得的货物以及买卖有价证券而取得的收入等。第二,因处分信托财产而取得的财产。由于变卖信托财产而取得的对价收入,利用信托财产买入的动产、不动产、有价证券以及借贷信托财产而取得的债权等,都属于这类信托收入。第三,因其他事由取得的财产。主要包括:委托人依据信托文件或者与受托人协商一致追加的财产;受托人因信托财产的灭失、毁损而取得的财产;受托人在管理处分信托财产期间,因法律法规的修改、税收减免、汇率变化、利率调整、政府补贴、赠与奖励、权利人放弃权利等而取得的收入。此外,受托人以信托财产名义持有人的身份,直接从信托财产或其收益中取得的报酬也应归入受托人的信托收入。例如,常见的情况有,以公司股份作为信托财产时,如果受托人因此而成为公司的董事,则其因任董事职务所取得的收入也属于信托收入。①

就信托所得税法律制度而言,其包含了一般所得税法律制度中所应有的内容,例如,纳税主体的认定、征税客体的确定、税率模式的选择及其税率标准、税收优惠措施、为避免重复征税和防范信托避税的纳税调整规则以及税收征收管理等许多方面。然而在信托所得税法律制度中,上述问题并非全部都是核心问题。由于信托所得税不是一个单独的所得税税种,因此各国不外乎以两种途径来解决信托所得税的法律问题:一是把信托所得税纳入企业(公司)所得税法律中;二是把信托所得税纳入个人所得税法律中。无论哪种情况,这两种所得税法的一些基本的观念与规定都是适用于信托所得税的。

二、信托所得税的特征

如前所述,信托所得税不是一个独立的税种,因此,其具有所得税的一般特征:一是信托所得税属于直接税。直接税,是指税负不能或不便由纳税人转嫁出去,而是由纳税人自己负担的税。直接税的纳税人,不仅在表面上有纳税义务,而且在实际上也是税收承担者,纳税人和负税人是一致的。信托所得税的纳税人与负税人一致,由实际受益人承担纳税义务,并且不能转嫁给其他人。二是信托所得税以纯所得为征税对象。所得税的征税对象不是纳税人的总收入,而是扣除了各项法律允许扣减的成本费用之后的净收入,或称为纯所得。例如,企业所得税的征税对象是总收入减除各项合理的成本、费用、税金、损失等后的余额。同样地,个人所得税在计算应纳税所得额时,需要扣除纳税

---

① 参见张建棣:《信托收益所得税法律制度研究》,中国政法大学2002年博士学位论文,第20~21页。

人的基本生活费用和赡养家属的费用。而信托所得税以信托财产产生的收益为应纳税所得额,它包括经营所得、资本性所得、财产租赁所得、特许权使用费所得、财产转让所得和其他所得。三是信托所得税采用源泉征收的方法。源泉征收,是指对某些所得由支付者代为扣缴所得税。源泉征税始于英国,目前大多数开征所得税法的国家也都采用了源泉征收的方法,我国《企业所得税法》和《个人所得税法》中均规定了源泉征收制度。源泉征收的优点是可以保证税款按时、足额入库,简化征税手续,提高税收征管效率。信托所得税的受托人在某些情况下应履行代扣代缴义务,例如,在英国,当信托收益确定为受益人所有时,当信托收益未分配时,需先由受托人代为缴纳所得税,受益人实际取得信托收益时可持相关完税凭证申请税款抵扣。

由于信托所得税是在信托这一多边法律关系中产生的所得税关系,与传统的企业所得税、个人所得税等所得税法律制度相比,它在以下几个方面又具有独特之处。

(一)信托所得税纳税主体具有多样性

信托所得税的纳税主体可能是信托受托人、受益人或委托人中的任何一个,因此信托所得税纳税主体呈现出多样性的状态。面对这种多样性特征,一般而言,信托所得税以信托财产所产生的收益(信托所得)的实际归属者作为其纳税主体,其确定纳税主体的方式不同于一般企业、公司或个人所得税。信托所得实质上归属于哪个主体,哪个主体就应当成为信托所得税的纳税人,而无论其名义上归属于谁。例如,在英国的"威廉姆斯诉辛格案"(Williams v. Singer)中,受托人授权第三人直接将红利所得支付给受益人,英国国内税务局认为信托的受托人应当是所得税的纳税义务人,但是法院却认为受益人应当是所得税的纳税义务人。法官指出,如果仔细审查所得税法案就会发现,履行纳税义务的人既不是受托人也不是受益人,而是实际上取得或者控制所得的人。又如,在美国,允许委托人设立仅为其个人利益的委托人信托,该信托的实际受益人是委托人或委托人可以通过其控制信托利益的其他人,如其妻子及子女,这时,美国法律即认为所得税的纳税人既不是信托本身也不是所谓的受益人,而是委托人本人。

(二)信托所得税的征税范围是信托财产所产生的所得

信托财产产生的所得主要包括三部分:一是信托财产在经营管理过程中的增值所得;二是受益人在实现受益权过程中的所得,包括出售、投资、互易等方式;三是信托终止时财产接受人的"所得"。由信托财产以外的资产产生的所得,均不属于信托所得税征收的范围。这不同于一般的个人所得税和公司所得税,一般的个人所得税和公司所得税就其纳税主体的各种所得进行征税。

(三)信托所得税大多适用累进税率,兼具比例税率形式

在大多数国家,信托所得税法在信托所得税的征收上同时规定了比例与累进税率两种税率形式。例如,美国对于信托所得,适用15%、25%、28%、33%和35%的五级累进税率。英国自1992年之后,对于一般的信托所得,一直适用3个等级的累进税率,但是各等级间的应税所得和相应税率随财政年度的变化可能予以调整,对于累积的信托收益需要再按照比例税率加征一道所得税。① 加拿大将生前信托产生的所得划分为一般所得与特殊所得,对两种不同形式的所得分别采取29%与36%的比例税率。在新西兰则对于一般信托所得采取33%的比例税率,但是对于非限制信托②则采用了45%的比例税率。日本的信托所得按照五级超额累进税率征税。由此可见,各国、各地区在确定信托所得税的税率形式时,既要考虑纳税人的税收负担能力,也要考虑防止国家税收的流失和防范信托避税。英国在累积收入加征比例税率方面的做法,就是防止财产过多地累积在信托中以妨碍资金的流动,以及防止利用累积收入的方式避税的典型范例。

(四)信托所得税中受托人有时要履行扣缴义务人职责

虽然信托所得税的纳税主体呈现多样性的特征,委托人、受托人和受益人均存在成为纳税主体的可能性,但是,信托财产因其具有独立性特征,而独立于受托人的财产。从而,在信托所得课税中,信托财产受托人经常充当代扣代缴义务人的角色。表现为由受托人所缴纳的信托所得税最终要从信托财产中扣除,而不是从受托人的财产中扣除。在英美法系国家,受托人的代扣代缴义务人地位非常明显。例如,在英国,当信托财产及其收益绝对地确定为由受益人所有时,如果累积的信托收入尚未进行分配,则先由受托人代为缴纳所得税,当受益人取得信托收入时,再持相关的完税凭证进行税款抵扣。加拿大税法虽然规定了信托所得税的纳税义务在受托人和受益人之间分担的计算方法和计算标准,但是也存在受托人缴纳所得税税款之后向受益人支付信托所得

---

① 参见财政部税收制度国际比较课题组编著:《英国税制》,中国财政经济出版社2000年版,第55~56页。

② "非限制信托"是新西兰所得税法上的一个特别概念,是指因财产托管人的居留而与新西兰发生联系,但是并未在新西兰就其发生的收益承担所得税义务的信托。

时可以免税的规定。

（五）避税与双重征税并存是信托课税面临的主要问题

作为一种重要的财产法律制度，税收制度与信托的发展紧密相连。毋庸置疑，信托制度在产生初期就具有规避税负的"血统"。除规避封建法律对财产转移的限制外，规避当时法律加诸于财产的各项税捐也是设立信托的重要目的。综观现代信托，其尽量避免或者减少所得税、资本利得税和遗产税的征收，更是其主要功能。在信托文件中涉及避税的条款极为常见，减少、排除信托主体的纳税负担逐渐成为信托设立的首要动机。除离岸信托外，纳税人经常使用分散信托收益、累积信托利益、虚拟慈善信托等方式来规避信托所得税。信托所得税面临的另一个重要问题就是对信托所得的双重征税。在信托存续期间，信托收益产生时，受托人负有所得税的纳税义务；在分配信托收益或者信托终止时，受益人接受受托人转移信托所得时又产生另一次所得税纳税义务。这就导致对同一所得征收了两次所得税，显而易见是重复征税。因此，防范信托避税、避免双重征税是信托所得税法需要解决的两大难题。

第二节　信托各主体所得税纳税义务分配均衡的评价标准

一、实质课税理论的含义与价值

（一）实质课税原则的起源与发展

1.实质课税原则的起源

税法中的实质课税原则，是指在确定课税要件事实，即纳税主体、交易性质、确认收入、确认应税所得数额时，不应只停留在经济交易表面呈现的法律形式或经济事实，更应该探求实质的法律关系或经济关系，以便分析并确定税法的纳税主体及其征税对象和应税数额。实质课税原则抛开经济交易的表面形式，探求和确定经济交易的本质，并以此来确定当事人在税法上的地位。①

实质课税主义最早源于德国税法，也常被称为经济实质原则或经济观察法。在税法解释中，其作用不可小视，所以逐渐发展成为重要的解释原则。经济观察法的由来要追溯到1919年德国税法学者贝克尔（Becker）起草制定的

① 参见滕祥志：《税法实质课税理论的缘起与重构》，中国法学会财税法学研究会2009年年会暨第十一届海峡两岸财税法学术研讨会论文。

《帝国租税通则》(1919 年)。根据该通则第 4 条的规定,解释税法,需斟酌立法目的、经济意义和情势发展。由于当时的德国税法缺乏对无效民事行为的规制,又正值第一次世界大战前后财政紧张之际,一些不法商人为偷逃税款,故意设置和利用无效的民事行为来安排经济活动。于是为应对财政危机,实现税收公平,税法发展出实质课税的理论,即民事主体的应税行为若产生应税所得,无论其经济行为在民法上是否有效,税法仅依据民事主体的应税行为本身和取得的应税所得来确定其税法上的纳税义务。[①] 即在法律上无效的交易,如果存在经济后果就应对其征税。

在德国税法后来的发展过程中,同样也体现了对经济观察法的规定。1934 年德国《税收调整法》第 1 条第 2 项规定:"进行税收法律解释时,必须对国民思想、税法的目的、经济上的意义,以及上述诸多因素的相互关系进行综合考虑。"1977 年颁布的《税收通则》第 40 条规定:"实现税法构成要件之全部或一部分行为,不因其违反法律之命令或禁止,或违反善良风俗,而影响其租税之课税。"[②]第 41 条规定:"(1)如果一项法律交易无效或者变为无效,倘当事人实现了该法律交易的经济后果,在该经济后果范畴之内,不影响征税。但税法有相反规定除外。(2)虚假交易及行为在征税时不予考虑。如果一项虚假交易隐藏了另外一个法律交易,将考虑对该被隐藏的法律交易进行征税。"[③]因此,实质课税原则产生的历史背景表明,这一原则是为了保护国家税权、规制避税和偷逃税行为而设定的。

2. 实质课税原则的发展

大陆法系国家和地区的税法受到德国《税收调整法》和《税收通则》所确定的经济观察方法的影响。日本著名税法学者金子宏认为,实质课税原则表现为法律适用时,发生表见事实(形式)与法律事实(实质)不一致之情形,应按法律事实(实质)适用税法。在日本的税收立法中,彰显实质课税原则的主要是日本《所得税法》和日本《法人税法》。日本《所得税法》第 12 条的标题为"实质所得者的课税原则",并具体规定:"资产或者事业产生之收益,在法律上虽是收益归属者,但实际上仅为名义人,并不享受实际收益,而由其他人享受其

---

① 参见滕祥志:《税法实质课税理论的缘起与重构》,中国法学会财税法学研究会 2009 年年会暨第十一届海峡两岸财税法学术研讨会论文。

② 滕祥志:《税法实质课税理论的缘起与重构》,中国法学会财税法学研究会 2009 年年会暨第十一届海峡两岸财税法学术研讨会论文。

③ [美]维克多·瑟仁伊:《比较税法》,丁一译,北京大学出版社 2006 年版,第 190 页。

收益时，则此收益归属于实际享受者，此时实质归属者课税的法律规定应适用于收益实际享受者。”①此外，《法人税法》第 11 条、第 132 条，《所得税法》第 157 条，《地价税法》第 9 条等也有类似规定。日本法院在司法实践中认为，向实质所得者课税的依据是税负公平原则这一税法根本理念，它符合社会正义的要求，能够有效保障税捐的征收。

在韩国，韩国《国税基本法》和韩国《法人税法》中均认可实质课税原则。韩国《国税基本法》将“实质课税”确定为“税款征缴的基本原则”。韩国《法人税法》第 4 条更是以“实质课税”为标题，并作出了更细致的规定：(1)资产或经营收入的全部或一部分在归属问题上出现法律归属法人和实质归属法人不一致时，对于该收入的实质归属法人适用本法。(2)关于计算法人税课税所得金额的规定，不考虑所得、收益等名称或形式，而按照实质内容适用之。

实质课税原则在法国的税法领域普遍被适用。实质课税原则基于税法独立性原理建立，法国早期税法领域对此曾出现过两种对立看法，亦对实质课税原则有不同评价。实质课税原则的两大特征：一是租税规避行为之否认；二是法律行为经济意义之重视。实质课税原则与法国宪法秩序的紧张关系集中表现在宪法价值之冲突与取舍，在法国税法实践中，实质课税原则需接受宪法价值的协调，其表现为中央行政院对税法上经营管理不干涉原则。在纳税人按照税法获取利益的案件中，也不容许税捐稽征机关以该原则为由，对纳税人在交易市场中享有的自由权利加以干涉。

我国台湾地区的葛克昌教授认为，民法重视契约自由与交易安全，税法则掌握经济效果与注重量能平等负担。因此，虽然在民法上有效的契约，有时在税法上不予承认而须予调整，例如，滥用契约自由而不合理的商业交易行为(脱法避税行为)；反之，因违反强制性禁止规定或善良风俗等导致无效的民法行为，若保有经济结果，则不影响税捐课征。民法上虽非所有权人，但为实质利益归属与享有者，仍为纳税义务人；税法课税要件依经济解释认定，事实依实质确定。②

总而言之，我们可以看到大陆法系的很多国家在税法规定中都有明显的德国经济观察法的痕迹，都引入了“实质课税原则”，例如，法国、日本、荷兰、瑞

---

① [日]金子宏：《日本税法》，战宪斌、郑林根等译，法律出版社 2004 年版，第 156 页。

② 参见梁文永：《第十四届海峡两岸财税法学术研讨会综述》，载中国财税法网 2011 年 5 月 16 日，http://www.cftl.cn/ArticleInfo.aspx? Aid=45141&LevelId=002004001001001。

士、克罗地亚等国。但实质课税原则也并非为所有大陆法系国家所接受和运用，如比利时最高上诉法庭从宪法的法定原则出发，指出："税法中不应存在经济实质原则，只需考虑法律条文客观上的含义，这为纳税人的权利提供了高度的法律保障。"但是，随着避税行为在世界各国日渐盛行，比利时也不免要逐步修正这一理念，允许税务机关和法院在反避税时对认为存在"虚构"的行为进行调整。因而，实质课税原则的反避税价值在该国得以体现。①

3. 英美法系理念中的"实质重于形式"

在英美最初的判例法中，并未有"实质课税"这一原则。但自英国"拉姆齐公司诉国内税务局案"(Ramsay Ltd. v. Commissioners of Internal Revenue)②之后，该案确立的"拉姆齐原则"一直作为判断交易行为合理性的依据。所谓"拉姆齐原则"，是指法院在判断一项可能产生税收后果的交易的法律本质时，判断真伪的依据不局限于该避税安排中任一单一交易，而是可以将其视为一个整体，并根据交易的整个安排进行判断。假如这项避税安排是一个有机联系的整体而并非一项独立的交易行为，同时不发生实质收入或损失，也不影响纳税人收益，则税收上可以视之为无效。

美国法院在税法的解释与适用上，一直采纳的是普通法理念，运用商业目的(business purpose)、虚假交易(sham transaction)、实质重于形式(substance over form)、分步交易(step transaction)和经济实质(economic substance)等原则，这些原则在法律的具体规定中虽然没有明确的表述，但在法院的司法实践

---

① 参见叶姗：《实质课税主义的理论价值确证》，载《学术论坛》2006 年第 2 期。

② Ramsay 公司欲出售其农场获得收益，根据英国税法相关规定，这项收益应当缴纳资本利得税。为规避纳税义务，Ramsay 公司制订了一份避税计划。首先，Ramsay 公司购买 Caithmead 公司的股票，又于当日向该公司取得两笔金额相同的贷款，利率均为 11%，贷款条件为 Ramsay 公司可以减少两笔中的一笔贷款利率，并把减少的利率加到另一笔贷款上。而后，Ramsay 公司将其中一笔贷款的利率减为 0，相应地将另外一笔贷款的利率提升为 22% 后，将该笔贷款的债权出售获利，依据英国的税法规定，这项债权证书出售所获收益免缴资本所得税。一个星期后，Caithmead 公司将前笔贷款归还 Ramsay 公司。上述贷款交易行为造成 Caithmead 公司股价下跌，Ramsay 公司抛售该公司股票受到的损失与出售债权凭证的收益相等。Ramsay 公司认为，其出售 Caithmead 公司股票所受损失与出售农场的收益相抵消，应免缴资本利得税。但是税务机关提出 Ramsay 公司之操作意在避税，不同意抵扣。最后，威尔伯福斯(Wilberforce)法官认为，法院的职责是确定任何一项产生税收后果的涉税交易税收的法律实质，而当它是作为一系列或者一整套交易或者组合出现时，为了考察它的实质，可能需要考虑整个交易，而将交易整体考虑，纳税人没有任何真正的损失发生。因此，应将分步骤交易计划作为一个不可分割的交易整体考虑，否定其中的人为设计的交易环节，以揭示其掩藏的交易实质。

中逐渐形成。[①] 在美国"国内税务局诉考特控股公司案"(Commissioner of Internal Revenue v. Court Holding Co.)中,案涉公司欲将一栋建筑物协议出售,因了解到可能需要缴纳税款时,公司对之进行清算并将财产分给各个股东,然后股东将财产卖给了购买人。法院认为,交易实质决定征税归宿,如果允许纯粹形式对交易真实本质进行掩盖,而这种形式目的仅为规避纳税义务,那么这将严重损害国会税收政策的有效实施。在税法中运用"实质重于形式"法则,其内涵和本质与实质课税可谓殊途同归,二者同样注重交易的实质和经济上的影响,认为除非商业交易是以经营为目的,否则就是违反税法。[②]

加拿大最高法院在处理税务案件时,"实质重于形式"也越来越受到青睐。法官通过交易的形式判断其真实的目的,不受形式上的法律分类的拘束,从而有助于避免纳税人因熟练地操纵一系列单个的交易,获得税收减免的结果,也避免了纳税人纳税义务的不平等。[③]

(二)实质课税原则在我国税法中的定位

1. 关于实质课税原则的理论争议

值得关注的是,实质课税原则在很多国家并没有像税收法定原则、税收公平原则一样完全得到认可,甚至有学者认为,德国《税收通则》之所以删除了《税收调整法》中实质课税方面的规定,正因为这一规定过分强调税法的独立性,容易被误解为经济意义或实质内涵解释乃税法所独有,税法解释可不顾其私法意义。[④] 日本学者北野弘久认为,作为贯穿解释和适用整个税法的基本原理,只能是租税法律主义。[⑤] 因此,实质课税原则必然要受到税收法定原则的约束。亦即,除法律另有规定或其解释有利于纳税人的以外,不得以实质课税原则进行类推适用,从而避免创设或加重纳税人的税收负担。但在税收规避的情况下,则可根据法律的目的、相关规定及可能的文义,适用实质课税原则进行课税。由此,实质课税在反避税领域的适用更加广泛。

对实质课税的认识,我国税法学界也存在较大的分歧。早在20世纪80年

---

① 参见[美]维克多·瑟仁伊:《比较税法》,丁一译,北京大学出版社2006年版,第160~161页。

② 参见[美]维克多·瑟仁伊:《比较税法》,丁一译,北京大学出版社2006年版,第171页。

③ 参见叶姗:《实质课税主义的理论价值确证》,载《学术论坛》2006年第2期。

④ 参见葛克昌:《行政程序与纳税人基本权》,北京大学出版社2005年版,第216页。转引自叶姗:《实质课税主义的理论价值确证》,载《学术论坛》2006年第2期。

⑤ 参见[日]北野弘久:《税法学原论》,陈刚、杨建广等译,中国检察出版社2001年版,第92~94页。

代,谢怀栻教授就介绍并诠释了西方国家包括实质课税原则在内的各项税法原则,并认为它应该属于税法的基本原则。持此观点的学者还有施正文教授,他认为,将来制定中国税法通则应当将实质课税原则纳入税法基本原则,规定为程序与实体共通的原则。[①] 滕祥志博士认为,实质课税原则与税收法定原则并不矛盾,二者如同一个硬币的两面,相辅相成,不可或缺,共同构成税法原则家族的重要成员。[②]

还有的学者不赞同将实质课税原则作为税法的基本原则。如刘剑文教授认为,实质课税原则属于税法解释特有的原则,是税法解释活动必须始终坚持的。[③] 张守文教授的观点是,实质课税原则是税法适用的重要原则,也是补充税法漏洞的重要方法和形式课税原则的重要补充,并不违背税收法定原则。[④] 徐阳光教授认为,与税法基本原则相比,实质课税原则实为下位原则,是税法解释和适用等领域内的具体原则。一方面,实质课税原则在内容上应当包含在税收公平原则和税收法定原则之中;另一方面,实质课税原则产生的历史渊源在于对税收规避的防范,且仅适用于税收法治环节中的某一具体阶段,而不能涵盖立法、执法、司法、守法等各环节,当然也就难以将其归为税法基本原则的范畴。[⑤] 洪晔演认为,实质课税原则与罗尔斯的正义即公平原则在理论上有相契合之处,说明了实质课税原则是符合正义的原则,并期待我国税法的理论对这一原则有更新的认识。[⑥]

2. 实质课税原则应成为我国税法的基本原则

我国税法经过多年不断发展,已形成了四大基本原则,即税收法定原则、税收公平原则、社会政策原则与税收效率原则。对于实质课税原则在我国税法原则中的定位,大致有“税法基本原则说”、“税法适用与解释原则说”和税收法定原则的“下位原则说”3 种观点。笔者赞同将实质课税原则作为我国税法的基本原则,这是由于实质课税在税法中有着特殊的价值,体现着对税收公

---

① 参见施正文:《中国税法通则的制定:问题与构想》,载《中央财经大学学报》2004 年第 2 期。

② 参见滕祥志:《税法实质课税理论的缘起与重构》,中国法学会财税法学研究会 2009 年年会暨第十一届海峡两岸财税法学术研讨会论文。

③ 参见刘剑文主编:《财税法学》,高等教育出版社 2004 年版,第 379 页。

④ 参见张守文:《税法原理》,北京大学出版社 2004 年版,第 34 页。

⑤ 参见徐阳光:《实质课税原则适用中的财产权保护》,载《河北法学》2008 年第 12 期。

⑥ 参见洪晔演:《从罗尔斯正义论的视野看实质课税的合理性》,载中国财税法网 2009 年 9 月 25 日,http://www.cftl.cn/ArticleInfo.aspx? Aid=46017&LevelId=002002001002。

平、税收正义的坚守和追求。

第一,实质课税彰显宪法精神。税法基本原则的确定必须遵循宪法。征税权和财产权作为国家基本权力和国民基本权利,应当在《宪法》中明确界分并予以保护。税法其实是国家征税权与纳税人权利博弈后,取得平衡的制度安排。因其不仅体现出民主、法治等现代宪法理念,并能够有效地保障人权、维护国家利益和社会公共利益,税收法定这一原则从而成为税法基本原则。实质课税主义可以保障征税权,其立法依据就是宪法;而实质课税主义因其同样可以有效地保护国民的财产权而合宪。依据实质课税的含义,实质课税主义不会对私人财产权产生不当影响,其还能通过揭示掩盖在法律形式背后的经济实质来伸张实质正义,和现代法治国家追求实质正义之精神具有内在一致性。实质课税主义的产生是为了回应税收公平价值的呼唤。从深层次上考虑,实质课税、税收法定两项原则亦具有一致性,实质课税主义源自宪法法律平等适用的要求,保证纳税人对税法安定性产生信赖。因此,实质课税与税收法定原则在本质上并无冲突,而是互补。

第二,实质课税体现了税法的价值追求。法的基本价值追求有很多,包括正义、自由、秩序、利益。而"正义是社会制度的首要价值",①法律作为社会制度的组成部分,其首要的价值追求必定应该是正义;②税法作为法律体系和法律制度的重要内容,应该以追求税法正义为其最高目标。税法的基本原则应该服从和体现税法的正义追求。③ 为了应对复杂多变的社会生活实践,市场主体创造出许多崭新的交易方式和交易规则,例如,信托就是其中的一种创新金融产品。法律的制定总是落后于社会生活的实践,这就需要以实质课税原则来指导或引导纳税、征税以及税务争议的处理。在有些经济活动中,形式的受益主体与实质的受益主体并不一致,名义上享受交易收益的主体可能并不是实质上享受收益的主体,这就应当要求实质的受益主体承担税法义务或者直接根据税法的规定将其确定为纳税主体,体现税法对正义的价值追求。因此,

---

① [美]约翰·罗尔斯:《正义论》,何怀宏、何包钢、廖申白译,中国社会科学出版社 1988 年版,第 1 页。

② 自由的位阶应该优先于秩序,离开自由的保护谈论秩序的价值,秩序将丧失人性的关怀。在罗尔斯的正义理论中,正义的制度是一定保护个体自由的制度,无自由则无所谓的正义的制度,但自由的价值内在地包含在正义的价值之中,正义价值的位阶应该比自由更高。

③ 滕祥志:《税法实质课税理论的缘起与重构》,中国法学会财税法学研究会 2009 年年会暨第十一届海峡两岸财税法学术研讨会论文。

实质课税当仁不让地成为判断交易行为实质的标准，其能够还原交易行为本来的实质内涵，维护税法的正义和保障国家税收秩序。

（三）实质课税应作为信托各主体纳税义务分配均衡的评价标准

由于信托的特殊结构和现行税法直接适用于信托课税产生的问题，实质课税原则在税收法律制度中应成为具有指导意义的基本原则，作为信托各主体分配纳税义务的依据。但是由于将其直接适用于信托税法缺少明确的可操作性，因此，本书提出了在实践中便于操作的两项具体原则——形式移转不课税和实质受益者负税。将以实质课税为基础的该两项具体原则作为评价信托各主体纳税义务分配均衡的标准，有着坚实的理论基础和实践基础。

1. 信托导管理论

信托"导管"理论认为，信托只是委托人为受益人谋取利益，将信托作为一种输送利益的"导管"。信托导管理论是支撑形式移转不课税原则的信托法理论基础。该理论将信托定位为委托人与受益人之间的财产输送管道，受托人依据信托文件管理、支配、运营信托财产，只是信托利益输送的媒介和手段，受益人才是信托财产及收益的实质所有者。因此，在信托设立和存续期间，虽然委托人将信托财产移转给受托人，但受托人不享有实质利益，也不被看作税收客体（信托财产及其收益）的归属主体，不发生纳税义务。由于信托导管理论重实质而轻形式，符合经济及税收公平原则，也与量能课税及实质课税主义的精神吻合，所以目前实施信托制度的国家，大多以此为课税理论根据。英国、美国、日本等国家和地区的信托税制设计，均以此为依归。①

2. 量能课税理论

量能课税原则因其税捐正义理念对税法的基本要求，成为税法基本原则，其具有双重意义：一是容许国家按纳税人负担税收的能力依法课税；二是禁止国家超出纳税人负担税收的能力征税。② 而实质课税原则中的"实质"，其实是对纳税能力的衡量，这也正是量能课税原则的基本要求。再者，因为税收债务是法定之债，并且与国家提供的服务之间没有直接的、个别的对价关系，所以不能从补偿正义的观点，以特定人所受利益或国家所支付的费用为标准进行课征。必须从分配正义所建立起来的税收正义的观点，以纳税人负担税收的

---

① 参见李素兰：《我国信托行为课税实务探讨》，中原大学 2003 年会计系硕士学位论文。

② 参见黄茂荣：《税法总论——法学方法与现代税法（第一册）》（增订 2 版），台北，植根法学丛书编辑室 2005 年第 10 期，第 379 页。

经济上的支付能力为标准，决定其纳税额。① 所以，个人的税收负担应通过其经济上的给付能力进行衡量，以此确定应负担的纳税义务，这也彰显了税捐正义的理念。因此，在衡量纳税人是否有纳税能力及纳税能力的强弱时，一般以所得、财产、费用支出作为评价的指标。

量能课税原则其实与实质课税原则具有相同的精神或本质，因此量能课税原则与实质课税原则有适用上的替代性。但是二者的侧重点有所不同：实质课税原则注重征税客体经济上的归属；而量能课税原则更关注纳税主体，是否存在纳税主体、纳税主体的税收负担能力等需要由量能课税原则作出判断。所以，当学者和实践部门以量能课税原则、实质课税原则作为征税、免税或确定纳税主体的依据时，其追求的目标其实是一致的——应以符合经济利益的实质和利益的实际归属，认识和判断纳税主体及税收负担能力，从而使税收的课征符合实质，且不受形式上的限制。

信托强调对信托财产的移转或处分是为了受益人的利益或其他特定目的，由此对财产进行的移转产生了法律形式与经济实质不一致的现象，因此应遵循实质课税主义的精神，对形式移转不课税。

3. 信托财产“两权分离”与纳税主体的定位

所谓“两权分离”，是指信托财产的名义所有权与实际受益权相分离。受托人依法或依信托文件对信托财产享有管理、运用或处分的权利，但此过程中产生的收益，即信托财产的实际收益，依照信托文件的规定应支付给受益人。

“两权分离”的独特之处在于，当自然人、法人或其他组织在管理、运用或处分财产时，能够合法地利用法律规避可能存在的经营风险或法律风险，这是一种尤为优越的理财方式。但随之而来的问题是难以确定纳税主体，究竟谁应当成为信托收益的纳税人，是委托人、受托人还是受益人？根据实质受益者负税的理论，当然应由实际享受信托利益的受益人承担纳税义务。受托人在名义上持有信托财产，该收益在名义上归属于信托受托人，但是由于信托财产实际上独立于受托人的财产，因此信托收益并不是受托人所得，受托人不应当成为信托收益的最终税负承担主体；同时，由于信托受益人是信托财产的利益受益者，因此，按照谁受益谁纳税的基本原理，信托收益最终应当由信托的受益人承担纳税义务。但是，由于信托是一种高度灵活的财产管理机制，受托人

---

① 参见黄茂荣：《税法总论——法学方法与现代税法（第一册）》（增订 2 版），台北，植根法学丛书编辑室 2005 年第 10 期，第 378 页。

对信托财产的管理、处分和运用享有相当大的权利，他可以根据信托文件的要求灵活处理信托的收益，信托收益的产生与分配往往存在时间上的差异。例如，受托人可以将信托收益累积起来不予发放，这种累积收入只能归属于信托财产，而不能确定具体的受益人作为纳税主体，在这种情况下，必须确定受托人为纳税主体，以避免国家税收的流失。在这个问题上，英美法系国家有的将信托本身视为未分配或未确定归属主体的信托收益的纳税主体，如美国、英国与加拿大。① 有的则直接以受托人为未分配或未确定归属的信托收益的纳税主体，如新西兰，该国法律即规定由受托人就分配或应归属于受益人的信托收益负担纳税义务，其他信托收益以受托人为纳税主体。而在委托人以避税为目的建立的特定的信托中，或委托人对信托持有相当的控制力或保留相当的收益权利的情况下，信托收益的纳税主体既不是信托(或受托人)也不是受益人，而是委托人本身。即以实际受益人纳税为原则，以受托人、委托人纳税或不征税为例外。日本税法对信托收益课税中的纳税人也作了如此规定：在受益人确定时，以受益人为纳税义务人；在受益人不确定时，以委托人为纳税义务人进行纳税，但是慈善信托的委托人除外。

4. 信托财产的归属与税负分配

如前所述，信托财产原则上归属于实际受益人，例外情况下归属于委托人或受托人。信托财产基于信托目的移转给受托人，受托人管理、运用和处分信托财产所得的收益并不归属于受托人，受托人只是名义上的所有权人，也就是说信托财产在名义上归属于受托人，而受益人却是实质上的所有权人。但也有例外情况。例如，当委托人为避税而设立特定信托时，或在委托人保留对信托的相当的控制权或收益权的情况下，委托人才是实质受益人，应对委托人课税。当受益人不特定或尚未存在时，信托财产的归属应如何确定？此时，基于稽征效率的考虑，应以相关税收客体的形式归属为基础，规定受托人为纳税义务人或扣缴义务人，以降低税收成本和防止信托避税。

一般来说，在经济上获得、分配、享受商品或劳务收入、所得或者财产的主体，都是课税对象所归属的纳税主体，因为他们取得了财产权利。但对于某些只在名义上取得上述课税对象，而在实际上并不能或不能随意支配或从中获益的主体，并未因此产生实际的负担税收的能力，故不应认定其为纳税主体。

① 在这种情况下，信托纳税的义务依然要由受托人完成，受托人处于一种类似代扣代缴义务人的法律地位，而加拿大则将受托人直接称为信托受益人的代理人。

实质课税理论要求从经济活动的实际出发,确定课税对象的归属,以此判断真正的纳税主体。该理论以经济实质判断纳税主体、确定纳税义务,不该承担纳税义务的,不因其具备法律形式上的要件而徒增纳税义务。困扰信托税收的问题,就是现行税制未考虑信托财产名义所有权与实质受益权分离所导致的名义受益人与实质受益人的二元化。在确定信托过程中各信托环节的应纳税主体时,应明确只有实质上的受益人才应当承担纳税义务,原则上由实际受益人纳税,例外时由委托人、受托人纳税或者不征税。如前所述,在委托人以避税为目的建立的特定的信托中或委托人对信托持有相当的控制力或保留相当的收益权利的情况下,对委托人课税。当受益人不特定或尚未存在、集团信托和累积信托时,为了稽征经济的原因,往往会对受托人课税,慈善信托则因其以公益为目的而不征税。这些例外情形并未违反实际受益者负税原则,这是由于当受益人确定并对其实际给付信托利益时,需要从受益人获得的信托利益中扣除已纳税额,从而实现"实质课税"的目的。

当前,在德国、日本等国家的税法实践中,实际受益者负税原则作为信托税法的一项基本原则已经得到广泛运用。在英美法系国家,实际受益者课税原则通常被称为"实质重于形式原则",也早已在实践中得到确认。如前所述,英国"威廉姆斯诉辛格案",法院判决明确指出,纳税主体既不是受托人也不是受益人,而是实际上取得或者控制所得的人。所得税法案的目的在于确保政府对可征税利益的分享,这一目标通过简单而有效的利益在哪里产生就在哪里征税的方法实现。①

又如在美国,一些委托人设立了仅为其个人利益而设立的委托人信托,该信托收益的最终指向是委托人或委托人可以通过其控制信托利益的他人,如其妻子及子女,这时美国法律即认为所得税的纳税人既不是信托本身,也不是所谓的受益人,而是委托人本人。如在"赫尔福林诉克利福德案"(Helvering v. Clifford)中,被告以其所有的证券为信托财产,以其自身为受托人,以其妻子为绝对受益人,在信托终结之时,所有的信托本金归属于被告,所有的信托中增加的或未分配的净收益及该净收益所产生的投资利润都归属于其妻子,在信托运作过程中,被告就信托有绝对的自由裁量权。在1934年全年,信托的所有收益都被分配给被告的妻子,而其妻子将这些收益

① See Mohamed Ram John, *Source Book on Trusts Law*, 2nd edition, Cavendish Publishing Limited, 1998, p.946.

纳入自己的纳税表中。但是美国国税局则认为该信托的收益应由委托人来纳税，因为委托人对信托存在实质的控制权，因此其收益实际上是归属于委托人的，并就此认为委托人的纳税表存在缺陷，全部信托所得税应由委托人负担。又如，在“莱纳诉美国国税局案”（Lerner v. Commissioner of Internal Revenue）①中，莱纳医生以自己的律师为受托人，建立了以自己的医疗设备与器具为信托财产的信托，又将其子女设定为信托受益人。由于莱纳医生对信托具有相当的控制力，美国国税局认为莱纳医生作为委托人，应当承担信托收益的所得税义务。因此在美国，委托人信托不适用信托所得税中关于将收益的纳税义务分担给信托和信托受益人的规则，而是直接由信托的委托人承担所得税义务。

5. 防范信托避税与避免重复课税

在我国信托税收制度中，重复课税是需要解决的相当重要的问题。从信托运行的各阶段来看，信托设立时，信托财产因发生形式移转而产生的纳税义务，与信托终止时信托财产实质移转所产生的纳税义务是重复的，即对同一对象课征了两次流转税；同样地，在信托存续过程中，信托收益产生时由受托人承担了所得税纳税义务，而在信托终止时或者分配信托收益时，受益人因接受受托人转移的收益，仍需缴纳所得税，从而导致对同一税源课征了两次所得税。如前所述，现行税制未触及信托中所有权的二元化问题，信托课税与普通经济业务课税的依据和方法并无二致，重复征税也就成为必然。对信托中的双重征税现象，各国普遍采取了否定态度，因此，应将“实质课税”作为我国信托课税的指导性原则，均衡分配信托主体的纳税义务，确定形式移转时不征税，由实际受益人负税。

信托同样具有避税的功能，甚至在其产生之初就具有规避税负的天然属性。有些大陆法系国家因此而拒绝接受信托制度。可以预见，随着信托的发展，我国将涌现大量利用信托避税的现象，因此，防范信托避税也需要遵循实质课税的原则。

---

① Hobart A. Lerner, M. D., P. C., Petitioner v. Commissioner of Internal Revenue, Respondent; Hobart A. Lerner and Elinor O. Lerner, Petitioners v. Commissioner of Internal Revenue, Respondent, https://www.courtlistener.com/opinion/4704874/lerner-v-commissioner/?page=2，最后访问日期：2023年1月31日。

二、信托财产的形式移转和实质移转

（一）信托财产的“移转”

财产的移转，是指财产权主体的变更行为，财产移转导致财产易主，财产权利所有人随之转变。在经济生活中，许多法律行为都会产生财产移转的结果。按发生原因分类，财产移转可以分为继承移转、买卖移转、赠与移转、租赁移转、信托移转等。依照财产取得人是否享有该财产经济上的实质利益，可以分为形式移转与实质移转。形式移转，是指财产取得人仅取得形式上的财产权，并不享有财产的实质性经济利益；实质移转与之不同，财产取得人既取得形式上的财产权利，亦享有财产实质上的经济利益。①

（二）信托财产的形式移转及其表征

信托中的形式移转，系指行为人之间发生了财产移转处分行为，但财产权取得人并未真正享有实质性的经济利益，该移转仅是名义行为或回复财产权行为。② 信托中的形式移转，是名义移转，财产取得人虽然在法律上获得了该信托财产的权利，但实际上该信托财产的利益却归属于其他人，如受益人。形式移转还可以表现为财产权的实现或者回复，即财产权通过移转行为，将本来就属于财产取得人的财产“物归原主”，或将请求权、期待权转化为现实权、既得权。例如受托人移转信托利益给委托人或受益人。

信托关系产生以后，由于信托财产名义上的所有人与经济上的受益人分离，信托财产移转，经常不以财产取得人实际享有该财产利益作为经济后果，由此产生了形式移转。“在信托关系中，由于委托人为信托之担保或管理目的，而采取超出其目的所必要之法律的形式为其手段，将信托财产之所有权或权利转移与受托人，造成信托财产之形式上的归属与信托利益之实质上的归属不一致的形势。”③

在信托的运行过程中，经常会出现形式移转的情形，其表现形式可以按照信托各阶段的不同进行归纳。

---

① 参见刘继虎：《论形式移转不课税原则》，载《法学家》2008 年第 2 期。

② 参见郑俊仁：《信托税制与实质课税原则》，载《月旦法学杂志》2002 年第 1 期。

③ 黄茂荣：《税法总论——法学方法与现代税法（第二册）》，台北，植根法学丛书编辑室 2005 年，第 103 页。

1. 信托设立阶段

信托设立时，信托财产从委托人处移转至受托人手中，此时相应地，财产权发生移转——信托财产权从委托人手里移转到受托人手中。此时，受托人将获得“信托所得”。由于受托人未对之支付对价，从表面上来看，信托财产像是委托人对受托人进行的赠与。但是，收益权能却并不随之属于受托人，信托财产亦不是受托人的固有财产，最终要将其交给受益人、委托人或信托文件指定的其他人。受托人只是充当了输送信托财产和信托收益的“导管”，这种移转就属于形式上的移转。

2. 信托存续阶段

(1) 信托关系存续期间，受托人变更，新旧受托人之间信托财产的移转行为。例如，当原受托人辞任或职责终止时，需要选任新的受托人，原受托人处理信托事务的权利义务即由新受托人继受，原受托人的法律地位也一并由新受托人取代，因原受托人拥有的只是形式上的所有权，所以新受托人所承受的必然也仅为形式上的权利。

(2) 信托关系存续过程中，受托人依照信托文件向受益人交付信托财产，受托人与受益人之间的财产移转。受托人依据信托文件中的相关规定，在信托存续期间将信托财产交付给受益人，表面上看，受益人实现了受益权，但由于受托人本身对信托财产仅享有形式上的权利，实质受益权早在信托设立时已经归属于受益人，因此受益人只是取得本已属于其自身的财产利益，是财产请求权、期待权转化为现实权利的过程，并未发生新的财产利益移转。信托财产的移转，实质上是由委托人移转给受益人，受托人的作用只相当于“取得收益的导管”。

3. 信托终止阶段

(1) 信托终止时，受托人向委托人移转信托财产。如前所述，委托人在信托设立时将财产移转给受托人的情形，属于形式移转，但在信托终止时，受托人依信托文件，将信托财产交还给原委托人，应当属于物归原主，将恢复信托财产所有权的原状。当信托行为发生不成立、无效、被解除或被撤销等情形时，受托人也应向委托人返还信托财产。① 在上述信托财产返还行为发生时，委托人的财产只在形式上添加，并无实质性增长。

---

① 我国《信托法》第 10 条、第 11 条分别规定了信托不产生效力和信托无效的情形，即属于此类情况。

(2)受益人放弃受益权或者信托终止时,受托人与委托人之间的财产移转或受托人与受益人之间的财产移转。当自益信托终止时,信托财产由受托人回归委托人,当然属于形式移转;在他益信托终止时,受益人取得信托财产或其收益,由于受托人此前并不拥有信托财产的实质所有权,所以,该信托财产的移转仍为形式移转。①

(三)信托财产的实质受益人

在信托关系中,受托人由于接受了委托人移转的财产而成为名义上的财产所有人,但受益人依据信托合同的相关约定,接受信托利益的分配,从而成为信托利益的实际享有人,这种形式上与实质上双重所有权的状态,正是信托行为的主要特征。为避免因信托运行中名义所有权与实际受益权并存而可能产生的税收逃漏或重复课税现象,实际受益者课税原则主张信托财产所产生的收益,法律上虽然归属于名义上的所有权人,即受托人,但信托收益实际上归属于受益人,受托人不能享有,故应将受托人取得的利益排除在课税范围以外,而以享有经济上实质利益的受益人为课税主体。在所得归属的认定上,以受益人为实际享有所得之人,应予课税。例如,日本《所得税法》第四章确认了"所得归属之通则":对于由资产或事业所产生的收益,在法律上视为归属者。若归属者只是名义人,不适用该法;而归属者以外的人享受该项收益时,作为享受该项收益者应适用该法规定。具体而言,确定信托财产的所有者的方式是,有特定受益人时,为其受益人,没有特定受益人或者不存在受益人时,信托财产的委托人为所有者。

三、形式移转不课税与实质受益者负税

在信托运行的各环节中,由于信托分割了财产的管理属性和利益属性,财产形式移转与实质移转并存,这也使当下信托税收制度面临两大困境,即信托避税和信托重复征税问题共生。因此,应以实质课税作为信托各主体纳税义务分配均衡的评价标准。在确立了实质课税原则之后,在实践中应有具体的且便于实务操作的信托课税原则——形式移转不课税和实质受益者负税。

(一)形式移转不课税

形式移转不课税原则,不仅有其法理基础,而且被已经建立信托税收制度的各个国家或地区的立法与实践所接受。为了避免利用信托避税和避免对信

① 参见刘继虎:《论形式移转不课税原则》,载《法学家》2008年第2期。

托重复课税，这些国家或地区的信托税收制度充分体现了形式移转不课税原则。

1. 信托设立阶段

当信托成立时，委托人移转或设定财产权给受托人不课税。就信托的宗旨和目的而言，受托人取得信托财产，原则上并不是为自己的利益所取得，因此，无论在信托存续期间还是信托终止时，信托财产权最终均应归于原委托人（自益信托）或受益人（他益信托）。受托人表面上取得了信托财产权，但没有取得信托财产权中最重要的收益权，且受托人原则上也不能取得信托财产或信托利益，因此受托人并无所得税的纳税义务。例如，日本《所得税法》第12条规定："当资产或事业所产生的收益归属者只是名义人时，不适用该法。"即对受托人取得信托财产名义所有权时，不征收所得税。

2. 信托存续阶段

（1）信托关系存续中受托人变更时，原受托人与新受托人之间的财产移转不课税。在信托关系的存续过程中，受托人根据信托合同的约定，或者经委托人、受益人的同意，或者经法院的同意，可以辞任。因受托人不履行职责或有其他重大事由，委托人或受益人也可以向法院申请裁定解任受托人。在原受托人辞任、解任后，依照信托合同或者委托人的指定或者法院根据利害关系人的申请，可以选任新的受托人。此外，受托人因死亡、破产、解散或撤销时，也应当指定或者选任新受托人。在受托人变更以后，信托财产即在原受托人的义务终止时，转移给新的受托人。此外，受托人变更的情形还包括共同受托人中的一人履行义务终止时，信托财产移交给其他共同受托人。信托财产移转给新受托人或其他共同受托人，仍然属于形式上的移转，新受托人或其他共同受托人继受信托财产及其债务，取代原受托人的地位，同样不应负担所得税。

（2）信托关系存续中，受托人依信托目的交付信托财产不课税。在信托关系存续中，受托人依信托目的将信托财产交付给受益人，此时，发生在受托人与受益人之间的财产移转不课征所得税。由于在信托关系成立时，委托人将信托财产移转给受托人，就视为已将信托财产移转给了受益人，受益人即开始享有受益权。所以，在信托关系存续中，受托人向受益人交付财产时则不再纳税。

3. 信托终止阶段

（1）信托关系消灭，委托人与受托人之间或受托人与受益人之间交付信托财产不课税。自益信托在信托终止时，信托财产由受托人返还给委托人。如果为原始信托财产的返还，则委托人不发生纳税义务。即使移交的是信托财产产生的收益，也因为此前已按权责发生主义原则，在收益产生的当年度列为委托人的所得而申报课税，因此，在信托终止时不再重复课税。当他益信托终止时，受托人将信托财产交付给受益人，由于信托财产及其收益已于信托设立或信托收益发生时课税，故信托终止时不得再次课征所得税。

(2)当信托行为不成立、无效、解除或撤销时，受托人与委托人之间的财产移转不课税。信托设立的方式主要包括合同信托、遗嘱信托和宣言信托。信托行为不成立的情况包括当信托财产的权利移交给受托人之后，发现信托合同的意思表示不一致，或受托人是未成年人、破产人或遗嘱信托中的遗嘱无效。信托行为无效主要包括，信托目的违反法律的强制性规定和公序良俗、信托财产为非积极财产或财产范围不确定、以进行诉讼为主要目的而设立信托，或依法不得受让特定财产权的主体成为该财产权的受益人。信托行为的解除，是指在信托存续期间，委托人或法院依据法律或信托文件的规定行使解除权，使信托关系归于消灭。信托设立后，受托人迟迟不履行管理、处分义务，或受托人在信托设立后取得交付的信托财产时，不能管理、处分信托财产的(如受托人丧失管理能力或资格)，委托人可以解除信托合同，并取回信托财产。信托行为的撤销包括委托人的债权人申请撤销和委托人申请撤销两种情形。信托设立后因信托行为害及委托人的债权人利益，债权人可以申请法院撤销信托；委托人可以在信托文件中保留撤销信托的权利，即设立可撤销的信托。因撤销引起信托行为自始无效的后果，受托人应返还信托财产。上述各种情况下导致的信托财产从受托人移转给委托人，都属于信托财产恢复原状，是财产的形式移转，所以不应课征所得税。

(二)实质受益者负税

1. 实质受益者负税原则的贯彻

在信托关系设立时，如果委托人是营利事业单位，而且是他益信托，那么受益人应将享有的信托财产，并入成立年度的所得额，课征所得税，这仅仅是就信托财产而言的。那么，信托财产产生的收益，即信托所得应如何课税？应该由受托人在所得发生年度，按所得类别，减除成本、必要费用及损耗后，分别计算受益人的各类所得额，由受益人并入当年度所得额，课征所得税。在信托关系存续中，如果由自益信托变更为他益信托时，该受益人应将其享有的信托财产，并入变更年度的所得额，课征所得税；如果委托人追加信托财产，且为他益信托，那么该受益人应将其享有的信托财产增加部分，并入追加年度的所得额，课征所得税。

例如，美国的信托所得课税规定主要集中在《国内税收法典》(Internal Revenue Code，I. R. C.)第A部分第1章第J分章。根据美国《国内税收法典》第J分章的规定，美国的信托所得纳税主体可能是信托、委托人和受益人。信托在运作过程中，已经分配或应分配给受益人的所得由受益人缴纳所得税。由受益人分担的所得税义务被称为分配减免(distribution deduction)。第J分章包含了两个分开的但是非常相似的法定机制，用于在信托受益人中分配减免及重新分配信托的税收负担。一个法定机制见于第J分章第651节和第652节，适用于所谓的“简单信托”(simple trust)，另一个法定机制则见于第661节至第663节，适用于所谓的“复杂信托”(complex trust)及遗产。所谓简单信托就是要求，在既没有进行本金分配又没有获得慈善减免的应纳税年度当期，分配全部收入的信托。而所有不是“简单信托”的信托都是“复杂信托”，例如，如果受托人可以自由累计收入，则该信托为复杂信托，又如，如果受托人可以自由分配本金，则只有在应纳税年度中受托人实际分配了本金的情况下，该信托才为复杂信托。根据美国《国内税收法典》第651节和第652节的规定，简单信托所得税义务分配的基本规则是，“应纳税年度要求当期分配的收入数额”无论分配与否，都可以在计算信托的应纳税所得额时得到减免，最终由受益人缴纳所得税，无论该受益人是否实际收到收益。根据美国《国内税收法典》第661节至第663节的规定，复杂信托的纳税人被按照等级体系的规定，分为第一级别受益人和第二级别受益人两种，根据各自不同的税法地位，分别按照等级体系的规定获得信托收益并分担所得税义务。对于复杂信托，第一级别受益人和第二级别受益人都可以通过分配减免获得信托收益，并且就获得的信托收益缴纳所得税。①

英国信托所得课税的基本原则是，谁获得收益或者对收益享有权利(entitlement)谁就负有纳税义务。这样，当信托收益归属于信托受益人时由受益人负担所得税义务，这里的归属指信托收益可以绝对确定归属于信托受益人。如果受益人对信托的所得享有绝对的权利，受益人就有义务缴纳所得税，即使受益人没有实际收到信托的收益，也一样负有缴纳所得税的义务——在

---

① 参见张建棣：《信托收益所得税法律制度研究》，中国政法大学2002年博士学位论文，第43～61页。

固定收益信托中,信托收益的纳税义务由受益人承担。①

日本《所得税法》和《法人税法》规定,信托财产不属于受托人的财产,由信托财产所产生的信托收益,在税法上直接视为受益人的收益,因此对信托收益的课税,是对受益人的课税,而不是对受托人的课税,也不是对信托的课税。纳税义务人是受益人,而不是受托人,也不是信托本身。例如,日本《法人税法》第12条规定:信托受益人(限于实际享有受益人权利的人)应视为具有属于信托财产的资产和负债,归属于信托财产的收入和支出应视为受益人的收入和支出,适用本法的规定;但是集体投资信托、退休养老金信托、特定公益信托等除外。变更信托的权利并接受信托财产的利益应视为前款规定的受益人,并适用同款规定。日本《所得税法》第13条也有类似规定。由于信托收益被视为受益人的收益,不同的收益种类可能有不同的适用税率。为了适用不同的所得种类与税率,营业信托中的受托人应当按规定计算出不同的收益种类与数额。同时,不同种类的受益人对相同的信托所得种类,也可能适用不同的课税方法。

2. 实际受益者负税原则的例外

实际受益者负税原则的例外,是指不由受益人纳税,而是区别不同情况分别由受托人、委托人纳税或者不征税。

(1)受益人不特定或尚未存在

当受益人不特定或尚未存在,在所得发生时无法对受益人课征,因为没有受益人,为了方便税收的征收管理,很多国家的税法规定,此时只能将受托人作为纳税义务人,就受益人应享有的信托利益按规定纳税,待受益人特定,且实际给付信托利益时,从受益人应获得的信托利益中扣除已纳税额,建立税负的转嫁制度。因此,当受益人不特定或尚未存在时,应以受托人为纳税义务人,就信托成立、变更或追加年度受益人所享有的信托所得,在税法规定的期限内按照特定扣缴率申报纳税。例如,日本《所得税法》第13条对受益人不特定时的规定是,无特定受益人或受益人不存在时,纳税人为其信托财产的委托人。

(2)累积信托

在英国立法中,当受托人拥有累积信托收益的权利时,可能会将未缴税的收入进行累积。在累积信托或累积与维持信托的过程中,被累积的信托收益由受托人承担纳税义务;同时,英国还确立了受益人税款返还机制。这两种制

① 参见郝琳琳:《信托所得课税规则研究》,载《中央财经大学学报》2011年第7期。

度都有一定的合理性。前者使累积收益的方法难以避税,即无法获得所得税上的利益;后者使受益人可以免受税率上的损失。上述两种制度相结合,使受托人将倾向于根据受益人的税收地位来分配信托收益,以期产生最佳税收结果。即如果受益人可以请求返还信托所得税,那么将信托收益分配给受益人显然是有利的,因此受托人将会向可以获取税款返还的受益人支付信托收益。

(3)慈善信托

慈善信托是委托人出于社会公益目的,为使社会公众或者一定范围内的社会公众受益而设立的信托。我国《信托法》第 60 条规定列举了公益信托的范围,即"为了下列公共利益目的之一而设立的信托,属于公益信托:(一)救济贫困;(二)救助灾民;(三)扶助残疾人;(四)发展教育、科技、文化、艺术、体育事业;(五)发展医疗卫生事业;(六)发展环境保护事业,维护生态环境;(七)发展其他社会公益事业"。2016 年颁布的《慈善法》第 44 条又界定了慈善信托的含义,并明确规定慈善信托属于公益信托。慈善信托通常由委托人提供一定的财产设立,由受托人管理信托财产,并将信托财产用于信托文件指定的公益目的。在英美等国家,慈善信托起源很早,在社会生活中,特别是在发展社会公益事业方面,发挥了非常重要的作用,英美许多著名大学、博物馆、美术馆、艺术馆和各种基金会,都属于慈善信托。①

根据信托导管原理,委托人向慈善信托的受托人交付信托财产,应视为委托人已经将相应财产实际捐助给了慈善项目或团体,因而委托人交付的信托财产应当从委托人的所得税税前列支。公益信托的受托人虽然是信托公司,但信托公司经营公益信托财产时,应当享有公益团体所应享有的各项税收优惠。如日本《公共利益信托法》第 1 条规定,公共利益信托所产生的法律限额规定内的收入,不征收所得税。我国《企业所得税法》在《慈善法》出台后,专门就公益性捐赠的相关内容进行了修订,修改后的《企业所得税法》第 9 条规定:"企业发生的公益性捐赠支出,在年度利润总额 12% 以内的部分,准予在计算应纳税所得额时扣除;超过年度利润总额 12% 的部分,准予结转以后三年内在计算应纳税所得额时扣除。"《个人所得税法》第 4 条第 1 款第 4 项规定,福利费、抚恤金、救济金可以免征个人所得税。这两条规定虽然不是直接针对公益事业的减免税规定,但也体现了国家对公益事业有关的行为和资金的税收优惠精神。实践表明,减免税负、实行税收优惠无疑是鼓励发展慈善信托的一条

① 关于慈善信托的税法规制本书将于第八章详细论述。

不可或缺的途径。

第三节　域外信托所得税法律制度评介

英国是民事信托的发源地,也是民事信托制度发展的集大成之地;美国则是商事信托产生与发达的全球性资产信托化市场;日本和韩国等国家和地区的信托制度从英美引进之后,又结合本地的情况进行了创新。本节以英国、美国和日本的信托所得税法律制度作为研究对象,对信托所得税的构成要素、历史背景及实践操作进行比较,力图在此基础上得出对信托税法研究有益的结论。①

一、英国信托所得税法律制度评介

(一)英国信托所得税法律制度概述

如前所述,信托制度起源于英国,由尤斯制度(Use)发展而来。起初,英国的信托由个人承办,公益与私人财产事务是其主要处理对象。随着经济的发展和信托观念逐渐深入人心,英国相继制定了《公益信托法》(1853 年)、《受托人条例》(1893 年)、《官选受托人法》(1896 年)和《司法受托人条例》(1896 年)等信托法律和条例,以这些法律和条例为基石,英国开启了信托立法阶段,又逐步形成了完善的民事信托制度,推动了整个英国的信托业发展。为委托人提供财产管理、遗嘱执行等是英国民事信托主要的服务内容。其商事信托主要包括单位信托、②开放式投资公司③和投资信托④ 3 类,主要的投资对象是公司股票、公司债券、政府债券以及一些期货期权等。虽然英国是信托业的发源地,但是其现在的信托业务已然不及美国发达。原因是深受传统观念的影响,英国人习惯于将接受信托作为荣誉与义务,市场化的历史并不长,加之在

---

① 关于各国(地区)的信托避税实践与反避税制度,以及慈善信托的具体涉税法律规定,本书将分别在第七章和第八章中进行分析和讨论。

② 单位信托是一种契约型开放式基金,通过购买信托单位,委托人与单位信托管理公司达成协议,从而享受投资收益、承担投资风险,投资人可以随时买入、卖出,投资总额不固定。单位信托的管理公司往往委托专门的投资管理公司对信托财产进行管理。

③ 开放式投资公司是公司制的开放式基金,其以公司形式成立,委托人的信托财产构成公司的股本,委托人也因此对公司有一定的经营管理权。

④ 投资信托是公司制的封闭基金,在存续期间,基金份额固定不变,投资者可以将信托权益转让给他人,但不能要求基金公司赎回。

第二次世界大战之后,英国失去了世界霸主地位,经济发展水平和发展速度落后于美、日,其信托的发展也同样落后于美国和日本。

1. 英国所得税制度

(1)个人所得税

个人所得税法和公司所得税法共同构成英国的所得税法。为迎合战争的需要,英国于1799年开征个人所得税。1802年英法战争结束后,所得税也随之停征,几经反复,直到1842年所得税才成为经常性的税种,时至今日,所得税已然成为英国第一大税种。[①] 按照住所地和居住时间的不同,个人所得税的纳税人被划分为居民纳税人和非居民纳税人两种类型。凡属于英国的居民个人,其源于世界范围的全部所得,无论是否汇入英国,均需缴纳个人所得税;对于非居民个人,则仅就源于英国境内的所得缴纳个人所得税。在征税对象上,英国个人所得税按照分类表列举,这种分类表制度也是英国所得税的一个独有特征。目前英国的所得税共有5个分类表,包括A表、C表、D表、E表和F表。[②] 见表3-1。

表3-1　各分类表的所得来源构成及正常估税的依据

表类	所得来源	正常估税依据
A	来自英国国内土地和建筑物的收入	本纳税年度应取得的租金减去已支付费用
C	政府债券利息	按英国代理人估定
D	第一类　经营利润	已调整的前一纳税年度的年终会计利润
	第二类　自由职业所得	
	第三类　不实行源泉扣税的利息	前一纳税年度的所得
	第四类　外国有价证券利息	
	第五类　外国财产所得	
	第六类　其他所得	本纳税年度的所得

① 参见财政部税收制度国际比较课题组编著:《英国税制》,中国财政经济出版社2000年版,第46页。

② 参见财政部税收制度国际比较课题组编著:《英国税制》,中国财政经济出版社2000年版,第48页。

续表

表类	所得来源	正常估税依据
E	工资、薪金所得	本纳税年度的所得(已按所得税预扣法扣除)
F	来自英国公司的股息	本纳税年度的所得,并归属于税收抵免额

由于纳税人最初取得的收入是毛所得,必须进行必要的扣除后才是应纳税所得。英国个人所得税的税前扣除有两类:一是费用扣除;二是税收宽免。费用扣除,是指与取得收入有关的一些费用支出可以从总收入中扣除,但必须是“全部”而且“完全”是为经营目的而发生的支出。所得税各分类表的费用扣除规定见表3-2:

表3-2 所得税各分类表的费用扣除规定

<table>
<tr><th colspan="2">表类</th><th>费用扣除</th></tr>
<tr><td colspan="2">A</td><td>租金、保险费、维修费、服务费等投资补贴</td></tr>
<tr><td colspan="2">C</td><td>无</td></tr>
<tr><td rowspan="6">D</td><td>第一类</td><td>全部并且完全是为了工商经营、自由职业等目的而支出的费用投资补贴</td></tr>
<tr><td>第二类</td><td>个人养老保险费</td></tr>
<tr><td>第三类</td><td rowspan="2">无</td></tr>
<tr><td>第四类</td></tr>
<tr><td>第五类</td><td>比照国内类似所得的费用扣除原则</td></tr>
<tr><td>第六类</td><td>视所得而定</td></tr>
<tr><td colspan="2">E</td><td>在履行本职工作时所发生的全部、完全及必要费用;
个人养老金保险;
退休金捐款;
公益捐赠</td></tr>
<tr><td colspan="2">F</td><td>无</td></tr>
</table>

税收宽免,是指允许从总所得中扣除的纳税人用于本人生计及赡养家庭

等方面的那部分收入，税收宽免有多种类别，包括个人宽免、已婚夫妇宽免、额外人口宽免[①]、寡妇丧居宽免和盲人宽免等。

英国个人所得税的税率根据每年的财政法予以确定。近年来，所得税税率的累进级数已经大为减少，且边际税率也大幅下调。1977～1978年，所得税税率共有10个等级，基本税率为34%，最高边际税率达到83%。至2000年，其所得税的税率一直保持在3个等级，低税率为10%，基本税率为23%，高税率为40%。[②]

(2)公司所得税

依照住所标准，英国公司所得税的纳税人可以分为居民公司和非居民公司两种类型。前者就其世界范围内的所得缴纳公司税，后者仅就其在英国的分支机构或代理人从事的业务取得的利润部分纳税。公司所得税的课税对象主要包括经营利润、利息、非免税投资收入（unfranked investment income）[③]、房屋建筑协会的利息、应税利得（chargeable gains）[④]和免税投资收入（franked investment income）[⑤]等。从英国公司税率的发展趋势看，其税率是不断下降的。具体而言，1965～1973年，公司税率保持在40%～45%的水平，1973～1984年，税率一度上升至52%，1984年以后逐渐下降，至2000年，公司所得税率已经变更为30%，近年来又有所下调，甚至在2016年3月，英国财政大臣宣布将在5年内逐渐将公司税的主要税率从20%降至17%。[⑥]

2.英国信托所得税制度

英国的信托所得税法由成文法与判例法两个部分组成。其信托所得税法律制度的状况是：第一，信托所得税由个人所得税法进行规范，但是在税率适

---

① 额外人口宽免是给予那些一个人抚养孩子但又不能享受已婚夫妇宽免的家庭的优惠。

② 参见财政部税收制度国际比较课题组编著：《英国税制》，中国财政经济出版社2000年版，第46～69页。

③ 主要包括来自其他公司的债券和贷款利息，以及特许权使用费等收入。

④ 应税利得应缴纳资本利得税，但是公司在本年度实现的利得并不缴纳资本利得税，而是缴纳公司所得税，公司应税利得的计算方法与资本利得基本相同，都是销售收入减去进货成本。

⑤ 免税投资收入是公司从英国其他居民公司取得的股息和其他分配收入。称这部分收入“免税”，是因为它是来自英国其他居民公司已纳公司税的那部分利润。接受股息公司与个人不一样，它不能享受免税投资收入的税收抵免，但是却可以利用它们的免税投资收入来减少分配股息时应缴纳的预付公司税。

⑥ 参见《英国宣布下调公司所得税至17%》，载新浪财经网，http://finance.sina.com.cn/roll/2016-03-18/doc-ifxqnsty4497274.shtml。

用等具体问题上与一般的个人所得税又有所不同,例如,个人所得税中的免税额待遇,信托是无法享受的,在计算应纳税所得额时不能将信托管理费用扣除。第二,信托收益中的所得税纳税义务由信托(受托人)与受益人分别承担。英国税法赋予信托独立的纳税主体资格,信托被视为具有独立的"人"的资格,但是信托经常与受托人相提并论,[①]因此在某种程度上,信托在税法上所称即指代受托人。[②] 第三,信托所得税的纳税义务首先由信托(受托人)概括地承担,然后通过受益人的税款返还机制,由受益人向税务机关申请税款抵扣。具体表现为:当受益人拥有既定收益时,无论该收益被分配还是被累积,均应计入受益人的所得纳税,但是受托人已纳税款可被抵免。如果已纳税额超过受益人当年的应纳税额,超过部分还可申请退还。第四,英国的信托所得税法明确规定了反避税规则,通过信托当事人与政府长期的反复的博弈,英国信托反避税规则目前包含针对累积收入的反避税规则、针对利用子女免税额的反避税规则,以及对委托人拥有相当程度的利益或控制力从而获取信托税收利益的反避税规则。

(二)英国信托所得课税的纳税主体

1. 纳税义务由信托与受益人分担

如前所述,信托在英国税法中被赋予纳税主体资格。一般而言,纳税主体资格的确定依据主要是纳税人在民事法律关系中所处的地位,民事法律关系中的独立民事主体,如自然人或法人,也自然成为税法上的纳税主体。[③] 而信托在本质上,是委托人将财产权转移给受托人,受托人依信托文件规定,为受益人或特定目的而管理或者处分信托财产的一种法律关系。[④] 把一种法

---

① 关于信托是否是纳税主体的问题,按照英文原文,英国、美国和加拿大三国的学术著作及立法中有"trust as taxpayer"或类似的表述。See Peter W. Hogg & Joanne E. Magee, *Principles of Canadian Income Tax Law*, Carswell, 1995, p. 421 – 441. 从其上下文来看,通常有3个特征:一是将信托和个人或合伙及公司相提并论;二是将信托与受益人并列为所得税的纳税主体;三是有时将信托与受托人混同(Parker. Mellows, *The Modern Law of Trusts*, 7th edition, Sweet & Maxwell, p. 522)。上述现象使笔者认为,在这里信托本身是被赋予了人格化的地位,因此信托这种法律关系才具有了所得税的主体资格。这一看法也被美国1962年《所得税法》第58条关于人的信托的规定所佐证。同时也被一些英美法系学者所指出。See Parker and Mellows, *The Modern Law of Trusts*, 7th edition, Sweet & Maxwell, p. 522. 其表述为:for most taxation purposes, a trust is treated almost as if it had its own separate legal personality。

② 在加拿大《所得税法案》中已经明确将信托视为受托人。

③ 参见沈玉平:《所得税调节作用与政策选择》,中国税务出版社1999年版,第106~138页。

④ 参见郝琳琳:《信托所得课税困境及其应对》,载《法学论坛》2011年第5期。

律关系赋予纳税主体资格，是英国以及许多英美法系国家与信托相关的税收立法中的一个重要现象，在美国、新西兰、加拿大等国的税法中均有类似的规定。

信托在英国所得税法中被学者称为“部分人格化、部分透明化”（part personification part transparency）[1]的主体。人格化，是指信托本身在所得税法上被人格化，虽然信托本身是纳税主体，但是其所得被视为受托人所得，由受托人就部分所得负担所得税义务；其透明化指信托的部分所得税义务，通过信托由其受益人承担。这两个纳税义务人的纳税义务是互相独立的。英国信托所得课税的基本原则是，获得收益或者对收益享有权利的主体负有纳税义务，这与一般的所得税原理是相同的。这样，当信托收益归属于信托受益人时，由受益人负担所得税义务，在其余情况下，信托收益被视为受托人的所得，由受托人负担所得税义务。例如，在全权信托里，自由裁量权执行之前的信托收益由受托人缴纳所得税，因为此时并没有明确的收益归属主体，只能由受托人承担所得税义务；如果受益人对信托的所得享有绝对的权利，受益人就有义务缴纳所得税，即使受益人并没有实际收到信托的收益，也应履行纳税义务。而在累积信托中，被累积的信托收益由受托人承担纳税义务。在固定收益信托中，信托收益的纳税义务由受益人承担。由此可见，通过所得税的纳税义务在信托与受益人之间的分配，不仅平衡了纳税人的税收负担，也在一定程度上避免了双重征税。[2]

2. 委托人作为纳税主体

英国1988年《所得税与公司税收法案》（*Income and Corporation Taxes Act* 1988）中，规定了相当细致的反避税条款。根据这些条款，在委托人可以将信托利益归属于自身从而获得税收上的利益的情况下，应由委托人就信托的收益缴纳所得税，从而避免了委托人利用信托规避税收。[3]

（三）英国信托所得课税的征税客体

英国是将信托所得税纳入个人所得税中进行规范的，信托全部收益，不管其最终归属，都是纳税对象。因此，无论信托收益是支付给受益人，还是被用

---

① See Graham Moffat, *Trusts Law Text and Materials*, 2nd edition, Butterworth, 1994, p. 277.

② 参见张建棣：《信托收益所得税法律制度研究》，中国政法大学2002年博士学位论文，第26～30页。

③ 关于委托人作为纳税主体的具体规定将在后文中详细说明。

作管理费用,或是被用于积累,都需缴纳所得税。对信托财产收益征税,是将其纳税义务分为最终纳税义务和代理纳税义务。受托人负有最终纳税义务的,税收最终由受托人负担;若受托人负有代理纳税义务的,税收负担最终由收益归属人承担。在没有明确受益人对信托收益负有最终纳税义务的情况下,则由受托人就其所得承担纳税义务。而对于信托管理费用,不能由受托人在应税所得中扣除。在"艾金诉麦克唐纳受托人案"(Aikin v. McDonald's Trustees)中,法官指出,对于信托受托人的管理费用,非常清楚的是只有在利益赚取过程中发生的支出是可扣除的,在管理利益的过程中发生的费用是不可扣除的。附加税率不适用于管理费用,即在附加税率适用之前可以将管理费用扣除。

受益人获得收益时,按信托文件规定支付给受益人的数额,构成受益人应税所得,受益人可以抵免受托人代扣代缴的所得税,如果可抵免额超过了当年的应纳所得税额,还可以申请退税。

(四)英国信托所得税的适用税率

英国信托所得税原则上适用个人所得税的基本税率。所得税的基本税率因时间不同而变化,1998~1999年为23%,近年来逐渐下降。但是英国立法对累积收入还是采取不同的税率政策,以打击利用累积信托和全权信托获取税收利益的行为。英国法律规定受托人对累积的收益或者根据自由裁量权进行分配的信托收益,除按基本税率缴纳所得税外,还需缴纳一定税率的附加税,该附加税税率由英国国会确定,例如,1998年时该税率为10%,于是这一部分信托所得的所得税税率就达到了33%。①

(五)英国信托所得税法律制度评价

英国将信托单独作为一种纳税主体,有利有弊。其利在于突出了信托本身在税法中的重要作用,并且在信托制度上也更能唤起当事人对税收在信托中的重要作用的重视。如果将这一规定引入我国信托所得税的法律建制中来,对于提高我国纳税人的纳税意识无疑是相当有好处的。其弊端在于,从本质上讲,信托不过是一种法律关系,即使将信托确立为税收法律关系主体,信托当事人中的委托人、受益人、受托人也依然要就各自获得的收益承担纳税义务。将信托视为纳税主体就是在税收法律关系中多加了一层非自然人主体,相应地就必须制定相关的监督该主体的机制。而在英美法系国家信托是以

① 对于累积收入征收附加税的规定,笔者将在第六章作为反避税措施进行详细评介。

"信任"乃至人的良心为最后依托的,即使没有这样的机制,深厚的信托文化底蕴依然可以达到监督目的。

英国信托所得税将信托所获得的全部收益作为征税对象,即使是管理费用也不允许扣除,其意图在于增加财政收入,但是,对此还是可以通过迂回的方法予以避免。由于信托的全部收益都是征税对象,因此,只有当信托财产无收益时,才不产生纳税义务。因此,人们通常会采取使信托不产生所得税法上的收益的方法来避税。例如,在英国,曾有一段时间盛行用信托资产购买国家储蓄证书(National Savings Certificates),这种证书不产生收入,但在期满时会连本带利归还购买者,这样,信托财产购买国家储蓄证书就不会产生所得税义务。由此可见,将全部收益均视为信托所得税的征税对象并不可取,不如给予信托适当的相关扣除标准,不仅可以减少当事人的所得税负担,而且能够降低当事人对税法的规避倾向。

为避免重复征税,在英国税法中还确立了受益人税款返还机制,使受益人可以免于因适用税率高而受到损失。但是,这种税款返还制度的操作流程过于复杂,其涉及退税款的计算、税款返还以及出具税款缴纳凭证等诸多问题,不尽符合税收效率原则。

二、美国信托所得税法律制度评介

(一)美国信托所得税法律制度概述

综观美国信托法发展的历史,可以归纳出其信托法的特征:一是不拘束于英国的信托法律制度,确立了自己的信托法规则。如美国确立了现代投资信托的"谨慎投资人规则",要求投资人尽到注意、技能和谨慎三方面的义务。二是美国信托法的法典化程度较高,并且往往是实践先行、法规随后。三是美国信托业的法律监管完善。与美国的信托法分为联邦法规和州法规两个体系相对应,美国信托业的监管也分为两级。信托机构受联邦一级和州一级的双重监管,同时也受联邦储备体系的监管。联邦一级的政府管理机构有财政部的通货管理官、联邦储备银行和联邦存款保险公司;州一级有各州的通货管理官和州银行管理机构等。

美国的信托业务,按委托人的性质可分为个人信托、法人信托以及个人和法人混合信托。其创立了品种丰富、极具特色的信托业务,例如房地产投资信托、证券投资信托、企业年金信托、员工持股信托、人寿保险信托、离岸信托等。①

1. 美国所得税制度

(1)个人所得税

美国的个人所得税收入是美国联邦政府税收总收入比例最大的一个主体税种。

个人所得税的纳税人可以分为公民、居民和非居民。其中,公民和居民就其源于全球的所得纳税,非居民仅就其源于美国境内的所得纳税。

纳税人在申报纳税时,应根据自己的婚姻状况确定自己的申报身份。按照未婚单身申报、已婚联合申报、已婚分别申报、户主申报及符合条件抚养孩子的丧偶者申报5种身份进行申报。不同的申报身份享受的税率、扣除额、个人宽免额等不尽相同。“宽免额”随着个人收入的增加按一定比例减少,当收入高到一定程度后,个人“宽免额”将全部取消。个人宽免额还要考虑通货膨胀因素和家庭因素。从税制的模式上看,美国个人所得税属于典型的综合课税制。以纳税人在一个纳税年度内的各项综合收入减去税法中规定的不予列计的项目为税基,并经过两次扣除。一种扣除称为个人为计算调整后的毛所得而进行的扣除项目(individual deduction for adjusted gross income),另一种扣除是从调整后的毛所得中减去的特定项目(deduction from adjusted gross income)。这一栏收入具体包括15项:工资、薪金、小费所得;应税利息所得及利息免税(主要是市政债券);红利所得;可退税、信用卡、联邦政府和地方收入税的抵消;离婚后获得的赡养费收入;商业收入或亏损;资本利得或损失;其他利润或亏损;个人退休安排(IRA)所得;抚恤金和养老金所得;房地产租金收入、版税收入、合伙人收入、股份公司收入、信托收入等;农场收入或亏损;失业救济金;社会保障救济金;其他收入。国外来源的收入包括非挣得收入,如利息、红利、津贴,报告工资及小费收入。综合收入中几乎囊括了纳税人的全部所得。不征所得税的收入有:特定的奖学金、伤病补偿费、州或地方政府的公债利息,各种赠礼、遗产,对因各种原因造成的人身伤残、疾病损害的赔偿费、保险费等。所得扣除项目在税法中也列举颇为详细,包括医疗保险安排扣除(MSA deduction)、预备役军人、表演艺术家、以服务费收入的行政人员的特定商业收入、健康储蓄账户的扣除、搬迁费用扣除等。在费用扣除方法上有标准

① 参见刘金凤、许丹、何燕婷等:《海外信托发展史》,中国财政经济出版社2009年版,第54~76页。

扣除和分项扣除两类,纳税人可以根据自身情况选择适用。在确定了个人所得税的应纳税所得额之后,按照超额累进税率计算应纳税额。从高收入者纳税额的比例可以看出美国税法的量能负担原则及调节收入分配的作用。①

(2)公司所得税

美国现行公司所得税由联邦公司所得税和州公司所得税组成。美国有45个州开征了公司所得税,由于各州的公司所得税制在纳税人认定、税率设置和税收优惠方面差异很大,因此,本书主要介绍联邦公司所得税的规定。美国联邦公司所得税的纳税人主要为股份公司。合伙企业和独资企业不征收联邦公司所得税,而是对其合伙人或者投资人征收所得税(个人所得税或公司所得税)。股份公司可分为S类和C类。S类公司应同时具备以下7个条件:设在美国境内;股东是个人而非公司;股东人数不超过35个,而且半数以上的股东同意公司为S类;股东必须是美国公民或永久性居民;公司股票只有一类;会计年度采用公历年;有意成为S类公司,必须要在会计年度开始后75日内申请。由于上述特点类似合伙公司,故S类公司亦不征收联邦公司所得税,而是在其净所得分配给股东后,由股东个人与其他所得合并申报个人所得税。不符合S类公司条件的股份有限公司即为C类公司,这类公司在取得盈利后,应缴纳联邦公司所得税。因此,在美国,联邦公司所得税的纳税人只有C类股份公司,这类公司目前约占全部公司的25%。美国联邦公司所得税的征税对象为各企业或公司所取得的收入,主要项目包括经营收入、资本利得、股利收入、利息收入、租金收入、特许权使用费收入、劳务收入、其他收入等。这些收入的总和构成总所得,从中扣除不予计列项目和可扣除项目即为应纳税所得额。"不予计列项目"包括州和地方政府发行的免税债券利息、长期资本利得的一定部分、退回税款或滞纳金、收回以前呆账(以前年度未从收入中扣除或列支的则在收回时不予计列)等。"可扣除项目"主要包括经营扣除、税款扣除(主要是公司已缴纳的州和地方政府以及在国外缴纳的不动产税、公司所得税等)、捐款扣除(扣除限额以征税所得的5%为限,超过部分不能扣除)、损失扣除、折旧、折耗、摊销扣除和特别扣除(包括公司取得的一部分免税利息;从其他美国公司取得的分红,可以扣除所得额的85%;公共事业单位付给的优先股的分红,扣除额为红利和征税所得两者中的低者数额乘以14/48;开办费在5

---

① 参见王红晓、白涛林:《美国个人所得税税率的历史变迁及启示》,载《税务研究》2017年第7期。

年内平均摊销)。

2017 年以前,美国联邦公司所得税对普通公司和专业服务公司规定了不同税率。普通公司为 8 级税率,前 3 级为基础税率,具体见表 3 – 3。

表 3 –3　美国联邦公司所得税率

级数	应纳税所得额级距/万美元	税率/%
1	0 ~ 5	15
2	5 ~ 7.5	25
3	7.5 ~ 10	35
4	10 ~ 33.5	39
5	33.5 ~ 1000	34
6	1000 ~ 1500	35
7	1500 ~ 1833.3	38
8	超过 1833.3	35

可见,2017 年以前美国的联邦公司所得税适用的并不是严格意义上的超额累进税率。应纳税所得超过 10 万美元的公司,对 10 万 ~ 33.5 万美元的应纳税所得额还要缴纳 5% 的附加税,该附加税最高达 1.175 万美元,因此该公司适用 15% 或者 25% 的低税率所获得的好处就会取消。应纳税所得超过 1500 万美元的公司,要缴纳的附加税是超过 1500 万美元应纳税所得的 3% 或 10 万美元二者中的较小者。该公司适用 34% 的税率所获得的好处也会因此而取消。对于提供专业服务的公司,按 35% 的比例税率征税。主要是医生、律师等专业人员建立的专业性服务公司。①

2017 年税改后,美国联邦公司所得税税率为 21% 的统一比例税率,适用于 2017 年 12 月 31 日后产生的应税所得。

2. 美国信托所得税制度

信托在美国税法上被视为应税实体和管道实体的混合体。美国税法要求所有的纳税实体都要被归入两种基本实体种类中的一种,即应税实体或管道实体。应税实体是负有纳税义务的实体,也就是说,应税实体必须为它们的应

① 参见各国税制比较研究课题组编著:《公司所得税制国际比较》,中国财政经济出版社 1996 年版,第 133 页。

税所得缴税。管道实体是没有纳税义务的实体,在管道实体中,实体的税收属性(所得、扣除、亏损、抵免)通过该实体被转给应税实体的所有者。这类实体记录核实实体从事的交易,向政府报告经营成果,但是这类实体对它们的经营成果不缴税。这些经营成果的税收特征(所得、扣除、亏损、税收抵免等)通过管道实体转出,由它们的所有者缴税。

美国的信托所得税主要由美国《国内税收法典》第 A 部分第 1 章第 J 分章规范,①而信托所得税的适用税率则规定在该法典的第 A 部分第 1 章第 A 分章中。② 根据美国《国内税收法典》第 J 分章的规定,美国的信托所得税适用的纳税主体可能是信托、委托人(grantor)③和受益人。美国《国内税收法典》第 J 分章主要是对信托所得税的纳税主体进行规范,首先指明信托及其受益人应承担纳税义务,其次是确定委托人信托,即对于某些信托而言,委托人会选择保留一定的信托收益,这类信托被专门定义为委托人信托。就委托人信托而言,由于财产委托人仍然保留一定的利益或者对信托财产保留一定的权利,一旦这种利益或权利被认定为真实存在,税法将忽略信托关系而将信托财产视为由委托人直接持有。在委托人信托的情况下,所得税的纳税义务既不归于信托本身,也不归于受益人,而是由委托人承担。④

(二)美国信托所得课税纳税义务分配

根据美国税法的规定,在信托存续过程中产生的所得,由信托本身和受益人分别承担,已经分配或应分配给受益人的所得,由受益人缴纳所得税,其余所得由信托缴纳所得税。由受益人分担的所得税义务被称为分配减免,在计算信托应纳税所得额时准予扣除。

1. 信托作为纳税人

美国《国内税收法典》第 641 节(b)规定:"除本部分另有表述外,遗产或信托的应纳税收入的计算方法应与个人的情况相同。"⑤"本部分"实际上包含了

---

① 参见 I. R. C. 第 A 部分第 1 章第 J 分章第 641 ~ 692 节。

② 参见 I. R. C. 第 A 部分第 1 章第 A 分章第 1 节(e)。

③ 此处的"grantor"一词适用于委托人信托(grantor trust)。在委托人信托的情况下,信托委托人在设立信托时对信托保留显著的(remarkable)权利,由此产生的所得税义务由委托人承担。详见下文分析。

④ 参见[美]休·奥尔特、[加]布赖恩·阿诺德等:《比较所得税法——结构性分析》(第 3 版),丁一、崔威译,北京大学出版社 2013 年版,第 138 页。

⑤ 参见 I. R. C. 第 641 节(b)。

第J分章的全部内容。[①] 因此,美国对信托所得的课税采取与对个人完全相同的方式。[②] 信托的所得税计算也是在毛所得的基础上扣除宽免、折旧与损耗等可扣除项目之后,按照累进税率表的级别分别计算应纳税额的。但是在计算信托的应纳税额时,信托和个人在税率表、宽免额和慈善减免等方面和个人均有不同,而其中最重要的部分是第J分章确定的分配减免制度,在信托和受益人之间形成了信托收益的所得税义务分配制度,信托在计算所得税的时候,可以扣除按照税法规定的分配或将分配给受益人的收益予以扣除。

(1)信托适用的累进税率表

根据第A分章第1节第1款之(e)的规定,信托所得不超过1500美元时,适用15%的税率,在1500~3500美元适用28%的税率,在3500~5500美元适用31%的税率,在5500~7500美元适用36%的税率,而当应纳税所得额超过7500美元时,信托所得税的税率达到最高税率39.6%,这也是个人纳税的最高边际税率。[③] 另外,由于信托所适用的累进税率级别之间差异不大,这样实际上就造成了在相当大的程度上,信托是按照个人纳税的最高税率进行统一课税的。这种税率设计的结果是,高税率级别的纳税人没有太大必要将自己的所得转移给信托来减少应纳税额,客观上也避免了一些税收规避行为的产生。

(2)信托所得税的税收减免与扣除

美国《国内税收法典》第642节规定了信托所得税的税收减免与扣除。建立了信托的特别免税额,即对于要求当期分配的全部收入的信托,其宽免额是300美元,对于不要求当期分配全部收入的信托,其宽免额是100美元。[④] 与美国的个人所得宽免额[⑤]相比,信托的宽免额是比较少的,这些微不足道的特别宽免额反映了美国税收立法的态度——不鼓励仅仅为获得宽免额上的优惠而设立信托。此外,美国《国内税收法典》还对特殊情况下税收的减免和扣除作出了规定:

---

① 更精确地说,“本部分”包含第641~683节,即除去第J分章对与死者相关的收入进行规定的两节外的全部内容。

② 参见I. R. C. 第643节(a)。

③ 自2003年起,28%、31%、36%和39.6%的税率分别被25%、28%、33%和35%的税率代替。

④ 参见I. R. C. 第642节(b)。

⑤ 第151节提出了个人的个人免税额。基本的数额是2000美元,根据不同的情况有所波动。参见I. R. C. 第151节(d)。

①特别慈善减免

对于信托中支付慈善事业或用于慈善目的的收入,美国《国内税收法典》提供了一种"代替"个人所能获得的慈善减免的特别减免规定。[①] 该法典明确将慈善减免限制在应纳税年度的总收入中,"……在应纳税年度,支付慈善事业或永久性留出用于慈善目的的捐赠的扣除,无数额上的限制"。[②] 因此,以总收入为上限,信托的慈善减免从一定意义上来说是没有数量限制的。

②禁止"双重扣除"(double deduction)

如果信托的减免中出现了既可以从遗产税角度又可以从所得税角度进行扣除的情况时,美国《国内税收法典》不允许纳税人享受这种"双重扣除"。[③] 因此,只有当受托人提交放弃计算遗产税时允许扣除的权利的声明时,才可以在计算信托所得时进行扣除。例如,受托人的酬金从所得税角度看,作为管理盈利财产(income-producing property)所支付的费用是可以获得扣除的,同时从遗产税角度说,作为管理遗产的费用支出也可以获得扣除。[④] 在这种情况下,除非受托人签署了上述放弃计算遗产税扣除的声明,否则美国《国内税收法典》不允许进行所得税上的扣除。

2. 信托作为管道实体

(1)管道实体的作用

在美国,对个人征收所得税和对信托征收所得税的最大差异,就是信托可以实行"分配扣除"。即个人必须为其全部应税所得纳税,而信托则可以通过专门的"分配扣除"[⑤]使一部分信托收益由受益人承担所得税义务,即如果信托可以进行分配的扣除,其一名或多名受益人必须承担信托应纳税款的部分或全部纳税义务。信托受益人和信托本身分别就信托所得负担纳税义务,通过"分配扣除"机制来实现。

(2)可分配净所得(distributive net income, DNI)

可分配净所得(DNI)是美国信托所得税计算中的一个重要概念,它的功能是确定信托可以分配给受益人的所得范围,只有在计算出可分配净所得之后,

---

① 参见I. R. C. 第642节(c)。第170节提出了个人的慈善减免。

② I. R. C. 第642节(c)。

③ 参见I. R. C. 第642节(g)。

④ 参见I. R. C. 第2053节。

⑤ 分配扣除,是指信托向受益人分配的部分收益可以从信托所得中予以扣除,被分配的所得由受益人纳税。

才能对受益人进行分配的扣除,因此,分配的扣除不能超过可分配净所得,即可分配净所得是信托受益人应纳税所得额的上限。对于美国国内信托,在信托收入中按照以下方法计算的所得即构成了可分配净所得:

①分配的扣除。在计算可分配净所得时,不包含仅分配本期收益的信托的扣除和累积信托的扣除。①

②个人免税的扣除。在计算可分配净所得时,不包含个人宽免额的扣除。②

③资本损益。通常可分配净所得中不包括资本损益。美国《国内税收法典》明确规定,如果资本收益被分配于本金,除非"在应纳税年度被支付、抵扣或要求分配给任何受益人"或"被支付并永久性地留存或计划用于明确规定的慈善用途",否则可分配净所得中不包括资本收益。③

④特别股息和应纳税股票股息。如果受托人根据相关法律法规如实地认定特别股息和应纳税股票股息可以按照本金进行分配,则特别股息和应纳税股票股息不计入可分配净所得,而是应当归入信托财产本身。④

⑤免税利息(tax-exempt interest)。小于产生利息支出的免税利息可以计入可分配净所得。⑤

⑥外国信托所得。对于外国信托来说,应当将来自美国以外的毛所得数额包括在内,减除可归于该所得的支出。

根据信托合同,受托人可能有权决定各个受益人得到什么"类型"的收入,如受益人甲可以得到资本利得的收入,受益人乙可以得到免税利息的收入,这样受托人就可以设计将免税收入支付给适用高税率的受益人,而将股息等支付给适用低税率的受益人。由于可分配净所得概念的确立,使对所有受益人来说,其收入类型只有可分配净所得一种,而不再有甲可以得到资本利得,乙可以得到免税利息的情况,由此避免了受托人利用信托的收入类型的差别来进行避税的情况。

(3)用作分配的扣除的收益

并非所有的信托收益都构成分配减免意义上的收益。可以进行减免的收

---

① 参见I. R. C. 第643节(a)(1)。
② 参见I. R. C. 第643节(a)(2)。
③ 参见I. R. C. 第643节(a)(3)。
④ 参见I. R. C. 第643节(a)(4)。
⑤ 参见I. R. C. 第643节(a)(5)。

益必须是对信托的受益人分配的收益。例如，如果 Q 既是某信托的受托人，又是该信托的受益人，其支付给自己 20,000 美元作为受托人酬金，同时，作为信托受益人支付给自己 250,000 美元，这时从分配减免的角度说，后一项支出才能算作收益，而受托人酬金是对其提供劳务的补偿，直接构成受托人的收入，而不能作为信托受益人的收益，因此在计算受益人的信托所得时不能予以扣除。①

3. 委托人作为纳税主体

与英国相同，根据美国税法的规定，一部分信托收益的所得税纳税义务由委托人承担。美国《国内税收法典》规定了委托人规则，选择了某些信托，由委托人承担相应的税收义务。

（三）信托终止环节的纳税问题

1. 信托的终止

在美国国会于 1986 年压缩信托所得税的税率结构之前，信托通常会尽可能长时间地存在，从而使信托这一经常适用比其受益人更低税率的非个人纳税人的可利用价值达到最大。然而在压缩了税率级数之后，信托几乎总是要适用最高级别的税率，对信托当事人来讲，信托已经不像原来一样被尽可能地延长存在时间了。那么信托将于何时终止？根据美国相关法规的规定，信托在税法上是否正常终止，取决于信托中的财产是否已经被分配，而不是取决于受托人是否已经进行了最后的清算。在信托文件上规定的导致信托结束的事件发生时，信托并不当然终止，在此事件之后，还允许受托人用一段合理的时间履行完成信托管理所必要的义务。该管理义务完成后信托方能终止。

因此，根据税法的规定，在信托文件所规定的信托终止日期之后，信托一般会继续存在，并处于一段"终结期间"，在终结期间，受托人可以完成其未完成的管理义务。然而其应纳税身份可能会在这一时间中发生变化，例如，一项可撤销信托是委托人信托，委托人在世时应就其纳税。这一义务在委托人死亡时立即停止，尽管信托还继续存在，在这一段时期，因为无人应该获得全部当前收入，信托可能作为复杂信托纳税，或者根据特别法令的规定，作为委托人遗产的一部分而纳税。②

---

① 参见 I. R. C. 第 642 节。

② 参见 I. R. C. 第 645 节。

2. 超额损失和扣除的处理

受益人通常不会从信托可以得到的减免中获得直接的利益，只有在一些扣除额使信托的可分配净所得减少，并相应带来受益人应纳税款减少的情况下，受益人才能从这样的扣除中获得直接的利益。相较之下，信托终止时，继承信托财产的受益人可以获得任何信托可以获得的净经营损失结转或任何资本损失结转。此外，如果终止的信托在最后一年有"超过总收入的减免"，继承信托财产的受益人可以在其所得税上扣除超出的数额，允许终止信托的受益人进行这些扣除，成为美国信托所得税一般规则的一个重要例外。受托人酬金和律师佣金常常到信托终止时才支付，但是这些费用数额通常较大，而这些费用作为产生收入、管理产生收入的财产或获得税收咨询的支出，是可以全部或部分获得扣除的，因此保证了受益人的税收利益。①

3. 信托超额分配的处理

对于信托超额分配的处理，主要规定在美国《国内税收法典》第665节之中。在这里，信托超额分配包括未分配净所得和累积分配。未分配净所得，是指在一个纳税年度中，信托的可分配净所得减除"被要求当期分配的该纳税年度的任何所得数额、在该纳税年度被适当支付或者抵扣或者被要求分配的任何其他数额"，以及就该所得征收所得税后的余额。累积分配，是指在信托的任何纳税年度中，该年度的"被适当支付或者抵扣或者被要求分配的任何其他数额"，超过当年"被要求当期分配的所得数额"的部分。如果该信托在该纳税年度恰当支付、抵扣或者被要求分配的数额，不超过该信托在该年度的所得，该年度就没有累积分配。一般来讲，对信托征收所得税时，应减除按比例分配给受益人的税款。

（四）美国信托税收法律制度评价

1. 美国的信托税收法律制度具有较强的可操作性

首先，与英国不同，美国不是通过信托概略地支付所得税，然后再由税款返还机制返还受托人代为扣缴的税款，而是直接通过在信托的应纳税所得中，以分配减免的方式确定受益人的应纳税所得额，并由受益人为此直接承担纳税义务，这种做法避免了英国税款返还机制中的烦琐手续，更符合税收效率原则。其次，确立了可分配净所得的概念，并确立了简单信托及带有等级制度的复杂信托的可分配净所得的序列体系，不但使受益人的收入有了上限，而且使

① 参见I.R.C.第212节、I.R.C.第642节。

信托收益的分配有了法定次序，使信托所得税制度的可操作性更强。

2. 美国税法中明确了"管道实体"这一概念

它很好地概括了由受益人纳税的情况，这种概念化的立法对我国这样注重法律体系化的国家来讲，既能很好地契合固有的法理观念，也有利于贯彻实质课税原则。因此，管道实体的观念可为我国建立相关立法时所采用。

3. 将信托收益纳入个人所得税法中规制

但是，美国信托所得税的立法明确规定了信托作为纳税人所适用的特别纳税表、特别宽免额等制度。其中特别纳税表更是在 1986 年税制改革法案之后，累进税率被压缩为 4 档，之后累进税率的级距又进一步缩小（具体税率见前文），使信托的最高边际税率与个人所得税的最高边际税率一致，并且信托的税率级距差别很小，这样就使信托当事人利用累进税率的差别进行避税的意图难以实现。

三、日本信托税收法律制度

（一）日本信托所得税法律制度概述

尽管大陆法系与普通法系在法律传统上迥然不同，但由于社会对信托制度广泛而热切的需求，信托制度还是在风雨洗礼下在大陆法系国家的土地上渐渐生根发芽，茁壮成长起来。日本作为亚洲率先引入信托制度的国家，信托制度在其国内的成功应用和发展。1900 年，日本颁布的《兴业银行法》正式提出了信托概念，并对此行业发展进行了规范。1902 年，日本兴业银行成立后首次开展信托业务。1904 年，日本第一家专业信托公司——东京信托公司成立。1907 年后，信托公司在日本各地相继建立起来，信托业务也随之繁荣。1921 年日本全国已有 488 家信托公司。1922 年日本出台《信托法》和《信托业法》之后，日本信托业更是步入了法治化的发展之路。第二次世界大战期间，日本经济遭受巨大灾难，通货膨胀、物价飞涨，经济萎靡不振。日本政府根据战时体制和政策，对信托业也实行了各种管制。在这种情况下，具有长期存款性质的信托业务无人问津，各信托公司的业务量急剧下降，信托行业面临危机。直到 20 世纪 50 年代日本经济全面好转后，信托业才又重新恢复生机。1951 年，日本开办证券投资信托，以股票投资为主；1952 年开办贷款信托，以向电力开发等重要工业贷款为目的；1955 年以后，又陆续开办了养老金信托、动产信托、证券代理业务等，信托的形式更加多样化。

纵览日本信托业的发展历程，可将其归纳为以下几点：第一，在行业发展之初便进行了法律制度的设计，作为行业调整的依据。不同于法律在其他行业规制上表现出的滞后性，日本信托业实际开展之前便有信托法律制度的约束，保障日本信托业良性发展。构成日本信托业法制框架的主要法律规范有《信托法》（1922年）、《信托业法》（1922年）、《关于普通银行兼营信托业务的法律》（1943年）、《贷款信托法》（1952年），此外还有《关于普通银行兼营信托业务的法律实施规则》《证券投资信托法》《法人税法》《抵押公司债务信托法》等。第二，根据国情创新信托方式。与英美市场主推土地信托、证券信托不同，日本引进信托之初就立足本国实际大力发展金钱信托，后来又创新了贷款信托这种新颖的信托方式，可以说找到了一条信托发展的本土化道路。日本的金钱信托业务根据信托目的的不同，可以分为贷款信托、证券投资信托、年金或养老金信托、财产积累信托或财产形成信托；非金钱信托又可以分为金钱债权信托、有价证券信托、动产和不动产信托等。总之，日本的信托业务经营活跃且特色鲜明，其中贷款信托、财产形成信托、年金信托、特定赠予信托、职工持股信托、收益期满兑取型贷款信托等业务都颇具日本特色。①

1. 日本所得税制度

（1）个人所得税

日本是实行分税制财政管理体制的国家。分税制中非常重要的特点就是中央和地方政府都有税收征收权。在对个人所得征收的税种中，中央征收的所得税称为个人所得税，地方政府征收的所得税称为住民税。个人所得税收收入承担了国民财政收入的主要份额，个人所得税在日本税制中是举足轻重的税种之一。日本个人所得税收制度的特点是：

①税务申报和源泉扣缴相结合的混合所得税制

日本的个人所得税是年度扣缴的分类综合税制（也称混合所得税制），与英国的个人所得税制度非常相似。所谓分类综合税制，是指将纳税人的各项收入先分别按法定税率课征分类所得税，然后根据纳税人各类收入总额与法定课税额度的比较结果，依照是否达到标准决定是否课征综合所得税。分类所得税制依照所得来源性质不同，分别采用申报征收法和源泉征收法，在依据分类所得税制征收税款后，对实行源泉征收或预定征收的应当予以扣除。

① 参见李于虎：《日本信托业发展浅析》，载金融界2020年1月22日，https://baijiahao.baidu.com/s? id=1656398083957375635&wfr=spider&for=pc。

②费用扣除根据纳税人的实际状况而不同

不同于我国个人所得税以个人为单位申报纳税，以家庭为单位申报纳税是日本个人所得税制的特色。日本个人所得税的费用扣除制度十分灵活：一是在扣除方法上采用比例扣除与定额扣除相结合，并搭配以按照实际成本费用扣除的方式；二是免征额并非一成不变，而是通过将家庭的各种免税扣除额累计相加来确定扣除标准；三是免征额主要分为取得收入的成本扣除和生计扣除两部分。此外，个人所得税扣除项目大致包括收入所得、基础免税、配偶免税、抚养免税、特定抚养免税等。

③税率以累进税率形式为主

综合世界各国的个人所得税税制来看，个人所得税的税率结构基本以累进税率为主，日本也是采用累进税率制的国家。从 20 世纪 80 年代开始，日本为吸引投资、促进消费采取了一系列的减税措施，如减少税率级次——将个人所得税税率由十五级简化为四级，降低税率，可谓减税力度空前。现行的日本中央一级的个人所得税（国税）分为 10%、20%、30% 和 37% 四级税率；地方一级的个人住民税（地税）分为 5%、10% 和 13% 三档税率。①

（2）法人税

法人税，是指由法人承担纳税义务的税种。日本将法人税的纳税义务人分为国内法人和国外法人两大类，其中总部或主要事务所在国内的法人称为国内法人，除此之外的法人称作国外法人。国内法人与国外法人的纳税义务不同，国内法人须就其源于国内、国外的全部所得承担纳税义务，而国外法人仅对其源于日本国内的所得承担纳税义务。

国内法人又进一步可以细分为普通法人、公益法人、无法人资格的社团、合作组织 4 类。普通法人的组织形式较常见，包括有限公司、股份公司、合资公司、合伙企业等，此外，普通法人中还有联合体、共济公司和医疗法人。按日本民法规定，除上述法人类别外，还有公共法人，主要包括中央、地方政府和国有的公社、公团、公库等。依照日本《法人税法》的规定，各类法人的税收义务可以归纳为：普通法人以其全部所得作为法人税的课税对象；普通法人以外的国内法人、合作组织与普通法人同样，以其全部所得（但实行较低税率）计算缴纳法人税；不以营利为目的的公益法人和无法人资格的社团，只需对其营业中具

① 参见《日本个税征收模式：采取分类综合税制》，载中国经济网，http://intl.ce.cn/zhuanti/ggjj/geshui/tszs/200808/13/t20080813_16479523.shtml。

有营利性质的那部分收入缴纳法人税;公共法人不属于法人税的纳税人,无缴纳法人税的义务。

法人税是对法人各财政年度的收入减去费用后的所得课税。一般来说,收入不仅包括当年的销售所得、劳务所得、存贷利息所得以及土地及房屋等固定资产的收入,还包括企业会计核算中不列为收益的收入,如无偿转让资产和无偿提供劳务等的收入。同样地,费用既包括企业会计核算中与获取当年收入有关的生产成本、建设工程成本、销售费用、一般管理费、灾害损失等支出,还包括一些企业会计核算中不作为当年费用的项目,如各种准备金、特别基金等。

日本法人税税率可以分为基本税率和轻税率两种。对于普通法人的全部收入,以及普通法人中资本金不足1亿日元的小法人、无人格的社团等年收入800万日元以上的部分适用23%的基本税率;对于普通法人中小法人和无人格社团等年收入800万日元以内的所得部分,以及其他纳税人的全部所得适用19%的轻税率。[①] 除法人税以外,还有地方税中的法人事业税和法人居民税。但是,由于课税制度的区别,如法人事业税可计入费用,法人居民税是以法人税的课税为基础的。

2. 日本信托所得税制度

在大陆法系国家中,日本的信托业起步早、发展快,其在长期的实践中不断创新并规模化向前发展,具有经营面广泛且灵活多样的特点。为了保障信托业的有序发展,为信托制度保驾护航,日本不断完善有关信托业的法律制度。然而随着信托行业的蓬勃发展,信托所得的税收制度问题也闯入人们的视野。日本对此的设计是,根据信托导管理论以及实质受益人原则,将信托所得归入个人、法人的所得,直接依据个人所得税法和公司所得税法征税,不设新的税种。因此,日本的所得税根据纳税主体可以分为对个人征收的所得税(通常意义上的个人所得税)、个人居民税和个人事业税等,和对法人征收的法人税、法人居民税和法人事业税等。本书以在税收收入中占主要地位的所得税和法人税为主,对日本的信托所得税制度进行介绍。

(二)日本信托所得税纳税主体与各主体应纳税所得额的确定

日本的信托所得税遵循管道原理,其《所得税法》和《法人税法》规定:信托财产不属于受托人的财产,由信托财产所产生的信托收益,在税法上直接视为

① 参见日本《法人税法》第66条第3款。

是受益人的收益,因此对信托所得的课税,纳税主体应是受益人;但是,当信托无特定受益人或受益人不存在时,纳税主体为信托财产的委托人(公益信托的委托人除外)。[①] 因信托环节不同,信托所得税各纳税主体的义务分配也有所不同。

1. 信托设立环节

在信托的设立环节,所得税的纳税义务由委托人和受益人承担,受托人不承担所得税纳税义务。当委托人作为公司设立信托时,信托财产由委托人转移至受托人视同销售,按照公平市价就其资本利得征收所得税。此时,如果受益人是自然人,其收益的市场价值按偶然所得征税;如果受益人是公司,则其收益的市场价值按捐赠所得征税。当委托人是自然人,对应受益人为公司的,作为委托人的自然人就其转移资产按照公平市价的资本利得纳税;受益人同样也要因其获得了捐赠所得而须缴纳所得税。而当委托人、受益人均为自然人时,通常双方都不缴纳所得税。按照信托文件的规定,如果委托人即受益人,也是无须缴纳所得税的。[②]

2. 信托存续环节

在信托存续环节,信托业务的毛收入和支出视为受益人的毛收入和支出,受益人应当对此所得缴税;如果没有受益人或受益人不明确,则信托业务的毛收入和支出应视为委托人所有,那么纳税义务由委托人承担。

为方便税收及时入库,法律规定受托人应将其管理下的信托财产收益,汇入其纳税申报表中及时进行纳税申报,承担代扣代缴所得税的义务。事后就受托人履行了代扣代缴所得税义务的那部分所得,纳税人不再负有纳税义务。

3. 信托终止环节

日本信托终止环节不征收所得税,因而信托各关系人均没有申报缴纳所得税的义务。

(三)日本信托所得税的征收管理

日本对信托所得的课税分为发生时与分配时两个时间点:

其一,发生时课征。发生时课征就是在信托收益发生年度收益就并入受益人的所得额中,由受益人缴纳个人所得税或企业所得税。采用发生时课税

---

① 参见日本《所得税法》第13条。

② 参见日本《所得税法》第二章;李青云:《信托税收政策与制度研究》,中国税务出版社2006年版,第174~175页。

的信托品种主要有金钱信托、金钱债权信托、有价证券信托、动产信托、不动产信托、土地租赁权信托等。以上信托品种涉及的所得种类主要有不动产租赁所得、借款利息所得、公债及公债利息所得、股利的分配收益、动产的租赁所得等。

其二,分配时课征。分配时课征,是指受益人在实际取得信托财产的收益时,根据受益人的收益类别分别征收所得税。但实际操作中会遇到问题,因为受益人太多导致收益发生时并不能将收益及时清算,在收益发生时也不能将收益分配清楚,只得采取在受益人实际取得收益时课税。采取分配时课征制的信托种类主要有证券投资信托、合同运用金钱信托、财产形成给付信托、退休年金信托等。

日本信托所得税的征收因收益种类和受益人的不同而不同。收益名目不同,适用不同的征收率,例如,根据日本《所得税法》的规定,营业信托的受托人有义务在每个会计年度终了后的 1 个月内,提交呈现不同种类收益数额的《信托计算书》,并据此分类缴纳所得税;受益人不同,采用不同的征收方法,例如,日本税法为方便股票投资信托所得税计算上的简便,将收益分配金中的 1/2 视为股息红利,其中 80% 不计入应纳税所得。

(四)日本信托税收法律制度评价

日本是最早继受信托制度的大陆法系国家,在相当长的历史时期信托业获得了长足的发展,如今在日本金融市场占据较大规模。伴随日本信托业的较快发展,信托所得税制度也逐步建立与完善起来。

日本信托税制遵循导管理论,即将信托视为所得流动的导管,在所得流动的过程中不发生所谓的"所有权"变动,由导管最终流向的受益人承担纳税义务。这与大陆法系国家遵循的"一元所有权"原则相辅相成。特殊地,委托人对财产拥有控制权的情况下,则由委托人承担纳税义务,这与美国信托税制中的"委托人信托"规定类似,也是为了稽征税款的方便。

为解决重复征税的问题,日本《所得税法》依据信托"导管"理论,专门规定了免除因财产形式转移带来的纳税义务。同时,日本为了支持发展社会公益事业,在《所得税法》中给予了公益信托大量的税收优惠。以上信托所得税制度的精髓值得我国在制定信托税收制度时参考和借鉴。

信托制度的发展离不开社会制度的影响,也受特定经济发展阶段的制约,因此在英、美、日不同的社会土壤上培植出了不同的信托模式。但总结各国信托制度发展的历程可以看出,法律规制与保障是信托发展的重要前提,而经济发展才是信托业务发展的根本。

四、域外信托所得税法律制度的简要比较

前文选择了英国、美国、日本等国的信托所得税法律制度进行比较，其中英国、美国的制度带有深厚的英美法系法律文化底蕴，而日本的制度内容则彰显了大陆法系的传统。信托最初是英美法系国家特有的财产管理工具，信托税收制度也仅存在于英美法系国家。随着信托业的持续发展，其强大的财产管理和资金融通功能也日益显现，因此也逐渐为大陆法系国家和地区所接受，如日本，引入信托制度的初衷就是要为经济发展提供资金支持。随着信托制度在大陆法系国家的逐步确立，信托税收制度也逐渐建立和完善起来。

英国和美国作为典型的英美法系国家，其信托所得税法律制度的特点是以判例法为主导，反避税规则数量庞大。由于信托具有突出的创新能力和避税潜力，信托主体可以针对税法的漏洞迅速作出反应，通过创设新的信托类型和模式来规避纳税。为了应对信托避税，英国、美国家的判例法传统促成了信托反避税中的司法主义。为了弥补税法判例的不足，依据判例法原则制定的反避税行政规则也大量涌现，逐渐成为信托所得税制度的重要组成部分。

具有大陆法传统的日本在移植信托制度时，由于面临“双重所有权”和“一物一权”的冲突，通过专门的立法来解决重复征税问题是其信托税收制度的特色。其在选择纳税环节和分配各主体的纳税义务时，体现了由实质受益人纳税的精神。我国也继受了大陆法系的传统，在构建信托所得税法律制度时，也将面临双重所有权和一元所有权的冲突，因此，防范信托避税和消除重复征税也是构建我国信托所得税制度时需要解决的核心问题。

综观上述国家和地区的信托所得税制度，可以归纳出以下共同特色：

（一）信托课税不单独立法

如前所述，信托所得税并非单独的税种。英美法系国家的信托税法主要表现为判例和特别规定的形式，并没有针对信托制定专门的所得税法。英国和美国具有判例法传统，以零散的判例和有针对性的特别规定共同构成信托所得税制度是正常的，而大陆法系国家（地区）没有制定独立的信托所得税制度，是出于整体考虑，信托只是诸多经济业务中的一种，若为其制定单独的所得税法无疑会破坏税收制度的整体结构，因此，一般通过制定特别条款的形式就信托所得的课税问题进行规制。

(二)由受益人承担所得税纳税义务

尽管不同的法系对信托财产权的归属具有不同的界定方法,但是各国在信托财产的终极归属问题上却有相似的观点,即认为应由受益人享有信托财产的所有权。无论是英国的“谁获得收益谁就负有纳税义务”的规定,还是由美国确立并被大陆法系国家推崇的“信托导管”原理,都将信托所得税的纳税义务人指向了受益人。当然,在特别情况下受托人或委托人为纳税人。例如,在英美,当委托人可以将信托利益归属于自身从而获得税收上的利益的情况下,应由委托人缴纳所得税;依据日本《所得税法》的规定,当受益人不确定时,由受托人为纳税义务人。

(三)防范信托避税是信托税制的重要内容

广袤的弹性空间和丰富的品种类型,使信托在英美国家得到了广泛深入的运用,从家庭财产到公益活动,从公司治理到金融投资,从社会保障到税收筹划,信托制度长袖善舞、无所不及。信托自产生之日起,就具有规避税收的“天然血统”,其发展到一定程度以后,利用信托进行避税的现象也日趋增加,为了对滥用信托避税的行为进行限制,各国不断制定反避税规则以防范信托避税,这些反避税措施成为信托所得税法律制度的重要组成部分。对于信托业尚处于起步阶段的国家来说,应该及早对防范信托避税的问题有所准备。

(四)对慈善信托给予税收优惠

慈善信托,系指出于慈善目的,为实现社会公众利益而设立的信托。英美国家的慈善信托由于税法上的激励早已得到了长足的发展,近年来,慈善信托逐渐为大陆法系各国所接受。从世界各国慈善信托的运营经验来看,采取税收优惠政策成为扶持、促进慈善信托事业发展的有效措施。具体而言,对慈善信托的税收优惠在个人所得税法、企业所得税法上均有所体现。

第四节 我国信托所得税的规则设计

一、建立我国信托所得税法律体系的构想

信托的各主体在信托的运行过程中都会取得相应的收入,无论是受益人取得的信托财产与收益,还是受托人获得的管理费和托管费,都应该根据实质课税原则缴纳信托所得税。由此,目前可以根据信托各主体的性质,将中国的信托所得税分别归入个人所得税体系和企业所得税体系中。当信托主体为自然人或者合伙企业时,其所获得的收益依据个人所得税法纳税,而当信托主体

为法人或者其他组织时,则由企业所得税法来调节。在英美法系国家,美国与新西兰都采用了将商业信托(business trust)或单位信托等非民事信托,适用公司所得税的立法规定的做法。大陆法系的日本,更是将不同形式的信托所得,分别纳入公司所得税和个人所得税制度中进行规制。这样的做法是合理的,如前所述,信托所得税并不是一个单独的税种,没有必要为其课征进行单独的立法。较可行的办法是,通过完善现行的个人所得税和企业所得税制度,修订或者增加专门适用于信托纳税的特别条款,从而为信托主体承担所得税的纳税义务提供明确的法律依据。但必须指出的是,无论对信托适用何种所得税法,都应当严格遵循防止双重征税的原则。① 以下内容是按照税法的构成要素对我国信托所得税法律制度的具体内容提出的构想。

二、确定信托所得税的纳税主体

如前章所述,信托是受托人按照信托目的以自己的名义管理和处分信托财产,因而具有委托人授予受托人超过经济目的的权利,而又仅许可其在经济目的范围内行使权利的特殊性,因此在信托设立、存续、终止各个阶段,信托行为出现了形式与实质分离的现象。鉴于信托行为中存在大量形式与实质相分离的现象,在信托课税时就要分清形式上的移转与实质上的移转。在形式移转的情况下,信托课税应适用形式移转不课税原则。同样地,由于信托利益的实际所有者为受益人,因此,信托课税还应适用实际受益者负税原则。实际受益者负税原则要求在税法解释和课税要件事实的认定上,如发生所谓法律上的形式与经济上的实质有所差异时,要从经济活动实质上的经济利益的归属,判断纳税人负担税负的实际能力。实际受益者负税原则对于解决一直困扰大陆法系信托税收制度中,面对信托财产的名义所有权与实质所有权分离所引致的名义受益人与实质受益人的分离,产生的纳税义务分配的问题,有举足轻重的意义。这一原则成功地实现了防范信托避税和达到税负公平的目的。但是,并非所有情况都是由实际受益者负税,也有例外情况。即当受益人不特定或尚未存在,或面临集团信托和累积信托时,为了稽征经济的原因,往往会对受托人课税,而慈善信托则是为了公共利益而可享免税。这些并没有违反实际受益者负税原则,待受益人确定下来,且实际给付信托利益时,从受益人应

① 本章不涉及信托所得税制度中的反避税规则,本书第六章将专门论述信托所得税的规避与防范问题。

获得的信托利益中扣除已纳税额,使该原则得到落实。

(一)以实际受益人纳税为原则

1. 当信托设立时,如果信托文件明确规定信托利益的全部或一部分受益人为非委托人的,则该受益人应将其享有的信托利益,并入信托设立年度的应纳税所得额,课征所得税。

2. 在信托存续过程中,如果依据信托文件,将受益人为委托人的信托利益变更为非委托人的,则该新受益人应将其享有的信托利益并入变更年度的所得额,依实际受益者负税原则,课征所得税。

3. 信托关系存续中因追加信托财产,导致受益人享有的信托利益增加的,该受益人应将其享有信托利益的增加部分,并入追加年度的所得额,依实际受益者负税原则,课征所得税。

(二)以受托人、委托人纳税为例外

1. 以受托人为纳税主体

(1)受益人不特定或尚未存在的,应以受托人为纳税义务人,就信托成立、变更或追加年度受益人享有的信托利益,按规定的扣缴率申报纳税。①

(2)受托人拥有累积信托收益的权利,在累积信托或累积与维持信托过程中,同样为了稽征便利的考虑,被累积的信托收益由受托人承担纳税义务。

2. 以委托人为纳税主体

如果根据信托文件的规定,受托人虽然在名义上具有信托财产的管理和处分权,但实际上受托人所进行的管理和处分要完全服从于委托人的指示和命令,那么这种信托就属于"委托人信托",应由委托人承担纳税义务。在"委托人信托"的情形下,由于委托人对信托财产具有掌控权,而受托人只是被动地接受其指示、命令并管理和处分信托财产,那么其间产生的税负应该由委托人承担。

三、对信托所得征收个人所得税的构想

(一)征税客体

由于信托机制的广泛应用,实际上除法律的必要限定外,信托财产几乎处于无所不包的境地,信托收益的类型也涵盖了几乎所有的财产类型。如我国《信托公司管理办法》第16条即规定,信托公司可以申请经营下列业务:(1)资

① 待受益人确定下来后,受托人可以从受益人应获得的信托利益中扣除已纳税额。

金信托业务。这是指委托人将自己无法或者不能亲自管理的资金,以及国家有关法规限制其亲自管理的资金,委托信托公司按照信托计划进行管理、运用和处置。(2)动产信托。动产范围相当广泛,主要包括车辆及其他运输工具、机械设备、贵金属等。具体而言,汽车、轮船、飞机、火车车厢、无线通信设备、医疗设备、废物处理设备、家具、办公用品等均属于动产。(3)不动产信托。不动产,是指土地、房屋、林木及附着于土地上的建筑物及其他定着物,建筑物的固定附属设备等。具体而言,土地、房屋、公路、森林、桥梁、隧道、草原、湖泊等均属于不动产。(4)有价证券信托。主要包括股票、债券及其衍生品种(如基金证券、可转换证券)等。(5)其他财产或财产权信托。作为信托财产的其他财产和财产权包括:著作权、专利权、商标权、专有技术等无形财产,股票债券等有价证券,金钱债权、担保权、经营权、渔业权、矿业权等。当然,上述财产及其收益是以法律对财产的一般限制为底线的。如我国《信托法》第14条第3款和第4款规定:"法律、行政法规禁止流通的财产,不得作为信托财产。法律、行政法规限制流通的财产,依法经有关主管部门批准后,可以作为信托财产。"凡上述信托财产产生的收益均为应纳税的信托收益。笔者建议,根据实质课税的原则,参考现行所得税制中课税项目设置,按收益性质确定信托所得的课税项目归属,这种所得的划分方式不仅适用于个人所得税的纳税人,也适用于企业所得税的纳税主体。信托所得项目可分为以下几类:(1)经营所得,主要是经营信托财产取得的所得。(2)资本性所得,是指在管理信托财产过程中获得的利息、股息和红利所得。(3)财产租赁所得,主要是指处置信托财产时因租赁而获得的收益。(4)特许权使用费所得,包括处置信托财产时,因提供专利权、商标权、著作权、非专利技术以及其他特许权的使用权而获得的收益。(5)财产转让所得,包含将信托财产部分或全部转让获得的所得。

(二)适用税率

在税率设计上,如果对信托所得单独计税,则会使税制结构过于复杂,因此,可将信托收益置于现行个人所得税法框架下计算所得和计征税款。具体而言,按照以上对信托所得项目的分类,选择累进税率和比例税率结合的税率模式。经营所得比照个体工商户和合伙企业的合伙人,适用5级超额累进税率,税率级距为5%~35%。对特许权使用费所得,在预扣预缴时以每次收入额为预扣预缴应纳税所得额,计算应预扣预缴税额,适用20%的比例预扣率;年终并入综合所得,按照综合所得3%~45%的7级超额累进税率汇算清缴个人所得税。对财产租赁所得、财产转让所得,以及资本性所得等其他各类所得,则按照20%的比例税率征税。

(三)费用扣除标准

对于信托所得税应进一步明确费用扣除的内容,不宜采用英国对信托收益不予费用扣除的纳税待遇。扣除的项目应包括纳税人为取得应税所得发生的支出、基本生计费用和特别扣除费用。与适用税率一样,对不同类型的信托所得,应规定不同的费用扣除标准。遵循税收公平原则和税收效率原则,信托收益的费用扣除标准也宜适用个人所得税法的一般规定。对于经营性信托所得,按照每一纳税年度的收入总额,减除成本、费用以及损失后的余额,为应纳税所得额。财产租赁所得,每次收入不超过4000元的,减除费用800元;4000元以上的,减除20%的费用,其余额为应纳税所得额。信托财产转让所得,以转让财产的收入额减除财产原值和合理费用后的余额,为应纳税所得额。利息、股息、红利等资本性所得和其他所得,则无须作任何扣除,以每次收入额为应纳税所得额。特许权使用费所得在预扣预缴税款时,以收入减除费用后的余额为预扣预缴应纳税所得额,每次收入不超过4000元的,减除费用800元,每次收入4000元以上的,减除20%的费用;在汇算清缴时并入年度综合所得,减除免征额、专项扣除、专项附加扣除和依法确定的其他扣除后的余额,为应纳税所得额。①

(四)纳税环节

在纳税环节的选择上,一般应坚持行为和所得发生时课税的原则。在所得税中,由受益人将信托收益并入当年个人所得,按规定缴纳所得税。但对某些发生时课税较困难、税收征管效率极低的特定信托品种,应规定可作为例外,采用收付实现主义课税原则。宜采用分配时再予以课税的特定信托品种,主要包括集合运用资金信托、证券投资信托、年金信托和慈善信托等。

(五)居民与非居民纳税人的区分

根据我国《个人所得税法》的规定,依据住所和居住时间标准,可将纳税主体划分为居民纳税人和非居民纳税人两类。对于信托所得,我国也应坚持居民税收管辖权和收入来源地税收管辖权并行应用原则。在我国拥有住所,或虽无住所但在我国连续5年每年住满183日以上的委托人创设的信托,应就其源于境内外的应税所得(无论是否汇入我国)承担无限纳税义务。在我国境内

① 如取得信托特许权使用费所得的纳税人为非居民纳税人,则无须将该项所得并入综合所得汇算清缴。

没有住所,但在一个纳税年度内在中国境内连续或累计住满183日以上的委托人创设的信托,也是我国居民信托,就其源于境内外的应税所得承担纳税义务,但境外所得以汇入原则征税,即汇入我国的部分才要纳税,没有汇入的部分不纳税。在我国境内没有住所,且在一个纳税年度内在中国境内居住不到183日的委托人所创设的信托,为非我国居民信托,只就其源于我国境内的所得承担纳税义务。

(六)税收征收管理

对信托收益应当分不同类别实行按月(季)或按次预缴、年终汇算清缴,以及按月或按次纳税的征收办法。纳税人取得特许权使用费等须并入综合所得的,按年计算个人所得税;有扣缴义务人的,由扣缴义务人按月或者按次预扣预缴税款;需要办理汇算清缴的,应当在次年3月1日至6月30日内办理汇算清缴。纳税人取得经营所得的,按年计算个人所得税,由纳税人在月度或者季度终了后15日内预缴税款;在次年3月31日前办理汇算清缴。纳税人取得利息、股息、红利等资本性所得,财产租赁所得,财产转让所得的,按月或者按次计算个人所得税,由扣缴义务人按月或者按次代扣代缴税款。没有扣缴义务人的,应当自行申报缴纳税款。这样既可以保证税款及时足额入库,防止偷逃税行为发生,又有利于公平税负,减少征税成本,方便申报计税。

四、对信托所得征收企业所得税的构想

实际上,在信托主体负担企业所得税时,前文构建的信托所得依个人所得税法纳税的具体规则中,有些是可以通用的。如征税客体范围、纳税环节选择、税收征管措施等要素的内容,在信托所得缴纳企业所得税的制度中同样适用。因此,本节在构建对信托所得征收企业所得税的制度时,主要设计了自益信托、他益信托中的私益信托和慈善信托3类信托所得的课税框架。

(一)自益信托

自益信托是信托设立者,即委托人自身作为受益人享有信托利益的信托。由于自益信托一般以理财为目的,信托成立时信托财产移转给受托人,与信托终止时原始信托财产回归委托人,都只是形式上的转移。在这两次信托财产的形式移转过程中,委托人与受托人都没有取得实质收益,因此,都不应当承担企业所得税的纳税义务。在信托存续期间,因对信托财产的经营管理产生的增值收入,构成企业所得税的应税收入。这部分增值收入,其实质收益权为委托人所有,应由委托人按照收入的不同类别计算缴纳企业所得税。若委托

人按照信托合同的规定,支付受托人手续费或佣金和承担其他相关费用的,该部分支出因与其取得的收入相配比,应允许在所得税前列支。与此相对应,受托人取得手续费或佣金收入的,应当计算自身的应纳税额。

根据实质课税原则,企业设立信托时,不承担缴纳企业所得税的义务。但信托存续期间因信托财产的不同、信托财产管理方式的不同,其投资收益将引起不同的企业所得税义务。如前所述,信托当事人负担企业所得税时,与个人所得税的征税范围是一致的,应包括经营所得,财产租赁所得,特许权使用费所得,财产转让所得,股息、利息、红利所得以及其他所得等。

若信托财产为货币性资产,委托受托人从事证券投资,该信托行为可视为委托人自行以货币性资产投资证券,当取得债券利息或股票股息、红利收入时,应按利息收入和股息收入的确认方法计算缴纳企业所得税,其中,对于国债的利息收入免予缴纳企业所得税;当转让证券时,应按财产转让收入的确认方法计算缴纳企业所得税。若信托财产为非货币性资产,委托受托人进行处置的,受托人处置该信托财产视同委托人自行处置该财产,在此期间所发生的允许扣除的成本、费用、税金、损失等,可以从收入中减除,其余额为应纳税所得额,应按照销售确认应纳税所得后,计算缴纳企业所得税;委托受托人进行租赁的,视同委托人自行租赁,其收益按照租赁收入的确认方法计算缴纳企业所得税。如果信托的管理方式为设立经营实体或将经营实体移转给受托人经营管理,则委托人的信托行为应视为股权投资,按照税法规定应确认收益时以及转让时,均应当按照股权投资业务计算企业所得税的纳税义务。

(二)他益信托中的私益信托

他益信托中的私益信托,是指为了公共利益以外的特定的他人的利益而设立的信托,信托上的利益归属于该公共利益以外的第三者。对于他益信托中的慈善信托,本书将在第八章进行讨论。

设立他益信托的最主要目的是赠与,其实质受益人为信托文件中规定的受益人。受托人从委托人处取得的只是信托财产的形式所有权,并无实质上的收益,因此不应为此而承担所得税义务。受托人的作用只是委托人向受益人赠与的桥梁,只应就其从信托业务中取得的手续费或佣金收入承担所得税纳税义务。根据我国《企业所得税法》的规定,企业接受捐赠,应确认为捐赠收入,并入当期应纳税所得额,计算缴纳企业所得税。

对于委托人,其向受益人的赠与,与其取得的收入无关,且不属于公益性、救济性捐赠,不得在计算企业所得税前扣除。同样,由于信托的灵活性,委托人可以按照自己的需要灵活设计信托方案，不同的信托方案，受益人享有不同的受益权，或者不同的受益人之间享有不同的受益权。受益权有区别，受益人的企业所得税纳税义务也不相同。

1. 受益权为全部信托利益的。委托人并未对信托财产保留任何权利，即相当于将信托财产权全部赠与受益人。在信托财产按信托文件规定由受托人持有时，尽管受益人未能完全自行操控持有，但受益人对受益权的享有已经确定。因此，在这种情况下，当委托人将信托财产移转给受托人时，视同于此时刻将财产权赠与受益人。这时，受益人取得赠与收入，应按《企业所得税法》的规定计算应纳税额。委托人在信托成立后追加信托财产的，应视为设立新的信托。信托存续期间，受托人按照信托文件规定经营管理信托财产而产生的收益，收益权由受益人享有并承担相应的纳税义务。同样，经营管理信托财产的成本、支出应由受益人承担的部分，因与受益人取得收入相匹配，应准予在所得税前扣除。

2. 受益权仅为原始信托财产部分的。受益权是享有信托利益的权利，而信托利益，包括信托财产本身及信托财产所生的孳息，其受益人分别为原本受益人与孳息受益人。当原本受益人与孳息受益人分离时，两者应承担的企业所得税纳税义务也应区别处理。

原本受益人于信托成立时起，享有信托财产本身的受益权，因此，应当据此确认其所得税纳税义务，并就其取得信托财产本身的价值承担纳税义务。但原本受益人受益权的价值应如何计算？原本受益人取得的受益权的价值，并不相当于信托成立时信托财产的价值，因为在信托存续期间，原本受益人并不能取得信托财产的孳息，其取得的实质上是一个延后的权利，即相当于委托人承诺在将来赠与其一个价值已知的权利。因此，在信托成立时，原本受益人取得的赠与收入的价值，应以该信托财产现时价值按信托成立时至信托财产移转给受益人时止的期间和税法规定的固定利率，折算为复利现值来确定。

3. 受益权仅为原始信托财产所生孳息部分的。取得信托财产所生孳息的受益人即孳息受益人，应当在取得孳息时确认受赠收入计算缴纳所得税。

第四章　完善我国信托流转税法律制度

与信托所得税法律制度的几近空白不同，信托流转税课税一直有相应的法律和政策依据，虽然这些依据相当零散。①

第一节　信托课征流转税的历程

一、营业税改征增值税前的信托流转税制度

信托业作为金融业的支柱之一，金融业的流转税制度当然适用于信托业务。根据1993年发布的《营业税暂行条例》（已失效）及《营业税暂行条例实施细则》（已失效）的规定，金融业与保险业合并为一个税目，征税范围包括贷款、融资租赁、金融商品转让、金融经纪和其他金融业务；税基为经营金融业务的计税营业额，税率为5%。1995年8月，财政部、国家税务总局发布了《关于金融业征收营业税有关问题的通知》（财税字〔1995〕第79号，部分失效），通知规定：从1995年1月起，对金融机构往来业务暂不征收营业税；对金融企业经营转贷外汇业务，以贷款利息减去借款利息后的余额为营业额计算征收营业税；对于一般贷款业务，一律

① 参见郝琳琳：《金融创新与金融税法的完善》，财政部财政科学研究所2014年博士后出站报告，第68页。

以利息收入全额为营业额计征营业税。这是我国首次单独就金融企业营业税问题作出规定，在信托业务税收政策的运用实施上具有重要意义。1997 年 2 月，国务院发布《关于调整金融、保险业税收政策有关问题的通知》(国发〔1997〕5 号)，将包括信托在内的金融、保险业的营业税税率提高到了 8%。之后为应对我国加入 WTO 后国际金融竞争的需要，从 2001 年起，我国金融和保险企业营业税税率每年下调一个百分点，分 3 年从 8%降至 5%。

1998 年 8 月，财政部、国家税务总局发布《关于证券投资基金税收问题的通知》(财税字〔1998〕55 号，部分失效)，规定"以发行基金方式募集资金不属于营业税的征税范围，不征收营业税"。2002 年 8 月，财政部、国家税务总局发布《关于开放式证券投资基金有关税收问题的通知》(财税〔2002〕128 号，已失效)，继续规定"以发行基金方式募集资金不属于营业税的征税范围，不征收营业税"。而后在 2004 年 4 月，财政部、国家税务总局颁布了《关于证券投资基金税收政策的通知》(财税〔2004〕78 号)，通知规定"自 2004 年 1 月 1 日起，对证券投资基金(封闭式证券投资基金，开放式证券投资基金)管理人运用基金买卖股票、债券的差价收入，继续免征营业税和企业所得税"。从 2009 年 1 月 1 日起，修订后的《营业税暂行条例》(已失效)及《营业税暂行条例实施细则》(已失效)开始实施，给金融业营业税课税带来了一些变化，与信托有关的变化是，修订后的《营业税暂行条例实施细则》(已失效)扩大了金融商品转让的征税范围。将外汇、有价证券、期货等金融商品买卖业务，解释为纳税人从事的外汇、有价证券、非货物期货和其他金融商品买卖业务。随着新的金融衍生产品不断出现，《营业税暂行条例实施细则》(已失效)在条款中增加了"等金融商品"的表述，扩大了应税金融商品的范围。2011 年 11 月，财政部、国家税务总局下发了《关于印发〈营业税改征增值税试点方案〉的通知》(财税〔2011〕110 号)，对金融营业税改征增值税作出了原则性规定，即金融保险业和生活性服务业，原则上适用增值税简易计税方法。然而实际上，在上海、北京、江苏等省市的试点工作中，金融业并未被纳入试点范围。①

上述规范性文件实际上只是适用于信托公司作为受托人，在信托存续阶段从事信托业务经营的过程中，所发生的交易行为。营业税改征增值税之前，在各信托环节，信托主体承担的税收包括营业税和增值税。

---

① 参见刘天永：《金融业营业税改征增值税计税方法问题的研析》，载《税务研究》2013 年第 4 期。

二、营业税改征增值税之后信托业的流转税制度

2016年3月24日，财政部和国家税务总局联合发布了36号文，明确从2016年5月1日起，金融业由缴纳营业税改为缴纳增值税。与信托公司相关的业务主要包括贷款服务、直接收费金融服务和金融商品转让3类。根据36号文附件1《营业税改征增值税试点实施办法》的规定，各种占用、拆借资金取得的收入，包括金融商品持有期间（含到期）利息（保本收益、报酬、资金占用费、补偿金等）收入、信用卡透支利息收入、买入返售金融商品利息收入、融资融券收取的利息收入，以及融资性售后回租、押汇、罚息、票据贴现、转贷等业务取得的利息及利息性质的收入，按照贷款服务缴纳增值税。直接收费金融服务，是指为货币资金融通以及其他金融业务提供相关服务并收取费用的业务活动，包括资产管理、信托管理、基金管理等服务，由此，信托公司为委托人提供信托管理服务而收取的信托手续费收入，应按照直接收费金融服务缴纳增值税。金融商品转让，是指外汇转让、有价证券转让、非货物期货转让以及理财产品、信托、基金等各类资产管理产品和各种金融衍生品所有权的转让。因此，信托公司从事买卖有价证券、信托受益权转让、赎回等投资业务取得的收益，按照金融商品转让缴纳增值税，以卖出价扣除买入价后的余额为销售额。

2016年12月21日，财政部和国家税务总局联合发布的《关于明确金融、房地产开发、教育辅助服务等增值税政策的通知》（财税〔2016〕140号，以下简称140号文）对36号文进行了补充，并对包括信托业在内的资产管理行业缴纳增值税进行了明确规范。2017年6月30日财政部、国家税务总局又出台了《关于资管产品增值税有关问题的通知》（财税〔2017〕56号，以下简称56号文），作为对140号文的进一步补充，不仅明确了资管产品和资管产品管理人的范围，更重要的是确定了资管产品的计税方法，并将包括信托在内的资管产品的增值税征税起始日期延缓到从2018年1月1日开始。

与信托相关的规定主要有：

第一，明确了资管产品运营过程中发生的增值税应税行为，以资管产品管理人为增值税纳税人。管理人作为资管产品的纳税义务人，其应税行为不仅包括资产管理收取的管理费，还包括资管产品投资过程中产生的应税行为。对于资管产品而言，是否应该缴纳增值税，以及是按照贷款服务、直接收费金融服务还是金融商品转让税目纳税，需要根据资管产品的投资性质作出判断。

例如,因管理资管产品而固定收取的管理费(服务费),应按照直接收费金融服务缴纳增值税;运用资管产品资产发放贷款取得的利息收入,应按照贷款服务缴纳增值税;运用资管产品资产进行投资等,则应根据取得收益的性质,判断其是否发生增值税应税行为,并应按现行规定缴纳增值税。根据140号文的要求,资管产品缴纳增值税需自2016年5月1日起执行,这也意味着,在此前7个多月未缴纳的增值税需要补缴。由于140号文提到的追溯执行,不仅影响已生效信托合同的约定,而且还直接影响已经发行资管产品的收益兑付问题。于是考虑到上述问题之后,2017年1月,财政部、国家税务总局又发布了《关于资管产品增值税政策有关问题的补充通知》(财税〔2017〕2号),补充规定:"2017年7月1日(含)以后,资管产品运营过程中发生的增值税应税行为,以资管产品管理人为增值税纳税人,按照现行规定缴纳增值税。对资管产品在2017年7月1日前运营过程中发生的增值税应税行为,未缴纳增值税的,不再缴纳;已缴纳增值税的,已纳税额从资管产品管理人以后月份的增值税应纳税额中抵减。"

第二,强调"保本"收益才属于增值税征税范围。进一步明确了贷款服务的含义。贷款服务的实质是取得固定投资收益,是指合同中明确承诺到期本金可全部收回的投资收益,即保本收益,需要缴纳增值税。而金融商品持有期间(含到期)取得的非保本收益,不属于利息或利息性质的收入,不征收增值税。由此,信托合同或者信托计划中承诺可取得"保本"收益的,应就收益缴纳增值税。反之,信托计划或者信托合同如果不承诺保本,则不需要缴纳增值税。

第三,进一步明确金融商品转让的含义。根据140号文的规定,"纳税人购入基金、信托、理财产品等各类资产管理产品持有至到期",不属于金融商品转让,即只有将未到期的资管产品转让才属于金融商品转让,应缴纳增值税。

第四,详细列举了资管产品和资管产品管理人的范围。资管产品管理人包括银行、信托公司、公募基金管理公司及其子公司、证券公司及其子公司、期货公司及其子公司、私募基金管理人、保险资产管理公司、专业保险资产管理机构、养老保险公司。资管产品,是指银行理财产品、资金信托(包括集合资金信托、单一资金信托)、财产权信托、公开募集证券投资基金、特定客户资产管理计划、集合资产管理计划、定向资产管理计划、私募投资基金、债权投资计划、股权投资计划、股债结合型投资计划、资产支持计划、组合类保险资产管理产品、养老保障管理产品等。[①]

第五,确定了资管产品按照简易办法征税。根据36号文确定的金融服务业计税方法,对资管产品课征增值税适用6%的税率。但是就在资管产品尚未实施纳税之际,56号文却峰回路转,确定了对资管产品管理人运营业务,暂适用简易计税方法,按照3%的征收率缴纳增值税。

第二节　营业税改征增值税对信托业的影响

一、营业税改征增值税对信托机构的影响

在营业税改征增值税之后,对信托各主体都会带来或多或少的影响。但是对委托人而言,如果设立未承诺保本的资金信托,那么按照140号文的规定,将不承担增值税的纳税义务,而是以资管产品管理人即信托公司为增值税纳税人。因此,在营业税改征增值税之后,信托机构作为资管产品的管理人面临的冲击较大。

(一)信托公司的流转税总体税负有所增加

信托公司的业务范围主要是提供金融服务,包括贷款服务、直接收费金融服务和金融商品转让。依据36号文的规定,营业税全面改征增值税以后,信托公司的主营业务适用增值税率为6%,由于增值税为价外税,与原来负担5%的营业税相比,[②]增加了大约0.66个百分点的流转税税负。[③]与营业税不同,增值税是可以抵扣进项税的,但实际上允许抵扣的进项税额非常有限。作为主要收入来源的受托人报酬和信托产品转让收益等,都要缴纳增值税销项税,但是信托机构的主要成本,包括较高的人力成本、差旅费和业务招待费等都不能抵扣进项税。虽然名义上能够进行税款抵扣,但其实可抵扣的范围很少、比重很低。因此,在没有新增的税收优惠的前提下,作为信托受托人的信托公司,其流转税的税收负担是有所增加的。虽然增值税与营业税同是间接税,理论

---

① 参见财政部、国家税务总局《关于资管产品增值税有关问题的通知》(财税〔2017〕56号)第1条。

② 实际上,在营业税时代,虽有关于相关金融服务征收营业税的规定,但是,各地极少实际征收。因此,营业税改征增值税之后,资管产品的实际税负比之前高得多。

③ 根据36号文附件1第22条、第23条的规定,销项税额,是指纳税人发生应税行为按照销售额和增值税税率计算并收取的增值税额。销项税额计算公式:销项税额=销售额×税率;销售额=含税销售额÷(1+税率)。因此,6%价外税相当于价内税的5.66%。

上可以进行税负转嫁，但是在目前同业竞争相当激烈的市场环境下，将税负完全转嫁也相当困难。税收负担的增加还会影响信托计划的预期收益，并将导致信托公司的营业利润相应降低。

在56号文确定了信托运营业务按照3%的征收率简易征税之后，信托产品的名义税负虽然比营业税时代有所降低，但是由于各地对相关金融服务的营业税很少课征，所以，在2018年实施56号文之后，信托公司实际税负有所增加的结论依然成立。

（二）资管产品管理人作为纳税主体易导致重复课税

在140号文出台之前，有关信贷资产证券化、证券投资基金等的课税规则，是信托业课征流转税时可以参照的。① 根据这些规则，基金投资的税收应由基金份额持有人承担，基金管理人为扣缴义务人；②而证券化信贷资产则由受托机构就贷款利息收入全额征收营业税；在信贷资产证券化过程中，贷款服务机构、受托机构、资金保管机构、证券登记托管机构以及其他为证券化交易提供服务的机构，根据各自取得的营业额缴纳营业税。由此可见，当时资管产品的纳税主体是多元化且不易确定的。140号文出台之后，资管产品统一由资管产品管理人作为增值税的纳税人，主体的确定性便于税款的征收管理。

但是，由于目前包括信托在内的很多资管产品，具有通道业务的特征，如果对资管产品管理人征税可能会导致重复征税，不仅如此，共同投资业务也可能面临重复纳税的风险。当信托公司与其他金融机构共同参与资产管理或者信托计划时，经常在合同中约定，由信托公司统一收取利益后和再行分配给其他各方投资人。因此，信托公司作为纳税人并将以取得的全部收益承担增值税纳税义务，而利益再分配给他方时，取得的共同投资人开具的“贷款服务”发票又不得抵扣进项税，这类共同投资行为将因此而重复纳税，对信托公司带来

---

① 根据《证券投资基金法》第8条的规定，“基金财产投资的相关税收，由基金份额持有人承担，基金管理人或者其他扣缴义务人按照国家有关税收征收的规定代扣代缴”。财政部、国家税务总局《关于信贷资产证券化有关税收政策问题的通知》（财税〔2006〕5号，部分失效）规定，(1)对受托机构从其受托管理的信贷资产信托项目中取得的贷款利息收入，应全额征收营业税。(2)在信贷资产证券化的过程中，贷款服务机构取得的服务费收入、受托机构取得的信托报酬、资金保管机构取得的报酬、证券登记托管机构取得的托管费、其他为证券化交易提供服务的机构取得的服务费收入等，均应按现行营业税的政策规定缴纳营业税。(3)对金融机构（包括银行和非银行金融机构）投资者买卖信贷资产支持证券取得的差价收入征收营业税；对非金融机构投资者买卖信贷资产支持证券取得的差价收入，不征收营业税。

② 实际上，这一规定在征税实践中并未落实。

收益率下降的消极影响。

二、营业税改征增值税对信托产品的影响

140 号文和 36 号文对不同类型应税金融服务的区分，将对信托行业不同类型业务的增值税税负造成不同程度的影响。

（一）债权信托增值税将加重

债权信托属于信托传统业务，在信托公司的业务结构中地位非常重要，近年来，随着信托行业结构优化和信托产品不断创新，债权信托的规模已大幅下降。140 号文的出台将对债权信托产生较大的影响，并可能为此类信托业务的发展带来税负压力。

一般而言，债权类信托委托人和受托人都会签订具有类似固定收益的契约。但由于行业合规限制，无法在合同中约定“保本”，因此购买债权类信托产品的收益不产生增值税负担。但是，140 号文明确规定了信托公司作为受托人，需为信托计划因提供贷款服务而获得的固定利息收益缴纳增值税，即以资管产品管理人为增值税纳税人。但实际上，信托公司完全可以通过信托合同的约定，将税负转嫁给委托人或者受益人，并在实质上影响信托各方主体的收益率。

但是根据增值税的基本原理，信托产品产生的增值税是由投资、融资和金融中介各方共同承担的，各方承担的税负比例取决于信托产品的需求弹性。资产管理市场当前已基本实现充分竞争，而增值税作为普遍征收的流转税，征税范围当然包括资产管理行业的各种金融服务在内，由此，信托公司的收益可能不会因营业税改征增值税而发生太大的变化。但是，金融市场处于“资产荒”时，信托产品的增值税将更多转移至投资者一方，使委托人的预期收益率下降；反之，当金融市场面临资金短缺时，信托产品的增值税成本则将更多地由融资者，即受托人承担，无疑将抬高受托人的融资成本。由于课征增值税带来税负增加，将导致债权信托的未来发展承压。

（二）股权信托因增值税负轻而吸引力强

依据 140 号文的规定，非保本收益不纳税，那么股权信托中信托财产的投资收益就无须缴纳增值税。而且，信托设立后，将信托财产向非上市企业进行股权投资，并通过股权转让而终止信托时，因收益既不属于金融商品转让，也不能归为贷款服务，因此也无须承担增值税纳税义务。

由此，与债权信托相比，股权信托因可以节省交易成本、获得相对较高的

投资收益,无论对投资者(委托人)还是资产管理者(受托人)来说,都比以往具有更强的吸引力。

当然,股权信托并非在整个信托计划中都不产生增值税,信托公司作为受托人会根据信托合同的约定收取一定比例的管理费,属于36号文中规定的直接收费金融服务税目,信托公司需要为此收入缴纳增值税。

(三)标品信托的投资方向将受影响

标品信托的投资标的包括债券、股票、期货等各类金融衍生品。信托公司等金融机构对国债、地方政府债券、金融债券以及同业存单等金融产品的投资并持有至到期时,是免于征收增值税的,但是投资于信用债无法享受免税待遇,需按债券的票面利率计算收入额缴纳增值税。这将导致低信用等级、高票面利率的信用债的投资价值下降。

可见,如果将信托资金直接投资于股票、债券等资产,在转让该类资产时,需按照价差收益缴纳增值税,但是由于获取的股息收益并不属于增值税的征税范围。因此,对投资于股票的标品信托而言,高分红派息的股票将更有吸引力。

根据36号文附件3《营业税改征增值税试点过渡政策的规定》的规定,"证券投资基金(封闭式证券投资基金,开放式证券投资基金)管理人运用基金买卖股票、债券"属于免税范围,这可能会引导信托公司通过持有公募基金来实现节税。在设计信托计划时需要考虑的是,将信托财产投资于公募基金或许可以减少增值税支出,但却会增加通道成本等其他支出。

(四)同业信托业务可享免税

2016年6月,财政部、国家税务总局《关于金融机构同业往来等增值税政策的补充通知》(财税〔2016〕70号)中明确规定,同业存款、同业借款、同业代付、买断式买入返售金融商品、持有金融债券和同业存单业务,均属于36号文所称的"金融同业往来利息收入",可以享受免征增值税的待遇。

对于投资于其他信托计划受益权或者券商等资产管理计划份额的同业信托,由于符合140号文的"非保本"条件,所以此类同业信托业务也无须缴纳增值税。

(五)资产证券化业务税负明确化

在资产证券化信托计划设立阶段,对于资产证券化业务中资产支持证券的投资人(委托人)来说,按照140号文的规定,其所获得的收益一般属于"非保本"性质,无须缴纳增值税。但是,如果信托计划中包含原始权益人对资产支持证券持有人承诺回购的内容,则应认定为收益"保本"而课征增值税。

在信托存续阶段,由于信托公司担任信贷资产支持证券的受托人,具有特殊目的机构管理人的身份,因此应承担增值税纳税义务。从目前受托人的角色定位和产品结构分析,信托公司一般按照贷款服务税目纳税。

第三节 对信托业未来增值税制度的构想

实际上,各国在信托业课征增值税的过程中,都有不同程度的疑虑,并在税制改革中不断对其进行探索和完善。我国处在营业税改征增值税的改革试点阶段,不仅需要研究对信托业是否应当课征增值税及税负轻重等问题,更需要解决由税种转型导致的各类问题。

一、我国对信托业金融服务课征增值税的考虑因素

(一)遵循实质课税原则

由于实质课税原则彰显了税法的价值目标,体现了对税收公平、正义的追求,与税收法定原则在本质上协调互补。在信托流转税制度设计的过程中,实质课税原则也当仁不让地成为判断交易行为实质的准则。所以,"实质课税"将是克服信托业营业税改征增值税过程中难题的"解码",是设计包括信托业增值税规则在内的整个信托税收制度的指导性原则。

(二)实现税收中性原则

税收中性原则是增值税制度建立的基本原则之一。根据税收中性原则,增值税负担应该与最终消费者支付的价格成正比,无论之前的生产与流通环节的交易数量如何。增值税是普遍征收的税种,其目标是对产品或者服务的所有最终消费性支出进行课税,以避免增值税的征收对交易活动的扭曲。

据统计,截至 2021 年年底,中国资产管理行业市场总规模达到人民币 133.7 万亿元,其中信托产品规模为 20.55 万亿元,占据资产管理业务总量的比例与《资管新规》出台前相比虽有所下降,但仍数额巨大,可与银行理财和公募基金比肩。① 对于这样一个资产庞大的行业,任何税收法律法规和政策的出台、变更,都将对我国信托业务的发展、信托产品的开发和信托架构的设计,产

---

① 参见巴曙松等:《2022 年中国资产管理行业发展报告》,中国财政经济出版社 2022 年版,第 3~5 页。

生不可预估的影响，同时还会触及信托各方主体的利益和带来社会融资成本的变化。因此，为实现税收中性的目标，在考虑对信托业服务是否以及如何课征增值税时，首先应该解决信托业是否属于"最终消费性支出"的组成部分。另外，如果将信托服务纳入增值税的征税范围，纳税人的税收负担将如何发生变化，此种变化是否可能影响以及在多大程度上影响信托业发展的经济选择。在征税方式上，需要考虑能够实现普遍征税、税负公平，避免重复课征以及由此产生的经济扭曲，保证我国金融市场的健康发展。

（三）对财政收入的影响

实现财政收入是税法的基本功能。任何税法制度的改革都要考虑改革措施可能对财政收入的影响程度。如果税法的改革措施将导致财政收入的过度减少，不仅会带来财政风险的增加，也将影响经济的良性发展。

营业税原是我国最主要的地方税种，在营业税改征增值税的过程中，应充分考虑因此对中央和地方财政收入带来的影响，尤其是对地方财政收入的影响，需要保障改革前后对政府收入，尤其是对地方政府的收入不会产生重大的变化。而且，既要避免改革对财政收入的即时冲击，也要考虑未来有可能发生的财政收入的增减。①

（四）税收征管效率

通过最低的成本费用获得税收收入，利用税收的宏观调控作用促进经济最大限度发展，都是税收效率原则的应有之义。税收效率包括税收行政效率和税收经济效率两个方面。金融创新的税法规则的建立和完善，税收效率应该成为考量的重要因素。

为遵循税收法定主义对信托课税的明确性要求，日益繁复、多样性、技术性的税法规则也会应运而生。以信托为代表的金融创新所导致的税法规则的复杂化和法律执行过程的复杂性，需要增加各方主体，包括立法、执法甚至司法的大量投入。事实上，原本即具有极强专业性和技术性的税法，一旦与日益复杂化的信托等金融创新工具相结合，必然导致更具有繁密性和技术性的税法规则诞生，如美国《国内税收法典》为各种形式的利息规定了25种不同的税收待遇。随着税法规则的日益复杂化，普通纳税人不具有特定的专业知识，也无法准确判断其纳税义务的承担，从而产生了高昂的咨询费用。鉴于税法规则的复杂化，纳税人所必需提供的课税资料或者信息的范围和质量，也必然呈

① 参见汤洁茵：《金融交易课税的理论探索与制度建构》，法律出版社2014年版，第324页。

现上升的趋势。对于税务机关来说,金融创新的发展,也使税务机关在证实、衡量和确定其行为性质、收益取得及经济归属等经济实质时,面临更大的困难,必然为此而付出巨额的征收成本。由此可见,对信托等金融创新交易的课税,可能催生十分复杂的税法规则体系,唯有少数同时具备税法和金融知识的专业人士才能理解和驾驭,规则的执行成本将会很高。

税收行政效率要求以最小的征税成本和税收遵从成本实现税收的征收。在对金融创新工具进行课税时,同样应当尽可能地降低税务机关在进行税收征管过程中所付出的成本和纳税人的遵从成本。正因如此,对信托的课税,也应当形成一个运作简捷的法律制度,使该税收制度可以持久稳定,从而足以应付其所规范的日益复杂的创新变革的需要。在这一体系下,尽量实现税法的确定性和概念的清晰化,依照税法的规定针对具体的应税事实直接就能确定其税收负担,从而尽可能在提高纳税人的遵从度的同时,降低其遵从成本。

(五)与现行增值税的发票管理制度和抵扣制度的兼容程度

在对信托服务课征营业税时,信托公司需要就金融服务收入的全额作为营业额缴纳营业税。信托公司在运营过程中发生的各项费用支出,例如,电信服务、租赁服务以及固定资产等购买活动中支付给销售方或者服务提供方的流转税税款均不得抵扣。与营业税相比,增值税的征收管理相对繁复,其进项税额的认证和抵扣、增值税专用发票的领用和保管等制度,都更规范和复杂,营业税改征增值税之后,征纳双方的税务管理都面临挑战。

实际上,在营业税制度下,信托业承担的流转税因税款抵扣链条的断裂,导致的重复课税普遍存在。那么,在设计信托业增值税制度时,就需要尽量完善发票管理和税款抵扣制度,保护抵扣链条的完整性,从而避免双重甚至多重征税。

二、完善信托服务增值税制度的构想

(一)纳税主体的界定

36 号文及其附件对金融业的纳税主体作出了列举性规定,金融业增值税纳税人是在中国境内提供金融服务的单位和个人。具体而言,包括银行、信用合作社、证券公司、金融租赁公司、证券基金管理公司、财务公司、信托投资公司、证券投资基金、保险公司和其他经人民银行、原银监会、证监会、原保监会①

① 2018 年,国务院设立直属事业单位银保监会,主要职责是依照法律法规统一监督管理银行业和保险业。

批准成立且经营金融保险业务的机构以及各类金融企业。而后出台的140号文进一步明确规定,“资管产品运营过程中发生的增值税应税行为,以资管产品管理人为增值税纳税人”。简言之,资产管理的实质就是受人之托,代人理财。毋庸置疑,受投资人委托管理资管产品的基金公司、信托公司、证券公司、银行等单位,就是资管产品管理人,由此,该条简短的规定在包括信托业在内的资产管理行业内部引起了巨大反响。

在实践中,究竟是以资管产品管理人为扣缴义务人还是纳税人,从国际经验来看,在英国的增值税制度中,信托是作为独立的增值税纳税人进行登记的,同时考虑需要把信托公司自有业务和受托业务有效分离,英国还规定信托公司的每件信托财产都要有一个独立的增值税纳税人识别号。但是,在英国增值税制度中,大部分金融业务,如贷款、金融商品转让又是不征收增值税的。

其实,相较原来的税收制度导致的流转税纳税主体多元的状况,由资管产品管理人承担纳税主体的义务不仅删繁就简,明确了纳税人的身份归属,也更有利于涵养税源,提高税收征管的效率。但是,如前所述,由此对信托公司等资产管理机构收益率带来的影响,也是不可忽视的。所以,在营业税改征增值税试点结束后,对增值税制度进行修订或者重新立法时,既要考虑实现税负公平和普遍征收,还要考虑保护税款抵扣链条的完整,避免重复课税和交易行为扭曲,呵护金融创新环境。同时,在设计具体规则时,应有利于受托人和委托人之间就税款的转嫁和最终负担进行博弈,实现实质课税原则下的纳税义务均衡。

另外值得一提的是,在前述《证券投资基金法》中,将基金份额持有人作为基金财产投资的相关税收的纳税人,由基金管理人或者其他扣缴义务人按照国家有关税收征收的规定代扣代缴。即基金份额的投资人才是纳税人,作为资管产品管理人的基金管理人只是扣缴义务人,履行的是代扣代缴义务,这一规定无论在法律形式还是经济实质上,都与140号文的规定冲突。实际上,基金法中的课税规定更加符合信托的基本原理。也就是说,资管产品管理人不仅是财产管理上的受托人,同时也是委托人应缴纳税款的受托人。因此,在今后的增值税法及相关税收立法时,既要考虑税法的原则与理论,还要关注各法律、法规和规章之间的冲突与协调。

复杂的金融创新业务使对金融业务征收增值税很难有完美的解决方案,资产管理行业较重的税收负担可能也不利于中国金融市场的国际化。因此,建议考察其他国家的实践,对金融服务从轻课征流转税,强化所得税管理。随着金融账户涉税信息 CRS 的实施,这样的策略将更具有可行性,也更有利于金融创新的发展。

(二)征收范围的限定

信托服务作为金融服务的组成之一,是受托人经营金融业务的活动。根据36号文附件1所附《销售服务、无形资产、不动产注释》对金融服务的解释,与信托有关的服务应该包括贷款服务、直接收费金融服务和金融商品转让。

1.贷款服务

根据36号文及其附件的规定,贷款,是指将资金贷与他人使用而取得利息收入的业务活动。① 以货币资金投资收取的固定利润或者保底利润,按照贷款服务缴纳增值税。

与营业税税目中的"贷款"概念相比,增加了信用卡透支利息收入、买入返售金融商品利息收入和融资融券收取的利息收入,此外,还规定融资性售后回租利息收入也属于贷款服务。

而后在140号文中,又进一步将36号文附件中所称"保本收益、报酬、资金占用费、补偿金等收入"解释为"合同中明确承诺到期本金可全部收回的投资收益",即如果信托财产持有期间取得的非保本上述收益,不属于利息或者利息性质的收入,不征收增值税。对信托计划而言,如果信托合同中约定投资本金能够全部收回,则应认定为"保本",则须缴纳增值税;倘若合同中没有承诺到期本金可以全部收回,则应认定为"非保本",不需要缴纳增值税。

目前,在金融监管部门不断打破金融领域刚性兑付的背景下,在包括信托计划在内的各类资产管理合同中,已经很少有明确承诺保本的金融产品了。那么在实践中,有些名为避险基金的低风险金融产品以及各种资产管理、信托计划中享有优先分配权的优先级份额,其投资收益到底属于"保本"还是"非保本",需要在未来的立法中进行充分注释,否则,完全利用合同文义来判断信托和其他资管产品的收益属性,将容易导致对贷款服务增值税的规避。

2.直接收费金融服务

直接收费金融服务,是指为货币资金融通及其他金融业务提供相关服务

---

① 根据36号文附件1所附《销售服务、无形资产、不动产注释》的规定,各种占用、拆借资金取得的收入,包括金融商品持有期间(含到期)利息(保本收益、报酬、资金占用费、补偿金等)收入、信用卡透支利息收入、买入返售金融商品利息收入、融资融券收取的利息收入,以及融资性售后回租、押汇、罚息、票据贴现、转贷等业务取得的利息及利息性质的收入,按照贷款服务缴纳增值税。

并且收取费用的业务活动。①

在营业税的金融服务税目解释中,将贷款、融资租赁、金融商品转让、金融经纪业以外的金融业务统一称作其他金融业务。在36号文及其附件中则称为直接收费金融服务,为此,征纳双方都需要关注营业税改征增值税后的变化情况,并尽快完成过渡。

3. 金融商品转让

金融商品转让,是指转让外汇、有价证券、非货物期货和其他金融商品所有权的业务活动。②

在营业税税目中,将金融商品转让解释为转让外汇、有价证券或非货物期货的所有权的行为。36号文则增加了包括基金、信托、理财产品等各类资产管理产品和各种金融衍生品的转让行为。

在营业税制度下,除自然人和个体工商户外的所有纳税人,买卖(含赎回)金融产品都需要缴纳营业税。而在140号文第2条中则规定,纳税人购入基金、信托、理财产品等各类资产管理产品持有至到期,不属于金融商品转让,当然也就不需要缴纳增值税。但是这一条规定容易引起歧义。

第一,中途买入金融商品持有至到期是否属于金融商品转让?如果某个金融商品有明确的期限,且投资者从原始发行人处购买,只要持有至该金融商品合同的期限,就不属于金融商品转让,是否应该缴纳增值税,只需以“保本”或者“非保本”来作出判断,若是非保本就不用缴纳增值税。可是,如果该金融产品是中途从其他投资者手中购买的,且持有至到期,那么到底是不是“金融商品转让”?

第二,赎回无明确合同期限的金融商品是否属于金融商品转让?如果投资者(委托人)购买的金融商品没有明确的投资期限,中途赎回而非转让给第三方,且这种赎回行为导致该金融商品发行份额减少。以开放式基金为例,如果某基金的发行规模是500万份,且无发行期限,A企业成功申购了1万份基金份额,中途申请赎回,那么该基金的总数将缩小为499万份。如何判断这种赎回行为的属性,属于“持有至到期”还是“金融商品转让”?是否应该缴纳增

① 根据36号文附件1所附《销售服务、无形资产、不动产注释》的规定,直接收费金融服务包括提供货币兑换、账户管理、电子银行、信用卡、信用证、财务担保、资产管理、信托管理、基金管理、金融交易场所(平台)管理、资金结算、资金清算、金融支付等服务。

② 根据36号文附件1所附《销售服务、无形资产、不动产注释》的规定,其他金融商品转让包括基金、信托、理财产品等各类资产管理产品和各种金融衍生品的转让。

值税？

由此可见，过于简明的140号文难以应对纷繁复杂的资产管理市场现状，在今后的信托等资管产品增值税课税立法和实践中，还需要更详尽的征税范围规则设计和纳税指引。

（三）税率的科学设计

在营业税制度下，我国金融业的营业税税率经历了四个阶段：第一阶段，1994年开始为5%；第二阶段，1997年上升至8%；第三阶段，2001年起每年回落1%；第四阶段，2003年至营业税改征增值税期间保持在5%。与其他国家和地区对金融业采取免税或者零税率的情况相比，我国金融业的流转税负担较重。与国内其他行业的营业税税率相比也相对较高。①

如前所述，36号文确定了提供金融服务适用税率为6%，与原来5%的营业税税率相比，增加了大约0.66个百分点的税负。

金融保险业的业务既包含金融服务，又包含金融产品买卖，不同产品和服务都有不同的营利能力，且许多金融产品的营利，随着市场的变化有很大的不确定性，如果对所有金融保险业务采用统一的税率，虽然征收相对简单且方便，但是难免会导致金融业务各税目之间的税负不公平。如果将金融业的各税目严格区分，分别确定不同的税率和计税方法，虽然从理论上更加符合税收公平和实质课税的理念，但是无疑将增加税收征管的难度和复杂性。对于信托公司等纳税主体而言，其企业内部的核算和产品与服务价格都需要随着税率的变化进行调整。对于征纳双方来说，纳税申报和税收征管的成本都将因此增加，而且，在增值税税率简便的未来发展趋势下，分税目设计不同比例的税率也不可行。

由于包括信托产品在内的资管产品的交易和架构具有高度复杂性，在对金融业营业税改征增值税的改革过程中，应该创造条件使企业税负和财政收入不受过大影响，同时还要考虑税收征收管理效率的要求。在过渡期间，笔者赞成56号文确定的计税方法，即对资管产品管理人（受托人）运营资管产品过程中发生的增值税应税行为，暂适用简易征收方式，按照3%的征收率课征增值税。由于委托人或者受益人在取得收益时还要缴纳增值税，因而考虑避免重复课税的因素，对于资管产品管理人的“贷款服务”和“金融商品转让”业务，

---

① 营业税改征增值税以前，我国建筑安装业、交通运输业、文化体育业等行业的营业税税率为3%。

可暂时采取不征税或者免税措施。

（四）应纳税额的确定方法

由于信托业务与产品的多样化和信托架构的复杂性，使如何确定信托业务的增值额成为对资管产品管理人（信托公司）课征增值税的难点问题。

增值税的征税原理是对各环节的增值额部分征税。相对而言，工业企业的增值额比较容易确定和征管，通过产成品的销项税额扣减原材料购进的进项税额，就能确定工业企业的增值额应纳税额。而金融保险业增值额的确定无论从理论上还是实践中都是难题。例如，贷款利息收入所对应的增值税进项税额如何确定和抵扣？金融业的收益大多源于对资本的投资回报，其资本回报的增值额又该如何确定？随着金融创新的不断发展，信托产品等各种金融衍生品也将不断推陈出新，对这些金融创新产品增值额的确定也将更加困难。

金融业的增值额难以确定，在很大程度上由于营业税改征增值税之后的进项税额抵扣困难。在一般情况下，金融业支出项目主要包括人力成本、场地费以及贷款利息等，在现行的增值税税制下，这些项目的进项税额很难甚至无法核算，这就使金融业可以抵扣的进项税额极少，导致营业税改征增值税之后金融业的流转税负担不减反增。

140 号文对资管产品课税的简洁规定，其实难以解决实际操作过程中的复杂问题，综合目前的征管条件和金融市场环境，按照 3% 的征收率课征增值税，其实也是权宜之计，逐渐取消金融业的流转税，建立以直接税为主体的资管产品课税体系，应是未来发展趋势。

（五）金融业的税收征管

金融业在现代经济中占有极其重要的地位，2016 年我国资产管理业务规模约为 60 万亿元，已接近 2015 年 GDP 总量。① 由于金融业具有专业性强的特征，在营业税改征增值税以后，增值税税控系统的软硬件设施配备需要满足金融业的专业化要求。税务部门的征管人员也要具备相应的专业知识，才能更好地从事对金融业的税收征管，正如环境保护税的征收需要环保部门的配合，对金融业课征增值税，也需要相关职能部门的协同，才能保证金融业营业税改征增值税的顺利过渡。

---

① 参见刘慧、许晟：《我国资管业务规模约为 60 万亿元》，载新华网，http://news.xinhuanet.com/2016-11/17/c_1119934986.htm。

1. 税收征管权的分配

由于增值税属于中央与地方共享税种，金融业营业税改征增值税后应由国税部门统一征管。国税部门由此应储备兼有税法和金融专业知识的复合型人才，以适应未来金融行业流转税的征管环境和征管要求，为全面推行营业税改征增值税提供专业技术支持。同时，在金融保险业改征增值税后，要合理确定地方的增值税分成比例，以减缓本已捉襟见肘的地方财政压力。

2. 增值税纳税义务发生时间

36 号文确定了增值税纳税义务发生时间是以合同约定的收款日期为准。同时，对于逾期利息，36 号文和 140 号文都规定：金融企业发放贷款后，自结息日起 90 日内发生的应收未收利息按现行规定缴纳增值税，自结息日起 90 日后发生的应收未收利息暂不缴纳增值税，待实际收到利息时按规定缴纳增值税。但实际上这个条款与信托财产独立性是冲突的，在征管实践中会遇到难以操作的问题。例如，某资管产品 Y 投资方向为信托贷款，到了合同约定的收款日期，贷款人没有如期向信托托管账户支付利息，那么根据 36 号文和 140 号文的规定，此时资管产品 Y 也需要缴纳增值税，由其管理人（受托人）履行纳税义务。但是，此时资管产品 Y 的托管账户上的资产，很可能由于全部投资出去而账户余额为零，那么资管产品管理人如何缴纳增值税，将面临理论与实务的双重困难。如果管理人履行纳税义务，因资管产品账户无余额，只好由管理人用自有财产先行垫付，这将违背信托财产独立性原则，使受托人财产与信托财产混同，无法满足信托的基本条件。反之，如果为了保持信托财产的独立特征，则无法履行利息的增值税纳税义务，两份文件关于纳税义务发生时间的规定将形同虚设。倘若征管部门要求资管产品管理人必须在信托计划托管账户中预留至少相当于 90 日利息的增值税税款，无疑将提升社会融资成本，与税收中性原则相悖。

因此，在贷款类业务中，增值税纳税义务发生时间的判定，应遵循收付实现制原则，不应按合同约定的收款日期来确定。

3. 增值税的纳税期限

资管产品以其管理人为纳税人，但是不同的资管产品管理人纳税申报期限是有区别的，例如，商业银行、信托公司等按季申报纳税，而基金公司和证券公司等又是按月缴纳税款的。在营业税改征增值税之后，如何确定增值税的纳税期限，其实也是需要作出规定的，否则纳税人将无所适从。所以，在设计纳税期限时，是保持不同的资管产品管理人仍按不同的期限纳税，还是全行业统一期限进行纳税申报,都应该在规则中予以明确。

4. 增值税发票的管理

这个问题是操作细则不能回避的问题,但也是在操作细则层面无法一一回答清楚的问题。第一,如果现在明确了资管产品以其管理人为增值税纳税人,那么管理人缴纳了增值税,能否向委托人开具发票?第二,管理人收取了资管产品的管理费并缴纳了增值税,那么管理人是否需要向资管产品开票给其抵扣进项税呢?因资管产品不是独立的纳税主体不具有独立的纳税人识别号,那么管理人能否给自己开具发票,备注产品进行抵扣?第三,如果有浮动管理费,在产品清盘环节,管理人缴纳了增值税,即使此时能开具发票也无法进行进项税抵扣。那么是否应该考虑为浮动管理费的增值税制定特殊的规则,以解决这种留抵问题?

由此可见,厘清资产管理业务的增值税问题本已具有难度,加之实践中不同资管产品之间的通道业务,又使增值税课税问题更加错综复杂,如何对不同类型的资产管理业务进行发票管理,还需要在未来增值税实践中逐渐探索有效的解决办法。

(六)税收优惠措施

税收是国家筹集财政收入的主要方式,同时也是调节经济的重要手段,其中税收优惠对经济的刺激作用十分明显,是国家鼓励行业发展的重要途径。那么在金融业营业税改征增值税之后,也应当充分发挥税收的这一调节作用,原有的税收优惠措施应当延续。此外,应当视具体情况规定新的税收优惠规则,例如,对于小型微利企业的贷款、助学贷款等业务,可以采取免税或者低税率优惠,体现税法对国家的产业政策和慈善事业的扶持。

第四节　信贷资产证券化的增值税规则审视与优化

信贷资产证券化具备信托的基本属性和特征,因此,对其课税也应符合信托税制的基本原则和要求。信托的灵活性使收益权可以成为资产证券化的基础资产,但是信托财产的独立性又要求基础资产应符合“真实销售”的条件。本文以信贷资产证券化作为研究对象,探讨资产证券化在营业税改征增值税过程中的课税问题,解析现行规则并尝试以实质课税作为分配资产证券化各交易主体增值税纳税义务的原则。

信贷资产证券化是以银行业金融机构作为发起机构,将信贷资产信托给受托机构，由受托机构以资产支持证券的形式向投资机构发行受益证券，以该财产所产生的现金支付资产支持证券收益的结构性融资活动。① 由该定义可推知，信贷资产证券化具备信托特征，契合信托结构，因而具有信托属性，对其进行课税也应符合信托税制的基本原则和基本要求。

随着资产证券化市场的不断发展，基础资产的类型日益丰富多样。以2021年为例，全年共发行资产证券化产品30,999.32亿元，同比增长8%；年末市场存量为59,280.95亿元，同比增长14%。其中，信贷资产支持证券发行8815.33亿元，同比增长10%，占发行总量的28%，年末存量26,067.53亿元，同比增长17%，占市场总量的44%；企业资产支持专项计划发行15,750.43亿元，同比增长1%，占发行总量的51%，年末存量为24,056.38亿元，同比增长6%，占市场总量的41%；非金融企业资产支持票据发行6454.36亿元，同比增长26%，占发行总量的21%，年末存量为9158.14亿元，同比增长31%，占市场总量的16%。②

企业资产证券化发展势头尤为迅猛，但信贷资产支持证券的发行规模仍占近半壁江山。因此，实现对信贷资产证券化的有效课税，不仅有助于推动其合规演进，也对其他资产支持证券的税制构建起到示范作用。

近年来，信贷资产证券化的税收规则陆续出台。如前所述，早期的课税依据主要是财政部、国家税务总局《关于信贷资产证券化有关税收政策问题的通知》（财税〔2006〕5号，部分失效），对信贷资产证券化的印花税、营业税和企业所得税相关政策进行了规定。2016年，财政部和国家税务总局先后联合发布了36号文和140号文，又于2017年6月30日发布了56号文，作为对140号文的进一步补充，不仅界定了资管产品和资管产品管理人的范围，更重要的是确定了资管产品的计税方法，并将资管产品的增值税征税起始日期延缓到从2018年1月1日开始。

此外，《信贷资产证券化试点管理办法》、《金融机构信贷资产证券化试点监督管理办法》、《信托业务会计核算办法》（已失效）、《信贷资产证券化试点会计处理规定》（已失效）等规范性文件，也对信贷资产证券化课税具有或多或少的影响。

① 该定义出自《金融机构信贷资产证券化试点监督管理办法》（中国银监会令2005年第3号）。

② 参见李波：《2021年资产证券化发展报告》，载《债券》2022年第2期。

虽然,对信贷资产证券化业务和各相关主体的课税,有相当多的规范性文件可资适用,但增值税的课征难题依然存在。而且,因资产证券化本身面临的立法和实践困境,也将在税款征纳过程之中凸显。

一、争议焦点:收益权能否资产证券化

资产证券化的核心环节就是实现基础资产财产权的移转,在我国,由于受到金融监管制度变化的影响,资产证券化多采取的是资产收益权转让的形式,委托人继续保留与借款人的借贷关系,并常常无法作出"真实销售",即不仅以收益权作为信托财产,而且收益权在财务上不出表,仍由发起人享有未来收益的获取权。由此,收益权不仅未作"销售",也很难认定为"视同销售"。关于收益权信托是否适格,当基础资产所有权与收益权均未作真实销售时是否符合资产证券化条件,一时成为学界争议的热点。甚至有学者担心,将"资产收益权"而非财产所有权本身设立信托,有悖信托制度的实质,使信托财产失去独立性,从而弱化其风险隔离功能。

那么,到底资产收益权能否成为信托合同的标的? 实际上,信托财产独立性的实现不仅取决于信托财产权属是否转移给受托人,更取决于信托法的具体规定及交易结构的设计。我国《信托法》在立法时,就将信托的概念界定为,委托人将其财产权"委托给"而非"转移给"受托人,这也为收益权信托的适用留下了广袤的空间。信托财产独立性是信托制度的灵魂,但是信托财产权属的转移并非实现信托财产独立性的唯一途径。在资产证券化实践中,当事人可以根据信托的目的及信托财产的性质,选择转移或者不转移信托财产的归属。立法和学理应该为信托的灵活性提供支持,而不是禁锢实践的发展,这也正是信托法强大的生命力所在。①

由此,在原中国银监会办公厅《关于规范银行业金融机构信贷资产收益权转让业务的通知》(银监办发〔2016〕82 号)中,也首肯了信贷资产收益权转让的效力,并认为该业务对进一步盘活信贷存量、加快资金周转发挥了积极作用。同时,还要求发起人(出让方)转让收益权后,应继续按信贷资产计提资本和贷款损失准备,这也表明了基础资产并未随收益权一并转移。

在确认了收益权的可信托属性之后,还需要进一步追问,是否所有以收益

---

① 参见楼建波:《信托财产的独立性与信托财产归属的关系——兼论中国〈信托法〉第 2 条的解释与应用》,载《广东社会科学》2012 年第 2 期。

权作为基础资产的交易活动，都属于资产证券化行为？

二、真实销售：信贷资产证券化的实质条件

在基础资产转移阶段，发起人其实有 3 种“转移”方法，即资产出表、不出表和部分出表。“出表”，是指发起人将基础资产进行真实出售；“不出表”，是指发起人将基础资产继续留在自己的资产负债表内，其实质是担保融资；“部分出表”则是混合了真实出售和担保融资两种属性。

根据《企业会计准则第 23 号——金融资产转移》、《信贷资产证券化试点会计处理规定》（已失效），当发起机构将信贷资产所有权上几乎所有的风险和报酬转移时，或者放弃了对该信贷资产控制的，发起机构对该信贷资产终止确认，即将信贷资产出表。

在原来营业税制度下，出表的业务按 5% 计征营业税。营业税改征增值税后税率提高了 1 个百分点，同时由于资产管理行业进项税额的抵扣制度并未明晰，影响了金融机构在资产证券化过程中将基础资产进行“真实销售”进而“出表”的意愿。而在不出表的处理模式下，基础资产将依然保留在发起人的资产负债表内，无法缓解发起人资本金的压力，如此一来，不仅降低了资产证券化业务对金融机构的吸引力，直接影响开展资产证券化业务的热忱，而且由于不能满足信托财产的独立性要求，仅依赖现金流的归集，也不利于对系统风险的隔离管控。

在基础资产“部分出表”的情形下，发起人通常保留一部分劣后级资产支持证券，是对资产证券化交易活动进行的融资担保。根据中国人民银行、原中国银监会《关于进一步规范信贷资产证券化发起机构风险自留行为的公告》（中国人民银行、中国银行业监督管理委员会公告〔2013〕21 号）的规定，发起机构需保留 5% 以上的基础资产信用风险。一般而言，保留信用风险通过发起人持有劣后级资产支持证券实现。这种作为融资担保的劣后级证券，当然不能确认销售收入，因此，在持有劣后证券进行融资担保的情况下，发起人的基础资产实际上完成了“部分出表”。那么，除属于融资担保的部分不能计入销售收入外，其他部分则可以认定为“真实销售”，应确认其销售额。

虽然原中国银监会办公厅《关于进一步加强信贷资产证券化业务管理工作的通知》（银监办发〔2008〕23 号）要求发起机构要落实证券化资产的“出表”要求，做到真实出售，降低银行信贷风险，但实务中，有的发起机构并未真正转移信贷资产的所有权与风险，相关资产在形式上也并未从发起机构的资产负债表中转出，即资产“不出表”。其实质是发起机构以信贷资产为质押进行的

融资，一旦作为信贷资产的贷款无法收回，或是信托财产不足以支付信托本金与收益时，发起机构需最终承担支付信托本金及收益的责任，这无疑与信托的属性与隔离风险的功能相悖。

其实，信贷基础资产在证券化的过程中"出表"或者"部分出表"，有利于确认其"真实销售"，进而成为真正意义的"信托"，实现"破产隔离"功能，防范因资产证券化而产生的系统性风险。然而，目前的营业税改征增值税方案并未对发起人进行基础资产的"出表"提供支持。综观我国截至 2016 年年底信贷资产支持证券的基础资产结构，仅 48% 是银行对企业的贷款，绝大部分的份额已经由汽车贷款、铁路专项贷款、个人住房抵押贷款、信用卡贷款以及不良贷款等分占。这些基础资产在进行证券化的过程中很难确认"买入价"，充其量只在银行账面上有"账面价值"。如果出表，按 36 号文的规定，金融商品转让应"按照卖出价扣除买入价后的余额为销售额"，适用 6% 的增值税税率。然而，发起人如何确定"买入价"成为难题，"账面价值"无论如何不能与"买入价"等同。更难解决的问题是，将不良贷款资产证券化的流程中，在基础资产转移时，可能会对其进行打折处理，很容易出现不良贷款的"卖出价"低于"买入价"的状况。

在基础资产"不出表"，即发起人保留未来收益权的情况下，由于无法做到资产独立，只能依赖严格监管以期降低风险。而信托则显著不同，因信托财产独立而天然具有隔离风险的功能，"财产独立性"恰是信托制度保持经久不衰魅力的根源。而今未能做真实销售的收益权信托，其实质是以未来租金和利息等进行质押担保的融资手段。因此，当发起人的基础资产全部未做真实销售而整体不出表时，无论在信托制度还是税收制度下，都不应确认其为"信贷资产证券化"，而应以"融资担保"定性。那么，在基础资产完成真实销售和因购买劣后级证券而保留部分财产权益时，才是合法有效的信贷资产证券化。从目前的规则和实践来看，对基础资产能否实现风险隔离功能，并无强制要求，正如不少名为"慈善信托"的计划，实际上并不具有绝对的慈善目的，却不仅未受到监管部门的取缔或者惩罚，反而获得支持和推广一样，国家对资产证券化的态度也是支持和鼓励的，虽出台了形式严厉的监管规则，但其实是对欠缺实质要件的资产证券化模式的默许和包容。

三、实质课税：资产证券化各交易主体纳税义务分配指引

由于实质课税原则彰显了税法的价值目标，体现了对税收公平、正义的追求，与税收法定原则在本质上协调互补。在信托流转税制度设计的过程中，实

质课税原则也当仁不让地成为判断交易行为实质的准则。所以,"实质课税"将是克服信托业营业税改征增值税过程中难题的"解码",是设计包括资产证券化增值税规则在内的整个信托税收制度的指导性原则。

特殊目的机构(SPV)的全部功能就是作为基础资产的载体,其除回收资产池中信贷资产的利息与本金,并依约偿付投资人外,并没有其他经营活动。实际上,在发起人基础资产不出表的情况下,特殊目的机构的功能仅剩下融资和偿债,并未形成资产池,因此,不宜将其认定为发起人的资产证券化活动,将其归为"融资担保"更加名正言顺。这样不仅容易分配各方主体的纳税义务,也更有利于解决一直争论不休的发票开具和抵扣问题。下文依据实质课税原则解析资产证券化各交易主体的增值税纳税义务,而各交易主体在资产证券化业务中的地位和职能可以从交易结构图中得到直观阐释(见图 4-1)。

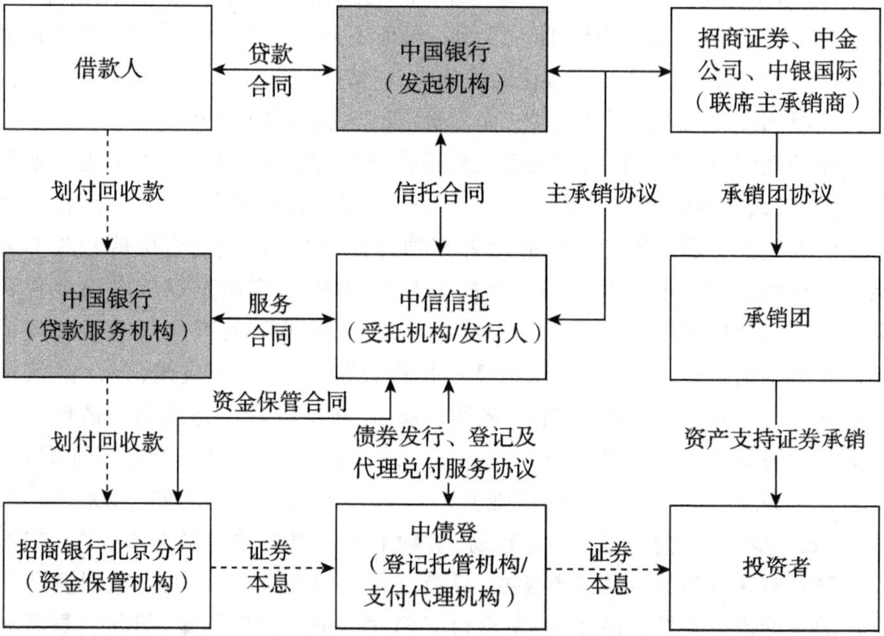

图 4-1　中国银行 2015 年第一期信贷资产证券化信托资产支持证券交易结构

资料来源:《中银 2015 年第一期信贷资产证券化信托资产支持证券发行说明书》,载中国债券信息网 2015 年 6 月 12 日,http://www. chinabond. com. cn/resource/1472/1488/1505/18682/21000/18612/21420/313707/313847/21000052/1434079533103758391663. pdf? n = 中银 2015 年第一期信贷资产证券化信托资产支持证券 + 发行说明。

(一)发起人

在信贷资产证券化业务中,发起人首先要将信贷资产信托给受托人,完成基础资产的真实销售(形式移转),此时信托合同的标的为应收账款等信贷资产,取得对价的行为属于36号文附件1所列举的金融商品转让,需按照金融商品转让缴纳增值税。

发起人在信贷资产未真实出售的情况下,发起机构实质上是进行了一笔融资借款业务,因此,依据实质课税原则,对仍由发起人实际控制的包括收益权在内的信贷资产,不确认资产转让所得与损失,也不涉及增值税。由于发起人保留资产的未来孳息收益权,那么需要根据发起人获得收益的属性,判断是否应该缴纳增值税,以及按照何种税目纳税。例如,当资产收益来自银行收取的贷款利息时,则由银行按照"贷款服务"税目纳税;若为不动产租赁,则对租金收入按照9%税率课税,有形动产租赁收入则需承担13%税负;等等。

如果发起人持有基础资产的劣后级证券,实质上也是为融资进行担保的行为,在这种情况下,应该以全部基础资产的销售价格减除劣后级证券购买价格后的差额,作为金融商品转让的销售额,缴纳增值税。

厘清资产证券化的实质条件,并以实质课税原则分析发起人在不同情况下的税收负担,不仅可以分配交易各方的纳税义务,也有助于确认增值税发票的开具主体。由于发起人仍保留基础资产及其收益权,那么,由借款人支付的利息等收益当然由发起人开具发票;在资产真实销售的情况下,自然应由实际收取收益的受托人开票,这样一来,收益权的行使与开票主体不一致的困境也就不复存在。

(二)受托机构

根据140号文的规定,资管产品运营过程中发生的增值税应税行为,以资管产品管理人为增值税纳税人。根据该项规定,对于特定目的信托在运营中取得的保本收益,受托机构作为纳税义务人,应该按照"贷款服务"缴纳增值税。①

此外,受托机构作为资管产品管理人就特定目的信托的设立、资产支持证券发行等收取的管理费、服务费、手续费等收入,按照"直接收费金融服务"缴纳增值税。

---

① 140号文明确规定了"保本收益、报酬、资金占用费、补偿金",是指合同中明确承诺到期本金可全部收回的投资收益。金融商品持有期间(含到期)取得的非保本的上述收益,不属于利息或利息性质的收入,不征收增值税。并且规定了纳税人购入基金、信托、理财产品等各类资产管理产品持有至到期,不属于36号文所称的金融商品转让。

（三）各类服务机构

在信贷资产证券化的过程中，贷款服务机构取得的服务费收入、资金保管机构取得的报酬、证券登记托管机构取得的托管费、其他为证券化交易提供服务的机构取得的服务费收入等，均应根据36号文及其附件的规定，依“直接收费金融服务”缴纳增值税。

（四）投资者

在真实出售业务模式下，因发起机构已将其持有的贷款“出表”，因此对于后续产生的贷款利息收入，发起机构不再承担增值税纳税义务。投资者购买资产支持证券，如果取得保本收益，则需要按“贷款服务”计算缴纳增值税；如果取得非保本收益，则不需要缴纳增值税。

对于投资者在资产管理计划存续期间转让资产支持证券的，属于金融商品转让，投资者若为机构投资者，需按“金融商品转让”计算缴纳增值税，并就转让所得缴纳企业所得税；若发生损失，按《企业资产损失所得税税前扣除管理办法》（国家税务总局公告2011年第25号）规定，采取清单申报后允许税前扣除。依据36号文附件3的规定，投资者若为个人，可免征增值税，但对转让所得需缴纳个人所得税。

对单位投资者买卖信贷资产支持证券取得的差价收入，征收增值税；对个人投资者买卖信贷资产支持证券取得的差价收入，免征增值税。对单位和个人投资者持有信贷资产支持证券取得的分红，如果合同明确承诺到期还本则属保本利息收入，应征收增值税（见表4－1）。

表4－1　信贷资产证券化各主体增值税税负情况

资产证券化各阶段	信贷资产证券化各主体	增值税税负
基础资产转移阶段	发起人	1. 基础资产真实销售：按照金融商品转让缴纳增值税。 2. 信贷资产未真实销售，因没有发生转让，无须缴纳增值税。发起人对未来孳息的收益，需要根据收益的属性来判断课税。当资产收益来自银行收取的贷款利息时，则由银行按照“贷款服务”税目纳税；若为不动产租赁，则对租金收入按照9%税率课税，有形动产租赁收入则需承担13%税负，等等。 3. 如果发起人持有基础资产的劣后级证券，应该以全部基础资产的销售价格减除劣后级证券购买价格后的差额，作为金融商品转让的销售额，缴纳增值税

续表

资产证券化各阶段	信贷资产证券化各主体	增值税税负
资产管理阶段	受托机构	1. 从信托计划中获得的贷款利息，按"贷款服务"缴纳增值税。 2. 从信托计划取得的信托报酬，按"直接收费金融服务"缴纳增值税
	贷款服务机构	取得的报酬，按"直接收费金融服务"缴纳增值税
	资金保管机构	取得的报酬，按"直接收费金融服务"缴纳增值税
	证券登记托管机构	取得的报酬，按"直接收费金融服务"缴纳增值税
	其他为证券化交易提供服务的机构	取得的报酬，按"直接收费金融服务"缴纳增值税
	单位投资者	买卖信贷资产支持证券取得的差价收入缴纳增值税
	个人投资者	买卖信贷资产支持证券取得的差价收入免征增值税

四、税负从轻：防范信贷资产证券化增值税重复课征

灵活、精巧且前卫的资产证券化架构和设计，给税法规制尤其是增值税课征带来了难题。复杂的信贷资产证券化结构其实可以分解为 3 次简单交易：一是金融机构获得贷款利息；二是金融机构向特殊目的载体支付利息；三是特殊目的载体向投资者支付利息。3 次交易收入均为贷款服务收入。由于目前贷款服务收入不得抵扣增值税进项税额，无疑增加了资产证券化各交易主体重复征税的可能性。因此，建议允许受托人从特殊目的载体取得的收入中，扣除向投资者支付的利息部分，作为销售额征收增值税，或者适当减少纳税环节，避免重复征税。

第一，重新审视基础资产转让行为的可税性。在发起人转让信贷资产环节，当然不能将资产转让划归为"贷款服务"。此外，由于应收账款等信贷资产并不属于可以在二级市场流通的金融产品，将其确认为"金融商品转让"也实属牵强。由此，不应将基础资产转让收入认定为"金融服务收入"，而将其定位

在其他增值税税目之中就更不合理。如此一来，发起人转让基础资产的行为就被排除在增值税征税范围之外。因此，秉持“法无明文规定不课税”的税收正义，该环节即使完成了全部真实销售，也仅应就其与原始资产的差价收入课征所得税，发起机构无须履行增值税纳税义务。

第二，纳税环节宜删繁就简。证券化交易过程只是使获取收入的权利发生了从金融机构到特殊目的载体、从存款人到投资人的移转，依税收中性原则，不应因此致使税负增加和成本提高。虽然140号文确定了，在资产管理环节由资管产品管理人承担增值税，但实际上，如前所述，在信贷资产证券化过程中，发起机构、受托机构和投资机构均需承担增值税纳税义务。尤其在56号文确定了受托人资管产品运营业务适用3%的简易计税方法后，以利息收入为例，利息的增值税税款将无从抵扣进项税额，若在不同阶段由不同纳税主体负担利息收入的增值税，多重征税将在所难免。综合考虑实质课税原则、税收中性原则，以及营业税改征增值税后全行业税负只减不增的目标要求，在信贷资产证券化业务的各阶段，就基础资产利息收入及其后投资人持有资产支持证券所获得的利息课征增值税时，可以采用一次课征制度，选择在受托人缴纳增值税以后，就同一笔利息产生的收入，不再由投资人等其他主体承担增值税纳税义务。

第五章　其他涉信托税收法律制度的完善与展望

除所得税和增值税外，其他涉信托的税种还有印花税、契税、土地增值税和房产税，未来可能还要涉及遗产税。

第一节　其他涉信托税收法律制度的完善

一、印花税

印花税是信托各交易阶段都会涉及的问题，由于《信托法》中规定信托的设立必须采取书面形式，设立信托的文件包括各种合同、遗嘱等法律文书，按照《印花税法》规定委托人和受托人双方都应缴纳印花税。此外，我国信托机构受托运用资金进行证券交易，按规定还应该缴纳证券交易的印花税。依实质课税原则，对信托业务课征印花税时，应该因信托各阶段的不同而有所区别：在信托设立阶段，委托人与受托人签订信托合同，将信托财产交付给受托人，此时应当由委托人与受托人分别就设立的信托合同缴纳印花税，遵循税收效率原则，出于便于征管的考虑，可规定由受托人代扣代缴委托人应该缴纳的印花税。在信托存续阶段，受托人经营管理财产，如买卖股票等发生印花税纳税义务的，应当缴纳印花税。在信托终止阶段，为避免重复课税，信托各主体无须再缴纳印花税。

二、土地增值税

土地增值税是对有偿转让房地产的纳税人课征的税种。在信托设立环节,如果信托财产是土地增值税的征收范围,由于委托人向受托人的转移只是形式上的移转,受托人对信托财产并非真实所有,而是只有名义所有权,因此该阶段应免征土地增值税。在信托存续期间,如果受托人将信托财产以出售方式进行处置并取得对价,则属于真实的转让行为,应该由受托人缴纳土地增值税。在信托终止时,如果受益人在财产分配时取得该财产权利,无论属于自益信托还是他益信托,要么属于财产,要么属于财产赠与,不属于有偿转让,因此也无须缴纳土地增值税。

三、房产税

房产税以房产为征税对象,以其余值或者租金为计税依据,因此在信托各阶段,仅存续阶段才会对存量房产课征房产税。由于房产税的缴纳与财产所有权无关,是以实际使用者为纳税主体,因而在以房屋为信托财产的信托关系存续期间,由于受托人对信托财产负有管理义务,房产处于受托人的控制支配之下,而且房产税又是管理财产的必要支出。因此,应规定在以房屋为信托财产的信托关系存续期间,以受托人为房产税的纳税人。

四、契税

契税是在移转土地、房屋权属时,向不动产的受让方征收的一种税。根据《契税法》的规定,国有土地使用权出让、土地使用权转让(含买卖、赠与、交换)、房屋买卖、房屋赠与以及房屋置换等行为,均需缴纳契税。因此,其征税对象为所有权发生转移的不动产,纳税主体则是产权承受人。

在信托设立阶段,如果以土地或者房屋作为信托财产,委托人将财产信托与受托人时,受托人虽取得不动产的名义所有权,但并非真实的所有人,依形式移转不课税原则,受托人无须承担契税的纳税义务。

在信托存续阶段,如果受托人依信托合同将不动产售与他人,那么,由于受让方取得了不动产的真实所有权,应履行缴纳契税的义务,而包括委托人、受托人和受益人在内的信托各主体均无须负担契税。

如果在信托存续期间,不动产一直由受托人保管,直至信托终止时才根据信托合同约定将不动产转交给受益人,那么其实质是受益人以受赠人身份接受赠与，应由受益人缴纳契税。倘若信托为自益属性，当信托终止时，不动产的所有权向委托人恢复，其实质是所有权人并未发生改变，因此，仍不需要向其课征契税。

第二节 审慎地宽容：展望未来信托遗产税法律制度

综观近年学术界和实务界关于遗产税的论著与立法实践，可以得出的结论是：遗产税的开征在中国已经具备了财产基础、观念基础和立法基础。据胡润研究院统计，中国拥有人民币 600 万元家庭净资产的“富裕家庭”数量达到 508 万户，拥有千万元人民币家庭净资产的“高净值家庭”数量达到 206 万户，拥有亿元人民币家庭净资产的“超高净值家庭”数量达到 13 万户。[①] 瑞信研究院（Credit Suisse Research Institute）2022 年 9 月发布的《2022 全球财富报告》显示，2021 年，中国共有 620 万人百万富豪（以美元计），数量较 2020 年增加了 100 万人以上，百万富豪人数位居全球第二，约占全球百万富豪总数的 10%。到 2026 年，中国的百万富豪数量预计将翻一番，总数将达到 1220 万人。[②] 以上数据说明开征遗产税具备相应的财产基础。此外，学术界和实务界近年来对开征遗产税的探讨空前热烈，纳税人对遗产税已不再陌生，这使遗产税的开征有了相应的观念基础。[③] 加之 2004 年和 2010 年两次制定了《遗产税暂行条例（草案）》，在 2013 年，关于遗产税的开征问题，更是写进了国家有关部门关于收入分配制度改革的指导文件，使开征遗产税同样具备了相应的立法基础。[④] 可以预见，在不久的将来，我国也将颁行遗产税法，实施遗产税制。

然而，开征遗产税必然会引发纳税人想方设法避免或减少税负。信托具有避税的功能，信托制度在产生之时就具有规避税负的天然属性。毋庸置疑，在开征遗产税后，将会大量存在纳税人通过设立信托避税的行为。经过税权与纳税人权利的博弈，无论对信托避税行为采取何种态度，都将会对信托制度

① 资料来源：《2022 中国高净值人群家族传承报告》，载胡润百富网 2022 年 12 月 15 日，https://www.hurun.net/zh-CN/Info/Detail? num=6I8OLGBOG5N8。

② 参见瑞士信贷：《2022 全球财富报告》，载界面新闻网 2022 年 9 月，https://www.fxbaogao.com/pdf? id=3390866。

③ 参见徐卫：《规避遗产税的信托行为：否定抑或宽容——写在未来遗产税开征之前》，载《上海财经大学学报》2013 年第 2 期。

④ 参见贾康：《遗产税的价值取向与其改革设计导向》，载《税务研究》2014 年第 4 期。

与遗产税制度产生巨大的影响。笔者认为,对于信托规避遗产税,不应全盘简单否定,立法时应对其采取审慎的宽容态度。①

一、信托规避遗产税的原因分析

信托制度在产生之时就具有规避税负的天然属性。信托制度凭借其精巧的法律架构和独特的风险隔离与权利义务重构功能,使信托产品始终以设计巧妙、操作灵活而著称,信托的发展历程也堪称一部金融创新史。信托最初除被用于规避封建法律对财产转移的限制外,另一目的就是规避当时法律对财产所加的各种税捐负担。从信托的现代发展来看,当代信托的主要用途之一,就是尽量减少所得税、资本利得税和遗产税的征收,而在人们已经设计好的各种“避税方案”中,也都以不同的方式涉及信托。可以说,减少、排除当事人或其家庭的纳税负担成了人们创设信托的首要动机和目的。

由于信托具有广袤的弹性空间和实务设计上高度的灵活性,使其数百年来始终领先于时代和法制的前沿,在社会生活中被广泛地应用。信托避税正是信托通过本身固有的灵活机制突破了传统税法对其的限制和规范。信托既被用于豪门巨室累积家产世代相传,又被用于降低高额的遗产税,从而构成对现存社会制度的挑战。

税法漏洞的存在,也是信托规避遗产税的根源所在。尽管有许多私法交易形式与税法形式理性之间存在冲突,但仅就信托及其发展而言,尤其是现代信托,在更大程度上通过灵活的机制,在遵守税收规则的前提下实现财产处分的自由。而信托赋予人们的选择空间之广,信托样态之丰富,都远远超出了税法条文规定的可能文义所包含的范围。立法者对于这种状况唯有千方百计地通过立法予以弥补,这种立法与司法间的互动、纳税人与政府间的抗争和博弈,贯穿了信托从古至今的发展过程。诚如著名经济学家斯蒂格利茨所言,税法正是在政府和纳税人之间这种不间断的较量中演进,每当一种减少税负的新方法被发现时,税法就会作出相应的修正以弥补其中的漏洞,另一个漏洞被发现时相应地又有另一次修正。②

此外,经济利益的驱动也是信托避税的原因之一。当今世界,各国沉重的

---

① 参见郝琳琳:《信托规避遗产税的立法应对》,载《税务经济研究》2014 年第 2 期。

② 参见[美]斯蒂格利茨:《经济学》(上册),姚开建等译,中国人民大学出版社 1997 年版,第 521 页。

税收负担,使纳税人急欲寻找有效的方式来摆脱税赋的桎梏。与其他避税方式不同的是,信托避税主要针对的是高额的所得税和遗产税。目前许多国家对所得税和遗产税设计了相当高的税率,按照有的国家的税法规定,这两种税收的应纳税额甚至占到净收益的一半,而信托在分散和转移所得上的突出功效,使其成为当前规避所得税和遗产税的有效手段。

信托的设立方式、信托财产和信托收益都呈现出多样性的特点,各类信托无论在功能上还是结构上,都具有显著的差别,信托由最初创设于英国的家庭财产委托,而后发展出各种各样的信托类型,不仅在私法领域长袖善舞,在公法领域也发挥越来越重要的作用。信托避税正是信托通过本身固有的灵活机制突破了传统税法对其的限制和规范,给税务机关的税款稽征增加了难度。信托当事人通过信托合同对信托财产重新分配利益,调整受益权的结构,改变纳税主体、纳税人数、纳税地点、纳税义务发生时间等要素,达到规避遗产税的目标。

二、保护财产与实质课税的冲突与协调

由于税法整体上是以人民的公平负担为基础,以确保一定税收为目的,所以在执行税法时出于税收公平的考虑,应当禁止税收规避行为。当今社会大量避税行为的存在,使灵活运用税法原则的要求变得突出,税法也无法完全解释和规制社会生活中复杂多样的经济行为,只有基于全面的解释和采用多种解释方法,才能确保对税源的准确把握,从而公平、合理地课税,而实质课税原则当仁不让地成为防止税收规避的有效手段。如前所述,实质课税原则的运用,正是从实质意义上探求纳税人的真正意图,从而保障和维护了税收的公平课征。

用设立信托的方式规避遗产税的代表性案例,当属1998～2000年在我国香港特别行政区发生的一宗规避遗产税的案例——"庞某文信托避税案"(Shiu Wing Limited & ORS V. Commissioner of Estate of Duty),该案以纳税人胜诉而结案,该判决被称为香港特别行政区"地标性"判决。

庞某文是位成功的商人,在20世纪80年代末,他通过一家控股公司经营着香港最大的钢铁公司。由于当时这家公司在经营上存在一些不确定性,高管层将公司迁往加拿大。庞某文因此决意采取一些措施为家庭和子女财产进行避税。

庞某文当时的财产包括多家香港公司的股票,其中主要是通过一家控股

公司直接持有香港最大钢铁公司(Shiu Wing Steel Ltd.)的股票,并拥有两处不动产(Hillview property、YTIL property)。于是庞某文通过一系列复杂交易将其巨额财产转入海外的信托计划。1989 年 12 月,庞某文在马恩岛(Isle of Man)设立了 5 个单位信托,受托人为同月在马恩岛设立的 SWL 公司。SWL 公司的董事为庞某文的夫人和 7 个子女,而 SWL 公司股东是另外两家马恩岛公司——SKL 公司和 FL 公司,这两家公司的董事同样为庞某文的夫人和子女。同时,庞某文又在马恩岛设立了多个自由裁量信托,受益人为其子女,受托人为 SKL 公司和 FL 公司。1990 年 1 月 25 日,根据计划共有如下操作完成:首先由庞某文夫人向澳门渣打银行贷款 1.39 亿美元,她随即将该笔贷款借给 SWL 公司。其次,庞某文将其持有的股份出售给 SWL 公司,SWL 公司则运用部分贷款支付股份收购款项。然后庞某文又将股份出售款项借给作为自由裁量信托受托人的 SKL 公司和 FL 公司,这一贷款要求即付、无利息、无担保并对庞某文个人偿还。

在完成上述步骤后,SKL 公司和 FL 公司凭借该笔贷款向 SWL 公司持有的单位信托申购信托单位,由此享有信托收益。SWL 公司又用该笔款项偿还向庞某文夫人的借款。而庞某文夫人则向澳门渣打银行偿还贷款。同日,庞某文在遗嘱中免除了 SKL 公司和 FL 公司的约定债务。在实施了这一整套复杂步骤后,交易终于完成,庞某文的巨额财产全部转移进多个复杂的信托计划中。而后庞某文于 1993 年 1 月 23 日故去。根据当时香港《遗产税条例》①规定,生前赠与的国外财产不属于遗产税课征范围,庞某文向其子女赠与的财产属于国外财产,因此,庞某文的家人认为不应缴纳遗产税。

我国香港特别行政区遗产税署则认为,上述交易过程是纯粹出于避税目的而预先设计的中间交易,这些交易的实质是捐赠香港特别行政区的财产,这是因为,庞某文的这些交易是“循环和自我撤销的”。首先该交易的融资安排是极端的人为产物,缺乏商业的真实性;其次马恩岛的信托处于家庭的严密控制之下。因此,庞某文在 1990 年 1 月 25 日进行的信托转让行为的实质是,将其财产直接地赠与其配偶及子女。根据香港《遗产税条例》规定,死亡前 3 年内的生前赠与行为应当缴纳遗产税,而庞某文殁于 1993 年 1 月 23 日,距离 1990 年 1 月 25 日不足 3 年(相差 2 天),因此庞某文子女应当缴纳遗产税。

庞某文的子女就此向我国香港特别行政区高等法院提起诉讼,认为香港

① 1932 年 2 月 26 日颁布,2006 年 2 月 11 日正式取消。

特别行政区遗产税署的裁定不合法。该案经过高等法院中的原讼法庭一审，上诉法庭二审，终审法院三审，法官的结论是庞某文建立信托的目的并非纯粹出于避税的目的，而是出于规避经营风险和保护财产的考虑，最后判决原告——庞某文的继承人胜诉。①

实际上，近年来，从各国和地区遗产税的发展趋势来看，遗产税改革不断推进，有些国家甚至掀起了“废遗风潮”。这是由于，首先，遗产税在各国政府收入中的比重逐年下降，筹集财政收入的作用已经非常有限。以美国为例，2001～2004年，美国联邦政府征收的遗产税和赠与税共计1017亿美元，仅占同期联邦政府财政收入的1.35%。② 其次，遗产税的复杂性对税收征管要求高，纳税程序烦琐，操作难度很大。自1972年加拿大率先取消遗产税以来，澳大利亚、新西兰、意大利等其他发达国家也先后取消了遗产税，美国也曾经在2010年停征遗产税。③ 近年来，美、日、英等国纷纷对遗产税进行改革，提高起征点，降低边际税率，直至讨论取消遗产税。因此审慎而宽容地对待遗产税的纳税人，已为许多国家和地区普遍接受。

三、信托遗产税的立法展望

实质课税原则的运用，正是从实质意义上探求纳税人的真正意图，从而保障和维护税收的公平课征。在实质课税原则下，只有在经济上具备支付能力，才具有纳税能力，只有发生了经济行为，才会产生纳税义务。信托行为作为一种经济行为，其必然产生一定的经济效果，从而导致纳税义务的承担。而信托避税是纳税人利用税法的漏洞，扩张信托的处分自由，借以达到减免税负的目标。④ 如前所述，信托避税虽然形式上合法却有实际危害。但是，由于设置信托是利用税法漏洞所安排的脱法行为，与违法逃税有本质的区分，因此，在没有法律明确规定的条件下，不适宜对信托避税行为进行直接否认。

实际上，在信托制度较发达的国家和地区，并没有对规避遗产税的信托持否定态度，例如，英国1958年《信托变更法》第1条规定，当变更信托以降低税收负担时，遗产税规则对于遗嘱人死亡之日起两年内的这种做法，明确予以谅

① 参见蔡臻欣：《钢铁大亨庞鼎文遗嘱信托曲线留财》，载新浪财经，http://finance.sina.com.cn/money/lcdh/20051212/03232189556.shtml。

② 参见石坚、韩霖：《国外遗产税制和赠与税制的比较分析》，载《税务研究》2005年第5期。

③ 参见张永忠：《西方国家遗产税缘何废而不除》，载《现代经济探讨》2012年第2期。

④ 参见葛克昌：《租税规避之研究》，台湾大学法律学研究所1978年学位论文，第64页。

解。甚至在遗产税规避计划出现错误的情况下，当事人还可以申请撤销信托。例如有一则案例：原告为其儿子和孙子设立了一份信托，信托财产是家庭企业中的股份。一位伦敦律师事务所的著名律师建议原告，将这些股份转移给泽西设立的一份信托，这样可以免除英国的遗产税。但该律师的建议其实是错误的。原告后来收到了将近200万美元的税单，已定居在美国的受益人被告知信托中的收益100%要征收收入税。对此，原告要求撤销他对信托转移的股份，理由是他对税法产生了误解。法院允许了原告取回他的信托资金的请求。①

信托因其精巧的法律架构逐渐发展为有效的理财机制，并使其在税收安排方面具有独特的价值和适用空间。委托人设立信托尽管存在多种目的，但税收目标大多是其中最重要的一个方面。如果有证据表明委托人设立信托存在相应的税收目标，应当予以尊重，否则，委托人设立信托的积极性就会受到抑制，民事信托的发展就难以实现。正是基于这方面的考虑，有的立法还积极推动和促进税收目标的实现。例如，美国《统一信托法》第46条规定："为实现委托人的税收目标，法院可以以不违反委托人可能意图的方式对信托条款进行修改。法院还可以规定这种修改具有溯及既往的效力。"

目前，我国民事信托还没有真正发展起来，在构建信托制度时，维护这一制度的魅力并促进其在民事领域的发展，是值得考虑的一个重要方面。就此而言，信托规避遗产税的行为是不宜否认其效力的，否则，信托在民事信托领域的适用就会大打折扣，民事信托的发展就难以实现。

① 参见徐卫：《规避遗产税的信托行为：否定抑或宽容——写在未来遗产税开征之前》，载《上海财经大学学报》2013年第2期。

第六章　信托避税与反避税的冲突与协调

第一节　信托避税之原因与方法考量

一、信托避税原因分析

信托是英美法系下特有的财产管理制度，与大陆法系国家的财产制度存在显著的差异。对于继受了大陆法系传统的我国而言，引入信托制度，必然面临如何调整现有的财产法律制度，以适应信托运行的问题。税收制度作为一种重要的财产法律制度，与信托的发展联系紧密，因此，信托税法的完善成为财产法律制度调整的重要内容。双重征税是我国信托税收制度中存在的重要问题。从信托各环节来看，信托设立时就信托财产形式移转所产生的纳税义务，与信托终止时信托财产实质移转所产生的纳税义务相重复，造成对同一税源两次征收流转税；信托存续期间信托收益产生时的所得税纳税义务，与信托收益分配或信托终止时，受益人接受受托人转移该收益而产生的所得税纳税义务相重复，导致对同一所得两次课征所得税。如前所述，现行税制未触及信托中所有权的二元化问题，重复征税也就成为必然。对信托中的双重征税现象，各国普遍采取了否定态度，因此，应将“实质课税”作为我国信托所得税分配均衡的评判标准，确定形式移转不征税，由实际受益人负税。

信托制度在产生之时就具有规避税负的天然属性。信托制度凭借其精巧的法律架构和独特的风险隔离与权利义务重构功能,使信托产品始终以设计巧妙、操作灵活而著称,信托的发展历程也堪称一部金融创新史。信托最初除被用于规避封建法律对财产转移的限制外,另一目的就是规避当时法律对财产所加的各种税捐负担。从信托的现代发展来看,当代信托的主要用途之一就是尽量减少所得税、资本利得税和遗产税的征收,而在人们已经设计好的各种"避税方案"中,也都以不同的方式涉及信托。可以说,减少、排除当事人或其家庭的纳税负担,成了人们创设信托的首要动机和目的。

任何事物的出现都有其主观原因和客观条件,信托避税也不例外。从信托的起源及发展我们可以看出信托避税产生的必然,如果从更深层次的法理上剖析,则会发现信托避税的产生也有其一定的主、客观原因。

(一)信托的灵活机制

信托因为具有广袤的弹性空间和实务设计上高度的灵活性,使其数百年来始终领先于时代和法制的前沿,在社会生活中被广泛地应用。例如,信托既被用于豪门巨室累积家产世代相传,又被用于中小资产者理财储蓄;既被用于降低高额的所得税和遗产税从而构成对现存社会制度的挑战,又被用于配合国家福利政策推行社会福利计划从而有助于社会的安全和稳定。信托避税正是信托通过本身固有的这种灵活机制,突破了传统税法对其的限制和规范。具体而言,信托的灵活性在税法规范上可以表现为以下几个方面:

1. 隐蔽性

信托财产一经转移给受托人,受托人即承受了财产名义上的所有权,委托人和受益人则相对处于一种较隐蔽的状态,受到很好的保护。比如,信托作为遗嘱的一种替代形式,不仅能够满足遗嘱的各种要求,而且能够回避遗嘱的检查程序和公共记录要求。而在海外信托中,委托人对信托转移财产的事实和文件,都享有高度的保密性,非经当事人同意一律不对外公开,甚至包括对财税机关。这种高度的隐蔽性再加上复杂的信托结构,都给税务机关的税收稽征增加了难度。

2. 多样化

信托的多样化,是指各类信托无论在功能上还是结构上都具有显著的差别。一方面,信托由最初创设于英国的家庭财产委托,而后发展出各种各样的信托类型,不仅在私法领域长袖善舞,在公法领域也发挥越来越重要的作用;另一方面,信托设立方式、信托财产和信托收益都呈现多样化的样态。无论是依生前行为还是依死后遗嘱，无论是依信托合同还是由法院推定或拟制，信托都可以设立；而无论是动产还是不动产，物权还是债权，有形物还是无形物，都可以作为信托财产交付，信托的弹性空间可见一斑。

3. 用益性

信托现在虽然已经成为一种广为承认的法律制度，但在最开始的时候，信托起源于尤斯制度的用益设计。当事人借这种设计转移土地财产，以规避封建法律对土地使用权转让的限制，以及征收的高额税负。尤斯制度，不仅成为现代信托制度的历史渊源，更奠定了现代信托的观念基础。现代信托虽然历经数百年的发展已经有了很大的改变，但这种游走于法律边缘，企图挣脱法律负担和束缚的用益特性，却一直存在于信托的基本概念和构架之中，并在现代社会中不断得到发展。

（二）税法漏洞的存在

税法漏洞的存在，是所有避税现象产生的根源所在。所谓税法漏洞，是指立法者想借法律达到特定的目的，但由于达成此目的的法律及其规范有所欠缺，或由于课税要件不完备，而使其意图不能成功。由此可知，税法漏洞存在于税法条文规定的可能文义范围以外。如果某个问题可以通过对法律条文的解释得到解决，这并不是法律漏洞，只有超出法律条文的可能文义范围以外，却仍为立法者所希望把握和规范，才会构成法律漏洞。

税法虽为公法，但其调整的税收法律关系却与私法有着千丝万缕的联系，征税对象所得的收入，大都源自私法上的交易行为。私法大多为任意法，其规定的交易形式对于当事人来说只是一种参考，不具有强制性，这是因为私法主要涉及相对人之间的利益。税法则不然，由于立法的滞后性与调整的局限性，立法者不可能预见所有可能的交易形式，所以当纳税人凭借私法上的自由形成权，创造出一种与课税要件不相符合的交易形式时，税法和私法的矛盾就暴露出来。税法漏洞因此而产生，这种漏洞即表现为税法的立法意图难以为条文的可能文义所包容。税法希望以形式上的正义，保证纳税人的权利不受公权力滥用的侵害，实质上却造成了私权利的滥用。

尽管有许多私法交易形式与税法形式理性之间存在冲突，但单就信托及其发展而言，尤其是现代信托，在更大程度上通过灵活的机制，在遵守税收规则的前提下实现财产处分的自由。而信托赋予人们的选择空间之广，信托样态之丰富，都远远超出了税法条文规定的可能文义所包含的范围。立法者对于这种状况唯有千方百计地通过立法予以弥补，这种立法与司法间的互动、纳税人与政府间的抗争和博弈，贯穿了信托从古至今的发展过程。诚如著名经济学家斯蒂格利茨所言，税法正是在政府和纳税人之间这种不间断的较量中演进，每当一种减少税负的新方法被发现时，税法就会作出相应的修正以弥补其中的漏洞，另一个漏洞被发现时相应地又有另一次修正。

（三）经济利益的驱动

首先，当今世界，各国沉重的税收负担使纳税人急欲寻找有效的方式来摆脱税赋的桎梏。一方面，与其他避税方式不同的是，信托避税主要针对的是高额的所得税和遗产税。目前，许多国家对所得税和遗产税设计了相当高的税率，按照有的国家的税法规定，这两种税收的应纳税额甚至占到了净收益的一半，而信托在分散和转移所得上的突出功效，使其成为当前规避所得税和遗产税的有效手段；另一方面，信托因其双重所有权架构和传统"一物一权"原则的冲突，导致重复征税的情况时有发生。信托在存续、转移、终止各个环节都存在重复征税的问题，在双重税负的不公平待遇之下，纳税人产生抵制、逃避的情绪以致作出避税的举动便不足为怪。

其次，追求经济利益的最大化是每一个经济人的本能冲动。受经济利益的驱动，每个纳税义务人都希望减轻或免除税负。税收毕竟是对纳税人财产的一种强制性转移，且无直接的、显现的对待给付，受纳税痛感和利益最大化的驱使，在不直接违反税收法规的前提下，纳税人自然会有通过信托或其他方式规避税收的倾向。信托当事人设立信托或为了家产累积世代相传，或为了使自己或家人多获收益，这些都是经济利益驱使下当事人本能的选择，只是一些行为与立法者意图相悖，在税法上得到了否认的评价。

二、信托避税的后果

对于避税的行为性质理论界看法不一。目前主要有"合法性说"、"违法性说"和"脱法性说"3 种观点："合法性说"观点者认为，避税行为在没有法律条文规定的情况下，是私法上适法有效的行为，选择何种行为方式是纳税人的处分自由，因而避税具有合法性；"违法性说"观点者认为，避税虽然形式合法但实质违法，而且有悖税法的立法宗旨和立法目的，违反了量能课税原则和税收公平原则，有损于经济和法律的实质正义，理应受到法律的规制和惩处；"脱法性说"观点者认为，避税行为之所以层出不穷，成为税法上难以解决的问题，是因为避税利用了税法的漏洞，而没有直接违反税法的可能文义规定，对于这种中间性或边界性的特征，只能定性为脱法行为。

笔者赞同第三种观点，即认为避税是脱法行为。所谓脱法行为，是指行为虽然与法律的目的相抵触，但是在法律上却无法追究其责任的情形。脱法行为的本质，在于利用法律的漏洞，实现一定的行为目标，同时达到法律对其无法适用的目的。如果将避税定性为合法，则无法解释避税对税法目的造成的实质违法性，也使立法规制变得无法可依；如果将避税定性为违法，则会使避税和逃税等同，从而对税收法定主义造成极大的破坏；而避税的这种形式合法、实质违法的特征，正是利用税法的漏洞，选择立法者未曾考量且立法不曾涵摄的法律行为，进行税法的规避而造成的，它脱离并溢出了税法的文义规定，无法得到法律的直接适用，因而是一种脱法行为。

（一）使政府财政收入流失

无论是对纳税人、纳税时间，还是纳税所得的调整，都是以降低税负为最终目标的。因此信托避税导致的直接经济效应是减少税收收入。在一定情况下，信托对税收收入的影响甚至会达到很高的程度。如在 13 世纪的英国，信托的大量运用导致了土地继承税和役税的大幅减少，以至于国王不得不通过新法案来恢复其收入水平。而在现代经济社会，离岸信托在税务计划方面，已经使许多高税负国家蒙受了巨额的经济损失。

一方面，税法为了对信托处分自由肆意扩张进行限制和规范，只能依靠加大稽征力度和自身的立法完善，国家需要对此研究对策、制定法律、识别对象、适用法律以及施加惩罚，法律制定和实施的成本因此而增大；另一方面，信托避税构成对国家税收债权的直接侵害，使国家利用税收这一重要经济杠杆，调节国民经济健康运行的经济目标落空。而离岸信托避税，不仅造成国家收入向海外的大量流失，更直接损害了主权国家的税收管辖权。

（二）破坏税负公平的分配秩序

信托避税的另一个实质危害是破坏了税负公平，扰乱了正常的分配秩序。在信托避税行为中，纳税人通过复杂的、迂回的信托安排，避开了税法预先设计好的通常的纳税方式，减轻或排除了原来正常形式下应纳的税收负担，造成了税负的不公。尤其是在规避所得税和遗产税的信托安排中，纳税人大多为拥有巨额财富的高资产阶层，他们的避税使自己的资产累积日益庞大，而这部分规避的税负实际上转移到其他诚实守法的纳税人头上，严重扰乱了社会正常的分配秩序，加大了社会贫富等级差距，使富者越富，贫者越贫。

无论是在国外还是国内，信托都是各个阶层广泛运用的金融手段，但是人们设立信托的目的却不尽相同，对大部分中低收入阶层来说，信托是他们财产规划、风险规避和投资理财的便利工具。对那些顶级富豪来说,他们亲自投资或是创办实业可获得高额的利润,相比之下,收入较低的信托利益根本就不会成为他们追求的目标。他们设计信托主要是为了家产的传承和税负的规避,像当前出现的一些“少年首富”,便是其父辈通过“股权信托”将自己持有的股份传承给下一代,有效地规避了高额的所得税和遗产税。

(三)信托避税导致经济成本增加

纳税人设立信托若没有其他商业利益上的考虑,而只是为了规避税负,那么很多资金流通和财产转让活动就会被故意设计得非常复杂,步骤烦琐,而纳税人并没有积极地为社会创造财富,只是让自己的留存价值加大,而且这样迂回、复杂、多阶段的安排,将花费一定的成本,耗费了财富资源。这在一定程度上扭曲了正常的经济活动,降低了经济效率。

而且,当一些纳税人设计并采用了有效的避税方案,而法律又无法对其进行规制时,避税方法和行为就会迅速在社会上普及并扩张,社会整体的经济效率也当然受损。比如,现在英美等国的很多信托理财专家,专门为纳税人设计信托避税方案和提供避税服务,从严格意义上讲,这些人员本身并不创造真正的经济价值,而且浪费了大量的人力资源和经济成本。当然,信托避税也体现了人们对当前所承受的超额税收负担在心理上的逆反。

三、信托避税的方法考量

信托的设立方式、信托财产和信托收益都呈现多样性的特点,各类信托无论在功能上还是结构上,都具有显著的差别,信托由最初创设于英国的家庭财产委托,而后发展出各种各样的信托类型。信托避税正是信托通过本身固有的灵活机制,突破了传统税法对其的限制和规范,给税务机关的税款稽征增加了难度。信托当事人通过信托合同对信托财产重新分配利益,调整受益权的结构,改变纳税主体、纳税人数、纳税地点、纳税义务发生时间等要素,达到避税的目标。考量纳税人规避信托所得税的方法,以分散信托收益、累积信托利益、虚拟慈善信托、擅用离岸信托等较常见。

(一)分散信托收益

累进税率是各国普遍采用的所得税税率形式,随着征税对象数量的增大,税率也随之提高。由于信托可以轻易转移和分散所得,因此能够有效地减少所得税的课征。现代各国的所得税率往往采用超额累进税率,即将所得税率划分为不同的等级,所得收入越高则适用的边际税率越高。信托因为可以轻易转移和分散所得的功能，故可以有效地降低所得税的课征。比如，英国1973～1974年所定的所得税率，单身公民的免税所得额是595英镑，595～5595英镑间的所得适用30%的税率，5595～20，595英镑间的所得分别适用35%～70%的税率，超过20，595英镑的部分则适用最高税率75%。假设甲的年收入为24，595英镑，则有4000英镑适用75%的税率，即该4000英镑需缴纳3000英镑的所得税。换言之，即使甲放弃4000英镑的收入，其每年实际损失也不过为1000英镑。又假设甲的单身朋友乙的年收入只有1000英镑，则扣除免税所得额595英镑后，乙剩下的405英镑只按30%的税率计税，即使乙再获得4000英镑的收入，其最高税率也不会超过30%。如果甲将每年能产生4000英镑收入的财产设立一个信托，规定由乙取得该项收入，那么，尽管甲每年会遭受1000英镑的实际损失，却能给予乙每年2800英镑的税后所得（因为该4000英镑在乙的名下只适用30%的税率，即只需缴纳1200英镑的所得税）。若该信托进而为自由裁量信托，当乙的收入增加而可能适用较高级距的税率时，受托人还可以决定不再对乙进行分配，而将信托收益分配给收入较低的其他受益人，从而确保该4000英镑一直能适用较低的税率。信托这种可轻易地转移并分散财产的功能，降低了纳税主体的所得税负担。

（二）累积信托利益

除分散所得规避高级次的累进税率外，财产所有权人还可以通过累积信托（accumulation trust）积累信托利益，即委托人在设立信托时，指示受托人在相当时期内将信托财产的收益全数累积不予分配。显然，累积期限越长信托财产将越庞大。根据英国在20世纪80年代所作的统计，这种"累积信托"普遍为当时社会上的巨额财富拥有者所使用。财富过度集中会对社会造成强大的压力，累积信托除集中财富外，还能对社会福利制度产生不良影响。因为收益在累积期间必须累积而不分配，所以"累积信托"的受益人在相当长的一段时间内无法享受收益，如果在这段时间发生事故，甚至可能必须依赖社会福利以支付所需，则反而剥夺了应分配给真正贫困者的社会资源。

此外，如果累积后的收入通过设置信托转移至低税率受益人的手中（如父母为子女设置的信托，或者祖父母为孙子女设置的信托），那么由于这些受益人按照较低的税率级别征税，将不可避免地导致税率的不公平适用。美国"国税局诉布坎南案"（I. R. S. v. Buchanan）充分说明了上述不合理性。在该案中，财产所有人M死于1927年，为其子W留下财产，并规定其子W死后将财产的剩余部分传给W的女儿S女士，然后再接着往下传。1948年3月，当S的父亲

W 仍活在世上的时候，S 将其对所传下来的财产的终身财产收益权，让与她未成年的儿子。在 S 转让其终身财产收益权的第二天，W 出让了他的终身财产所有权。这样，这笔财产就由 S 女士的未成年儿子所有。在该案例中，有几个核心问题需要解决。首先，S 女士是财产授予人吗？其次，S 女士对权利的出让是否是创设信托的行为？最后，如果 S 女士的行为被确定为创设信托的行为，那么支付给 S 女士的孩子的金额，按照谁应适用的所得税税率来纳税更合理？在这个案件中，S 女士并未提供任何资金，也没有从中获得任何收入，她与财产之间的唯一联系是，如果她没有在其父去世或交出其财产所有权之后，出让她的终身财产收益权，那么她将享有一份来自其中的收入。这样，S 女士的财产权转让行为就不是其自身进行信托创设的行为，而是其父亲 W（S 女士的子女的祖父）所做的信托创设行为。但是在该案件中，美国税务机关对父母创设信托转移收入与祖父母创设信托转移收入作出了界定，认为对这两种情况应适用不同的税率，父母转移给子女的收入应按父母适用的税率征税，而祖父母转移给孙子女的收入应按子女适用的税率征税。由父母创设信托转移收入和由祖父母创设信托转移收入，两者之间就信托转移收入的效果而言，是没有实质性区别的，对这两种财产安排适用不同的税率显然不尽合理。①

（三）虚拟慈善信托

如前所述，设立慈善信托的目的并非为委托人自己谋利益，也不是为特定利益人谋求一己私利，而是为发展社会慈善事业，促进整个社会的文明发展与进步。各国在界定慈善信托时的表述各不相同，但是对慈善信托的信托财产及其收益，在税收方面给予优惠，减免各种税负，确是各国税法的常见规定。由于各国政府给予公益信托及其设立者相当的税收优惠，许多纳税义务人以此作为税收筹划的考虑。其中不排除一些人超出合法节税的界限，通过慈善信托达到规避税收的目的。比如，所有人将财产转移给设定的慈善信托，主张向信托作出的支付为可抵扣的公益捐助，或主张信托机构所作出的支出为可以抵扣或减免税收的支出，而事实上，向慈善信托作出的支付是为了所有人或所有人家庭的利益。②

---

① 参见张建棣：《信托收益所得税法律制度研究》，中国政法大学 2002 年博士学位论文，第 38 页。

② 参见张天民：《失去衡平法的信托：信托观念的扩张与中国〈信托法〉的机遇和挑战》，中信出版社 2004 年版，第 244 页。

(四)善用离岸信托

离岸信托,又称境外信托或外国信托(offshore trust/foreign trust),一般是指日常管理在境外进行,且全部或大部分受托人不在本国居住或不在本国习惯性居住的本国居民委托人设立的信托。[①] 一般来说,离岸信托都是和国际避税地紧密联系在一起的。[②] 跨国公司通常会在避税地建立控股公司,然后将全球的利润汇集到避税地,以规避其他高税国的相关税负。但这也是各国反国际避税的重点打击对象,所以跨国公司通过这种方式进行避税的难度日益加大。然而通过信托,却可以在一定程度上为跨国纳税人掩护此类避税行为提供便利,即以离岸信托这种更隐蔽的避税方式,掩盖原来比较明显的避税方式。[③] 在实践中,跨国纳税人一般都会选择在巴哈马、百慕大群岛、开曼群岛、海峡群岛、瓦努阿图等英美法系的避税地,创立国外信托,将自己的财产转移到境外,并以全权信托的方式把这笔财产委托给设在这些地区的信托机构代为管理,信托财产的收益全部积累在避税地。通过创立这种国外信托,财产所有人以及信托的受益人就可以彻底摆脱就这笔财产所得向本国政府纳税的义务。同时,由于其财产是由避税地信托机构(受托人)管理的,当地政府对这笔信托财产获取的所得也不征收或征收很少的所得税。

其避税的方式主要有:

1. 通过离岸信托转移财产。高税率国家的委托人将信托财产转移给在避税地设立的离岸信托,就可以避免由这些财产所产生的高额税收。信托财产可以是动产或不动产,也可以是债权等财产性权利。

2. 与利用国际税收协定的避税方式相结合。通常的做法是,委托人通过在某个国家设立离岸信托,然后到与该国有税收协定的国家从事经济活动,从而使该离岸信托享受其直接投资不能享受的协定优惠。例如,位于某避税地的A银行与某利息支付国之间签订有减征预提税的双边税收协定,但是发放贷款的跨国纳税人B所在国与利息支付国之间没有税收协定,那么B就可以与A银行签订信托合同,由A作为受托人代为收取利息,从而适用减征预提税的税收协定,跨国纳税人B由此规避了部分税收。

---

① 参见吴骊:《在避税地进行离岸信托避税的主要方式》,载《福建税务》2002年第7期。

② 国际避税地,是指那些提供普遍的税收优惠以及可以被跨国公司用于经常性避税活动的国家或地区。有的甚至没有任何所得税、公司税、财产税、资本利得税等,如巴哈马、巴林、百慕大、开曼群岛等。

③ 也可以说,离岸信托本身就是国际避税方式的一种。

3. 设立自益信托隐瞒对关联公司的控制。委托人设置自益信托把自己拥有所有权的关联公司,委托给避税地的信托机构进行管理,信托机构就成了关联公司名义上的所有人,从而隐蔽了该关联公司的真实所有权,这样委托人就可以在一定程度上摆脱税法对关联交易的约束,从而减轻税负。

4. 设置多重信托获取税收优惠。不同的避税地对信托的法律规制各不相同,委托人可以利用各避税地的优惠制度,选择在不同的避税地设立信托,以尽可能地减少税收。例如,依据巴哈马法律,受托人不必是本国居民,信托财产不必存放在巴哈马,并颁布了《资产保护法》以对抗债权人和大陆法系国家的裁决;而泽西岛法律规定,若境内受托人取得的信托财产为境外财产,且受益人非泽西岛居民,则受托人不必缴纳所得税。由此,委托人可以先在巴哈马设立信托,再将信托财产从巴哈马转移到泽西岛的受托人,由受托人在泽西岛进行管理。在这样的信托方案中,委托人、受托人、受益人分处异地,却能充分享受到各避税地所提供的优惠待遇。

第二节 信托避税之防范

一、实质课税原则在规制信托避税中的运用

当今社会大量避税行为的存在,使灵活运用税法原则的要求变得突出,税法也无法完全解释和规制社会生活中复杂多样的经济行为,只有基于全面的解释和采用多种解释方法,才能确保对税源的准确把握,从而公平、合理地课税,而实质课税原则当仁不让地成为防止税收规避的有效手段。如前所述,实质课税原则的运用,正是从实质意义上探求纳税人的真正意图,从而保障和维护税收的公平课征。

在实质课税原则下,只有在经济上具备支付能力才具有纳税能力,只有发生了经济行为才会产生纳税义务。信托行为作为一种经济行为,其必然产生一定的经济效果,从而导致纳税义务的承担。而信托避税是纳税人利用税法的漏洞,扩张信托的处分自由,借以达到减免税负的目标,因此,信托避税虽然形式上合法却有着实际危害。但是,由于其是利用税法漏洞所安排的脱法行为,在没有法律明确规定的条件下,不适宜对信托避税行为进行直接否认。固然,这并不意味着信托避税在立法上被允许,当任何新的避税类型出现时,立法机关都会迅速作出反应,力求作出防范性的规定。实质课税原则正是通过信托行为的法律外观,以其实质关系作为判断的标准,对信托避税作出否定的

评价,为防范信托避税提供了理论基础。

二、一般反避税规定

面对信托避税的设计在21世纪的盛行,各国政府纷纷制定"反规避条款",以限制信托处分自由的扩张。在美国政府掀起税制改革潮流以后,英国和日本等国家和地区纷纷进行信托税制的改革,通过立法来防范信托避税。当前各国政府对于规制信托避税的立法模式主要有一般反避税规定和特殊反避税规定(specificity-abuse provisions)两种。

一般反避税规定是在法律中所作的对避税进行一般性否认的规定,其并不针对某一特定的行为,而是试图以法律的形式,通过要件描述,涵盖违反立法意图的所有避税行为,并对立法机关、行政机关、司法机关认定避税、稽征税款的权力进行分配,以实现对避税行为的立法否定以及对防范避税的权力配置。一般性反避税规定和特殊反避税规定,这两种立法模式在应用中各有利弊,相互之间并不存在完全的替代关系。就立法目的而言,两者具有同源性;就追求的价值而言,两者在根本上也是一致的,都是试图在自身制度框架内达到法治的要求,前者努力追求普适性,后者努力追求确定性。一般反避税规定更适合应用于那些新颖的、复杂的避税行为,而特殊反避税规定更适用于那些已经通行的,具有特定目的的避税行为。

一般反避税规定是一系列规则的总称,它既可以只通过某一个条款表现出来,也可以包含很多具体的条款。目前,在反避税立法中采用一般性防范的国家有德国、西班牙、澳大利亚、奥地利和法国等,其中以德国《租税通则》第42条的规定最具代表性。①

德国《租税通则》第42条第1句规定:"税法不得因滥用法律事实之形成自由而规避其适用。"首先表明了税法的强制性和不容规避性,并定义"租税规避"是对法律事实形成自由的滥用。德国《租税通则》第42条第2句规定:"滥用者依与经济事件相当之法律事实,成立租税请求权。"从法学方法论上探讨,这可以作为一般反避税规定的典型代表。

对该条款作为一般反避税规定的理解,可以从以下两方面把握。首先,该条款明确规定了税法不容许脱法规避的性质,税法所重视的是税收负担及分

① 参见郝琳琳:《论信托避税及其防范规则》,载《北京工商大学学报(社会科学版)》2011年第5期。

配问题,反对的是对法律的规避。其次,该条款所规范的不是对税法的滥用,而是针对税法以外法律事实形成自由的滥用行为,即纳税义务人滥用税法以外法律赋予的权利,从而导致选择采用与经济实质不相当的法律事实,并非对课税要件有所回避。最后,在立法技术上,本条规定并非授权税务机关以类推适用的方式,将当事人意图逃避适用的税法规定,予以扩展延伸,以掌握规避税收的经济事实,而是将已经认定的规避事实,拟制转换为与经济事实相当的法律事实,而后适用于当事人所意图规避的税法规定。①

三、特殊反避税规定

所谓特殊反避税规定,是指在税法中并无统一的规定,规范纳税义务人以明显不合常理的安排,规避或减少纳税义务,仍依与常规相当的事实课税,而仅在各类税法中作零星的安排规定。与一般反避税规定不同,特殊反避税规定在许多税法案例中,并不将精力集中在税法的运用和解释上,而只是简单机械地否定某种情形下某种税收利益的可得性,其目的是用来防止税法特有条文的规避和滥用。在许多国家的税收立法中,并没有一般反避税的规定,而只采用特殊反避税规定,如美国、英国、意大利和日本等。需要指出的是,这种特殊反避税规定在不同的国家差异性较大,因此无法像列举清单一样把所有的规定都进行罗列。

(一)英国

目前,英国信托所得税中的反避税立法,主要包含了对委托人纳税的规定,以及通过向未成年子女转移收入的限制和对虚假慈善信托的约束。

1. 对委托人纳税的规定

委托人纳税的情况主要是为了避免委托人利用信托避税,而在特定情况下令委托人承担所得税的纳税义务。根据英国1988年《所得税与公司税收法案》中反避税条款的规定,目前,在委托人可以将信托利益归属于自身,从而获得税收上的利益的情况下,应由委托人就信托的收益缴纳所得税,从而避免委托人利用信托规避所得税而获得利益。上述情况可以具体分为:(1)处置期间少于6年的短期信托。根据《所得税与公司税收法案》第660节的规定,处置期间少于6年的财产所带来的收入,由委托人纳税。例如,一个父亲为其成年儿子建立信托财产为1万英镑的信托,并规定儿子在3年内归还信托财产。这种

① 参见葛克昌:《税法基本问题(财政宪法篇)》,北京大学出版社2004年版,第11~17页。

情况下,儿子如果用该1万英镑进行投资,则投资带来的收益由其父亲纳税。(2)委托人为子女的利益建立的信托。《所得税与公司税收法案》第663节规定,委托人为未婚、未成年子女的利益建立的信托,或者信托本身的收益被支付给上述未婚、未成年子女的,则信托的收益被视为委托人的所得,由委托人缴纳所得税。(3)可撤销信托。根据《所得税与公司税收法案》第672节的规定,在特定情况下,如果一项信托中委托人保有撤销信托或者减少信托资产价值或收益支付的权利,以致委托人及其配偶可以从信托获得支付利益的,委托人应当就该信托的收入缴纳所得税。(4)委托人或者其配偶是自由裁量权指定的受益对象。根据《所得税与公司税收法案》第674节的规定,在特定情况下,如果一项信托中委托人或者其配偶是自由裁量权指定的受益对象,则该信托的所得由委托人缴纳所得税。(5)累积信托的收益。根据《所得税与公司税收法案》第673节的规定,通常情况下,如果信托的收益或资产为信托委托人或其配偶的利益而使用,则视为委托人保有信托利益,信托的累积收入视为委托人所得,由委托人负担所得税义务。根据《所得税与公司税收法案》第676节的规定,如果信托委托人提供的用于信托资产的资金,可在其个人所得税计算时从总收入中得到扣除,则信托累积收益由委托人负担所得税义务。根据《所得税与公司税收法案》第677节及英国1981年《财政法案》的规定,在信托收益没有分配的情况下,如果信托资产被受托人直接或间接地支付给委托人或其配偶,则累积收益视为委托人的收益,并由委托人负担所得税义务。

2. 针对累积收入的立法规制

累积信托长期以来一直被那些需按较高税率缴纳所得税的人用作转移收入的方法。英国税法中作出了反对这种避税方法的规定:累积的收益或者根据自由裁量权进行分配的收益,除按34%的统一税率缴纳所得税外,还需缴纳11%的附加税,但是慈善信托取得的收益除外。这一规定承认了财产可以无限期、固定地服务于公益目的,同时将用于私人目标的累计信托限制在一个较短的、合理的期限内。

针对累积收入中父母运用信托向子女转移收入的问题,英国国内税务局1991年的咨询性文件中提出了如下建议方法:

第一,有利于纳税人的方法。所谓对纳税人有利的方法,是指税法没有对来自未成年子女的父母进行的财产安置的收入制定任何特殊规定,允许孩子继续获得个人免税额,按最高税率缴纳所得税的父母,可以将其资产传给其未成年子女,而来自这种财产安置的收入,可不纳税或将按基本税率纳税,并用于交付孩子的学费。采取这种方案，对纳税人来讲，获取的税收利益是非常大的，几乎可以和利用盖印契约的方式进行收入转移的效果一样，这样，对纳税人和税务机关之间的利益分配状态，实质上将返回到英国 19 世纪下半叶的状态中，有人评价说，这意味着倒退了 100 年。①

第二，不利于纳税人的方法。所谓不利于纳税人的征税方法，则规定未成年子女的投资收入将作为其父母的收入进行纳税。其实这种方法在 1969 ~ 1972 年曾被英国采用过，这种方法对税务机关来讲，比运用反避税条款简单明了，但是其中存在一些问题，由于在英国，丈夫和妻子（孩子的父母）的投资收入要分开纳税，所以很难确定该适用父母哪一方的税率来对子女的收入课税。

第三，中立的方法。中立的方法建议对于孩子的收入，或者仅对其投资收入，加到其父母的收入之上一并纳税，但同时父母将享有额外减免税额及额外纳税范围，这样整个家庭将作为一个整体来纳税。这种做法引起的问题是，假设父母的收入将合并在一起纳税，就与英国丈夫和妻子（孩子的父母）的投资收入分开纳税的规定相冲突，在实践中也不易操作。②

英国的反避税立法、对累积收入的税收立法，其种种措施与弊端无不与分级累进税率有关系，针对累积收入所进行的立法，实际上是在累积收入所适用的税率与最高税率之间进行的平衡，合理地针对累积收入的税收，应当从累积能从税率差别上获得的税收利益和税收效率两个方面来考察。因此，信托所得税的税率级差不宜过多。同时，通过对英国累积收入立法历史的考察，对于累积收益的立法，并不适宜对累积收入单独采取一套税率体系。由于在累积收入分配时，需要将其与受益人其他收入的税率进行对比，判断税负的合理性，随之再根据税收公平原则对纳税人的税负作出相应的调整，导致税收征管过程的复杂化。

3. 对虚假慈善信托的规制

英国税法对纳税人设置的名为慈善信托实为私益信托，采取了专门措施予以规制。例如，为子女教育设立的信托被认定为慈善信托，其信托收益享有所得税上的减免税优惠。但若委托人将该信托作为私益信托，仅为了子女的

① See Roger Kerridge, *The Taxation of Trust Income*, The Law Quarterly Review, Vol. 110, p. 103(1994).

② 参见张建棣：《信托收益所得税法律制度研究》，中国政法大学 2002 年博士学位论文，第 43 页。

利益而运营,那么该信托将被法院认定为私益信托,不能享受税收优惠。

(二)美国

1. 区分简单信托(simple trust)和复杂信托(complex trust)所得税义务

如前所述,根据美国《国内税收法典》第651节、第652节的规定,简单信托,是指要求在既没有进行本金分配,又没有获得慈善减免的应纳税年度当期分配全部收入的信托。而所有非"简单信托"的信托都是复杂信托。

简单信托所得税义务分配的基本规则是,"应纳税年度要求当期分配的收入数额"无论分配与否,都可以在计算信托的应纳税所得额时得到减免,最终由受益人缴纳所得税,无论该受益人是否实际获得收益。复杂信托的纳税人被按照等级体系的规定,分为第一级别受益人和第二级别受益人两种,根据各自不同的税法地位,分别按照等级体系的规定获得信托收益并分担所得税义务。等级体系是对受益人就信托收入进行课税目的而决定哪个受益人应该最先获得信托收入的法定机制。第一级别受益人,是指当期获得信托收益的受益人。第一级别受益人看起来与简单信托的受益人非常相似,如同简单信托的情况一样,如果复杂信托被要求当期分配收入,这样的收入无论其是否已被分配,都可以由信托进行分配减免,并且无论获得与否,都由第一级别受益人缴纳所得税。同样,无论是信托的分配减免,还是应通过受益人纳税的数额,都不能超过信托的可分配净收入数额。第二级别受益人包括所有其他复杂信托的受益人,即那些获得"在应纳税年度被完全支付或要求分配的任何其他所得额"的受益人。换言之,对于第二级别受益人,受托人可以对他们进行收入或本金的分配,或者是必须对他们实行本金或累积收入的分配。对第二级别受益人的分配也产生信托的分配减免,并使第二级别受益人负担所得税纳税义务。

2. 委托人信托(grantor trust)

(1)委托人信托及其法律处理

同英国一样,在美国,一部分信托收益的所得税义务也是由委托人承担的。为确定委托人的纳税义务,美国《国内税收法典》规定了委托人规则。委托人信托规则(grantor trust rule)[①]选择了某些信托,这些信托的委托人被认为"不值得拥有"(unworthy)第J分章的正常规则中内含的收入转移机会。第J分章第671节指明了委托人信托带来的最明显的结果:将任何委托人"拥有"

① 参见I.R.C.第671节至第679节。

的任何信托"份额"的全部收入、减免和抵免重新分配给委托人,这些项目必须见于委托人的个人纳税申报表,由委托人承担相应的税收后果。

委托人规则是美国国会在第二次世界大战后不久颁行的信托收益所得税原则,其根本原因是一些适用高税率的委托人,经常将其收益转移到处于低税率等级的信托之中来避税,为防止这些避税行为,美国国会通过一系列委托人信托的确认条款,将委托人信托单独从第J分章信托的一般纳税体系中独立出来,否认委托人信托的信托纳税资格,从而使所得税税负依然由委托人承担。换言之,按照委托人信托规则,美国国会拒绝承认某些信托的单独纳税人资格,从而迫使这些适用高税率的委托人承担信托收入带来的税收后果。然而从1986年起,由于美国国会对美国《国内税收法典》第A分章第1节(e)中的信托所得税率进行了结构压缩,因此,通过建立委托人信托的方式已经不能够带给委托人较多的所得税优惠了。

(2)委托人信托的辨别条款(identification provision)

美国《国内税收法典》及其他大量的委托人信托规则确立了大量条款来辨别委托人信托。根据辨别条款,在下列情形下,由委托人承担所得税的纳税义务:

①委托人拥有复归收益(reversionary interest)

美国《国内税收法典》第673节的一般规则规定,如果委托人在建立信托之时保留5%以上的复归收益值,则该信托视为委托人信托。

②委托人拥有收益使用权(powers over beneficial enjoyment)

美国《国内税收法典》第674节的一般规则规定,如果对于一项信托,其委托人可以控制收益使用权,则由委托人负担所得税义务。

③委托人拥有管理权(administrative powers)

美国《国内税收法典》第675节规定了委托人拥有管理权的情况,保留这些权利使该信托为委托人信托。

④委托人拥有撤销权(powers to revoke)

美国《国内税收法典》第676节规定,在任何信托中,如果委托人有权将财产权重新给予委托人,那么该信托就是委托人信托。①

① 实际上,美国《国内税收法典》第676节的适用范围很广,不单纯限于委托人建立可撤销信托的情况。例如,如果公司受托人可以自主将信托的本金分配给委托人,则该信托也是委托人信托。

⑤委托人对收入保留权利(retained right to income)

美国《国内税收法典》第677节主要讨论了委托人或委托人配偶获得收益的信托。这些收益可以是强制性地分配给委托人的,也可以是受托人自主决定分配给委托人的,还可以是为将来可能分配给委托人或委托人配偶目的而累积的收入。①

3. 对慈善信托严格审查

美国在税法中界定了免税的慈善信托,如果没有满足税法规定的标准,这样的信托安排将不认为是慈善信托,税法要求明确慈善信托设立的真实目的,如果实际的支付是为了财产所有人或财产所有人家庭成员的利益,那么该信托所作出的虚假的公益支付,将不能作为公益捐助享受税收减免优惠。如果是出于慈善目的而设立的信托,在美国甚至可以享受全免所得税的优惠,但为了防范纳税人借此规避税负,这样的申报必须经过国内税收专员严格的审查。

在美国信托所得税的反避税制度中,可以借鉴的就是关于委托人信托的规定。美国对于委托人持有相当的控制力或保有相当的利益的信托,直接确立了委托人信托的概念,并抽象出委托人信托的构成条件。这与英国立法中的相关内容有相当程度的相似之处,如两者都将委托人保有信托利益这一点,视为由委托人承担信托所得税纳税义务的原因之一,但是二者的角度却完全不同。首先,在英国承担所得税纳税义务的委托人是为子女设立信托的父母,而美国的委托人信托则不局限于家庭关系,这就使负担所得税纳税义务的委托人范围更广。这一点与信托在两个国家的发展状态相关。在英国,信托是以非营业信托的形式发展起来的,并且英国的信托主要被用于家庭领域中转移或继承财产,因此防止家庭成员之间的信托避税行为是英国信托立法的重要焦点。而美国的信托则不同,美国的信托虽然源于英国信托,但是却不囿于英国的信托观念,营业信托在美国处于主导地位,因此在美国税法中鲜少有类似英国那样的血亲观念,更多考虑的是信托的经济效用。我国信托业的发展与美国有类似之处,虽然我国信托公司的业务范围极其不规范,但是在中国信托发展的历史上,营业信托的发展比非营业信托有更深厚的基础,因此,对于委托人保有控制力或利益的信托,在未来中国信托的立法中亦完全有理由采用美国的委托人信托概念,并将该类信托的所得税纳税义务判定由委托人承

① 参见张建棣:《信托收益所得税法律制度研究》,中国政法大学2002年博士学位论文,第53~56页。

担。其次,对于委托人保有控制力或利益的信托,英国采用了列举其具体形式的方式予以规制,可操作性强,美国则采用了抽象出其基本构成条件的方式予以规制。

英国和美国的特殊反避税规定的共同特点是:第一,针对累积收入所进行的立法,实际上是在累积收入所适用的税率与最高税率之间进行的平衡,适用于累积收入的税收制度,应当避免该累积收入能从税率差别上获得过多的税收利益。因此,信托所得税的税率级差不宜过多。同时,通过对英国、美国累积收入立法历史的考察,从目前看,对于累积收益的立法,并不适宜对累积收入单独采取一套税率体系。原因在于,如果建立一套针对累积收入的特别税率体制,就必然要涉及在累积收入分配时将其与受益人其他收入的税率进行对比,判断税负的合理性,再根据税收公平原则作出相应的调整,税法的建制必然有复杂化倾向。第二,对于委托人保有控制力或利益的信托,在未来中国信托的立法中完全有理由采用"委托人信托"的概念,并将该类信托的所得税纳税义务判定由委托人承担。第三,在给予慈善信托税收优惠待遇的同时,也要对名为慈善信托实为私益信托的行为进行严格审查和管理,防范偷逃税款。

第三节　我国信托反避税现状及立法完善

信托避税是信托税收制度面临的困境,税法也无法完全解释和规制社会生活中复杂多样的经济行为,只有基于全面的解释和采用多种解释方法,才能确保对税源的准确把握,实质课税原则当仁不让地成为防止税收规避的有效手段。实质课税原则的运用,正是从实质意义上探求纳税人的真正意图,从而保障和维护了税收的公平课征。

一、我国企业所得税信托反避税规则的构建

(一)一般反避税规定的构建

伴随信托功能和运行方式的日益多样化发展,对现行税制的挑战也不断增加。笔者认为,不妨将我国《税收征收管理法》第35条、第36条的规定,视为信托避税的一般性防范措施,从而摆脱目前信托反避税问题上的"无法可依"的状况。

我国《税收征收管理法》第35条规定:"纳税人有下列情形之一的,税务机关有权核定其应纳税额……(六)纳税人申报的计税依据明显偏低,又无正当

理由的。”

《税收征收管理法》第 36 条规定：“企业或者外国企业在中国境内设立的从事生产、经营的机构、场所与其关联企业之间的业务往来，应当按照独立企业之间的业务往来收取或者支付价款、费用；不按照独立企业之间的业务往来收取或者支付价款、费用，而减少其应纳税的收入或者所得额的，税务机关有权进行合理调整。”

此外，我国《企业所得税法》第 47 条规定：“企业实施其他不具有合理商业目的的安排而减少其应纳税收入或者所得额的，税务机关有权按照合理方法调整。”那么，“不具有合理商业目的”则成为判断一项交易是否构成避税的基本条件。在《企业所得税法实施条例》中，又将“不具有合理商业目的”解释为，以减少、免除或者推迟缴纳税款为主要目的。

在 2009 年，国家税务总局发布的《特别纳税调整实施办法（试行）》（国税发〔2009〕2 号）中，更是直接将“实质重于形式的原则”作为税务机关审核企业是否存在避税安排的基础，并要求综合考虑该项安排的形式和实质、安排涉及各方财务状况的变化以及安排的税收结果。①

上述条款虽未直接针对信托的避税行为作出规定，但在我国信托税收制度尚未建立的情况下，仍可将其作为信托避税的一般性防范措施。这些条款不仅贯彻和彰显了实质课税的基本原则，也为我国执法机关进行税收执法提供了法律依据。

（二）构建特殊反避税规则

1. 对慈善信托避税的防范

我国《信托法》明确提出公益（慈善）信托可以享受税收优惠，虽然相关的税收减免规定尚未出台，但是随着慈善信托的发展，其优惠政策必将逐步落实，那么利用慈善信托规避税负的现象必然在所难免。对此，防范规定应主要体现在慈善信托主管机关的管理监督和税务机关的税收稽查上，包括加强慈善信托主管机关的管理监督，以及取消不符合标准的慈善信托的优惠资格。

2. 对离岸信托避税的防范

针对离岸信托的反避税规则在于完善离岸信托的税收征管程序，尤其是规范离岸信托申报审查制度。有效监控离岸信托的信托财产，才能对避税行为进行防范。税法应要求纳税人对离岸信托转移财产时，向税务机关进行申

① 参见《特别纳税调整实施办法（试行）》（国税发〔2009〕2 号）第 93 条。

报，并授权税务机关进行审查；无论是委托人、转让人还是执行人，在发生特定应予报告的事件后，都必须向税务部门进行申报。同时，纳税人应对离岸信托的经营活动按期申报，包括纳税年度全部信托活动的财务会计状况，以及与离岸信托有关的其他信息。如果纳税人未履行申报义务，将被处以一定数额的罚款；如果税务机关根据申报人提供的材料，认为该离岸信托应该适用国内信托的相关法律规定，还有权限制其进行财产转移。

反避税规则的确立，实际上是税权和纳税人权利博弈的结果。各国对避税行为一般不是通过制裁方式加以惩处，而是从避税的种种手段中发现本国税法的漏洞，以积极调整税法，使原来没有法律调整的状态转变为受法律的调整，从而可以用合法或违法来加以评价。①

二、我国个人所得税信托反避税规则的构建

长久以来，高净值人士凭借离岸信托进行个人财富的税务筹划，其各类金融账户的财产信息无法被税务机关准确获知，因而其财产一直处于隐秘之中，成为税收的“盲区”。然而，互联网时代的信息技术，使金融账户信息的自动交换变得轻而易举，加之国际金融危机导致的各国财政困难，逐渐催生了 FATCA（《海外账户税收遵从法案》）②和 CRS。其中，著名的 CRS 主要是关于金融机构收集、报送外国税务居民（包括个人与企业）账户信息的程序与要求。在 CRS 的要求之下，金融机构应当汇总报送包括纳税人识别号在内的境内分支机构的非居民账户信息。③ 财富所有人、控制人乃至受益人，均须面对被透明化的趋势与潮流。

CRS 的施行，促使我国个人所得税的反避税立法与时俱进。个人所得税反避税条款的设计借鉴了我国《企业所得税法》的经验，针对违反独立交易原则买卖商品、利用境外低税区域避税、仅为获取税收利益而实施的“不合理商

---

① 参见董国庆：《论避税的所谓“合法性”》，载《兰州商学院学报》1995 年第 3 期。

② 2010 年 3 月 18 日，时任美国总统奥巴马签署《海外账户税收遵从法案》（Foreign Account Tax Compliance Act, FATCA），规定非美国金融机构（Foreign Financial Institutions）有义务鉴别并披露其美国账户持有人，向美国国税局（Internal Revenue Service, IRS）报告美国账户持有人的详细信息并承担代扣代缴义务，否则，该金融机构源于美国的任何收入款项都将被征收 30% 的预提税。参见张泽平、杨金亮：《美国〈海外账户税收遵从法案〉及其背后的战略意图》，载《涉外税务》2013 年第 4 期。

③ 具体而言，金融机构应当汇总报送包括个人账户、机构账户持有人的姓名（名称）、现居地址、税收居民国（地区）、居民国（地区）纳税人识别号等基本信息。

业安排”等个人避税行为，规定了税务机关享有依法进行纳税调整的权力。①《个人所得税法》与《税收征收管理法》规定的反避税措施，无一不是对高净值人群的量身定制，从而进一步挤压了利用转让定价、离岸架构、家族信托等方式寻求避税利益的空间。在CRS与《个人所得税法》的共同作用下，税务信息的跨境交换得以推动，反避税的效率得到提升。然而，由于我国个人所得税反避税立法与实践尚处于探索之中，存在不足之处。如《个人所得税法》的反避税条款不够具体明确；“离境清税”规则模糊，难以适用；《税收征收管理法》缺少关于自然人的反避税规则；反避税国际合作的范围与水平尚需进一步拓展和提升等。由此，我国个人所得税制度还需优化反避税规则，通过整合“合理商业目的”与“经济实质原则”，进一步完善特殊反避税与一般反避税规则。②

---

① 参见刘昆：《关于〈中华人民共和国个人所得税法修正案（草案）〉的说明——2018年6月19日在第十三届全国人民代表大会常务委员会第三次会议上》，载《中华人民共和国全国人民代表大会常务委员会公报》2018年第5期。

② 本章简论信托所得的个人所得税反避税制度，第九章将详细论述个人所得税的反避税制度。

第七章　信托重复课税及其规制

第一节　信托重复课税的现状及成因

我国继受了大陆法系的传统，构建信托制度时，必然面临如何调整现有的财产法律制度，以适应信托这一“舶来品”运行的问题。税收制度作为重要的财产法律制度，与信托的发展联系紧密，因此，构建信托税法也是完善财产法律制度不可或缺的内容。双重征税是我国信托税收制度中存在的重要问题。如前所述，现行税制未触及信托中所有权的二元化问题，重复征税成为信托课税中的必然结果。对信托中的双重征税现象，各国普遍采取否定态度，因此，“实质课税”作为信托各主体纳税义务分配均衡的评判标准，在我国税法规制信托重复课税时应有所担当。

一、信托重复课税现状

我国的税收法律制度中，对信托课税没有明确的具有针对意义的规定，基本上是直接套用现有适用一般经济业务的政策规定。从信托环节来看，信托设立时就信托财产形式移转所产生的纳税义务，与信托终止时信托财产实质移转所产生的纳税义务相重复，造成对同一税源两次征收流转税。对信托税收的重复课征仍然需要分阶段进行考量。

(1)信托设立环节。在信托设立时，如果委托人为法人或组织,并且信托财产是增值税应税货物、应税不动产、投资资产和无形资产,那么按照现行税法规定,应将委托人交付信托财产的行为视为销售行为,按照市场价格核定应税收入课征增值税,且将其并入委托人应税所得,缴纳企业所得税。

(2)信托存续环节。在信托存续环节,主要涉及受托人的纳税义务,受托人应就管理经营信托财产过程中所获得的信托收益,及其取得的报酬缴纳增值税、企业所得税以及印花税、房产税等各项税收。在受托人向受益人分配信托收益时,受益人也会因其获得所得而发生所得税纳税义务。如果受托人在此环节向受益人分配由信托财产产生的股息、红利、股权等信托收益,受益人的纳税义务需视其身份而定。当受益人为个人或者合伙人、个人独资企业的投资人时,应缴纳个人所得税;受益人为企业法人或者其他社会组织身份的,应缴纳企业所得税。

(3)信托终止环节。在信托终止环节,主要是针对信托财产及其产生的收益发生转移而产生的纳税义务,纳税人既包括受托人也包括受益人。受托人需要就其管理信托财产而获得的利益缴纳增值税和所得税;受益人则需要就其取得的信托财产和财产收益缴纳所得税。

从上述情况来看,在信托业务的征税过程中,存在严重的所得税重复课税问题,并不以“所有权转移”为标准来判断“所得”是否确实发生,也不以实质课税为依据来确定信托当事人的纳税义务。因此,一般来说,取得财产所有权即视为发生所得,并需要缴纳所得税。在信托存续期间,受托人进行投资、管理、运用、处分信托财产时获得的收益,也属于应纳税所得额,需要缴纳所得税;而信托终止时,受益人、受托人取得的信托收益还要缴纳所得税。因此,在信托过程中,取得信托财产时的所得税纳税义务,与信托收益分配或信托终止时,受益人接受受托人转移该收益而产生的所得税纳税义务相重复,导致对同一所得两次课征所得税。

由于信托的特别属性和重复课税的产生,使信托当事人有可能承担比一般经济活动的主体更多的所得税税负,无疑将增加信托业的经营成本,缩小投资者获得收益的空间。在信托当事人分析了信托计划的成本利润之后,如果发现通过信托进行财产运行和管理,比其他经济运营方式获得的纯收益更少,则容易导致投资者将资金投向其他行业,显然不利于信托业的发展。而信托重复课税带来的另一个问题是,信托当事人为了减少经营成本,将想方设法采取税收规避的措施。但实际上,无论是重复课税还是利用信托避税,都会影响信托业的健康、顺利发展。

二、信托重复课税成因

导致信托重复课税的原因主要有两个方面：一是大陆法系与英美法系对信托在理论认识上的分歧；二是信托税收法律制度的缺失，使信托各阶段众多的交易和分配环节导致重复征税问题突出。

（一）理论分歧

如前所述，英美法系的“双重所有权”二元构造与大陆法系的“一物一权”原则之间存在分歧，信托财产的归属问题成为大陆法系国家引入信托制度在理论上的障碍。在英美法系国家，信托财产权的双重性不仅能够提高管理财产的效率，还可以根据衡平法规则保护受益人对信托财产的所有权和保证其财产安全。设立信托后，信托在形式上归受托人所有，依据衡平法规则，其所有权实质归属于受益人，因此，与信托财产及其收益相关的权利和义务，最终应由受益人来享有和承担，包括信托所得的纳税义务。

大陆法系国家秉承“一物一权”的观念，与英美法系国家的信托理论存在明显的冲突，只是认可信托财产由受托人持有，未对受益人的财产权情况作出规定，导致税收立法和实践中有意回避了这一问题，造成信托税收制度的模糊，只好姑且遵循一般经济业务的税法规定，所以双重征税问题在所难免。

（二）信托课税的立法难点

首先，在我国《信托法》关于信托的定义中，未明确规定信托财产的权利归属问题，而是使用了模棱两可的“委托给”的表达方式，[①]难以界分信托与委托代理等法律关系，也就不能确定信托财产的实际归属，从而无法分配信托所得税的纳税义务。

其次，信托税收制度的缺失也使信托所得的征税客体、计税依据、纳税环节等难以界定。前文就信托所得的内涵进行了分析，但是，由于信托业务过程中所涉环节繁多，包括设立信托、信托存续和信托终止，倘若无法明确每一环节中信托财产与收益的权利归属，就不能厘清信托所得的具体数量（额），也就难以准确计算信托所得税的计税依据。如果税务机关按照一般经济业务的计税方法向信托各主体征税，并且严格征管程序，那么重复课税就在所难免。

究其实质，信托税收制度的不完善也是信托法本身就存在难以克服的理

---

① 有学者认为，这一定义方式体现了立法者的智慧和高超的立法技术。

论问题而导致的结果。

第二节　避免信托重复课税的税法规制

英美法系国家虽然规定了信托的“双重所有权”,但并未因此要求所有权的双主体都承担所得税的纳税义务。以英国为例,其税法依据信托财产的性质,分别规定了受托人与受益人的纳税义务。就受托人而言,除就经营运作信托财产所获得的收益负担纳税义务外,还要对其因管理信托财产所获得的报酬承担纳税义务。受益人取得信托所得时,按照信托文件的规定支付给受益人的数额,构成受益人的信托所得。同时,为避免双重征税,英国税法还规定了受益人的税款返还制度。

在最早引入信托制度的大陆法系国家日本,坚持“一物一权”理论和信托导管原理,因此,很自然地要求对信托采用实质课税原则,由实际受益人纳税。日本《所得税法》第12条规定,当信托财产的归属者只是名义所有人,不享受信托收益,不纳所得税,而归属者以外的人享有该项收益时,作为享受该收益者应缴纳所得税。

可见,为了避免信托重复课税,其他国家(地区)往往采取各种措施减少课税要件上的重复,即尽量避免在不同的信托阶段对同一纳税主体的同一信托财产重复课税。除实质课税原则外,按所得发生时课税,也是对信托所得课税时遵循的基本原则。如果归属于信托财产的收入或支出是明确的,并且受益人也是特定的情形下,直接对受益人课税;如果受益人不特定或者不明确时,则在明确受益人之前,先由受托人作为纳税人课征所得税;当受益人确定之后,在受益人申报缴纳所得税时,可以申请税款返还,以避免重复征税。发生主义课税原则与实质课税原则在内容上并无二致,都是为了避免重复课税而排除对形式移转的征税,确定由实质受益人承担税负。

我国为了避免重复征税而设计信托所得课税制度时,当然也需要遵循实质课税和发生主义课税原则,依不同的信托阶段对税法各构成要素作出具体的规定。

在信托设立时,由于信托财产只是交由受托人管理,受托人并不因此取得信托财产的所有权,也未因此获得信托收益,所以,信托各方主体都无须承担纳税义务。

在信托存续过程中,受托人经营管理信托财产产生的信托所得,应由实际受益人纳税,受托人则负有就受益人的信托所得代扣代缴所得税的义务。然而,值得注意的是,不同受益人的应税所得及其适用税率可能存在差异,受托人代扣代缴所得税时,其应纳税所得额和所适用的具体税率不易确定。因此,信托收益分配时,为便于税收征管,可考虑借鉴英国税法上的“受益人税款返还”机制,可先由受托人按照自己适用的所得税率代缴所得税,分配信托收益时再由受益人申报所得税税款抵扣,避免双重征税。在信托存续过程中涉及的其他税收等,也可以以受托人为扣缴义务人。

在信托终止阶段,如为自益信托,委托人在信托终止时从受托人处取得信托财产,属于信托财产所有权的回复,委托人取回信托财产并不产生收益,因此不应缴纳所得税及其他税收。若为他益信托,受益人应将所获财产按照相关规定缴纳个人所得税或者企业所得税,若涉及其他税收也应一并缴纳。

第八章　慈善信托的税收优惠及其制度设计

第一节　慈善信托及其制度演进

信托凭借其精巧的财产权架构和权利义务重构功能，逐渐发展成为一项优良的财产管理制度。慈善事业与信托具有天然相融的基因，信托特有的专业理财优势和破产隔离功能，使其与慈善事业和慈善活动相得益彰，从而整合公益资源，增加慈善效益。

1601年英国颁布的《慈善用益法》被视为慈善信托（charitable trust）制度发展的起点。英国《2000年受托人法》规定，"慈善信托是指为了慈善目的而持有财产的信托"。[①] 在后来的《2006年慈善法》中，将"慈善"定义为"一个组织或信托为了慈善目的和公共利益所从事的公益事业"，[②]并明确列举了"预防或者救济

---

① 参见英国《2000年受托人法》第39条。

② 参见英国《2006年慈善法》第2条。

贫困”“促进教育”等13项慈善目的。[①] 美国的慈善信托制度与英国一脉相承，依据美国《统一信托法》第405条(a)规定，慈善信托是为了减少贫困(relief of poverty)、促进教育或宗教的进步、促进健康等目的而设立。[②] 当慈善信托远渡重洋舶来大陆法系国家时，被转译成“公益信托”，日本率先在立法中使用“公益信托”一词，[③]而后逐渐为韩国和我国所接受。[④] 起初因亚洲国家和地区尚未对信托进行立法，以及民众对其缺少认知，公益信托并未受到青睐。直到1977年日本颁布了公益信托的受托许可证和监督法令，才使之崭露头角。[⑤] 日本信托法将公益信托定义为以实现公益目的而设定的信托，也即为追求广泛的社会全体之利益或不特定多数人利益而设定的信托。[⑥]

中国对舶来的慈善信托，最初也采纳了与日本、韩国相同的做法，即称为公益信托，并在《信托法》中设专章规定。而在2016年颁行的《慈善法》中则使用了“慈善信托”术语。[⑦] 比较两部法律对二者的规定，其实区别不大，仅在主管机关、设立方式和受托人身份限制等方面有所不同。慈善信托的主管机关是民政部门，公益信托则除民政机关外，还有其他的公益管理机构可以管辖。慈善信托采取事后备案制，而公益信托则需要事前审批。慈善信托必须以慈善组织或信托公司为受托人，而公益信托受托人却并未规定身份条件和限制。但是从二者的信托范围来看，两部法律的表述并无区别。且《慈善法》确认，慈

---

① 该13项慈善目的分别是：促进宗教；促进生命的健康或救援；促进公民或者社区的发展；促进艺术、农业、遗产或者科学；促进业余运动；促进人权、冲突解决或者和解；促进宗教与种族的和谐或平等和多样性；促进环境的保护或者改善；对由于年轻、年老、不健康、残疾、经济困难或者其他弱势而需要帮助的人提供救济；促进动物福利；促进政府武装部队的效率；促进警察、火灾和救援服务或者急救服务的效率；其他慈善目的。

② 该条款规定，慈善信托可以为了以下目的设立：减少贫困、促进教育或宗教的进步、促进健康、政府或市政目的或者其他旨在使社区受益的目的。

③ 2006年日本修订《信托法》时，将公益信托的内容移除，单独制定了《公益信托法》。

④ 参见韩国《信托法》第65条，我国《信托法》设第六章，专门规定公益信托制度。

⑤ 据统计，英国迄今已有16.58万家慈善机构，主要是慈善信托和慈善法人，慈善受托人约有94.39万个，每年用于各种慈善事业的经费达42亿英镑之多。美国的慈善事业发达，慈善信托的类型呈现多样化，包括公众信托、公共机构信托以及利润分成信托。至2014年，美国利润分成信托存在10.8万件，资产规模达1136亿美元。根据日本信托业协会统计，截至2016年3月，日本存续的公益信托为479件，财产余额799亿日元。参见中国信托业协会编著：《慈善信托研究》，中国金融出版社2016年版，第3页。

⑥ 参见郝琳琳：《我国公益信托发展中的税法缺失》，载《河北法学》2010年第12期。

⑦ 《慈善法》中对“慈善信托”定义为“委托人基于慈善目的，依法将其财产委托给受托人，由受托人按照委托人意愿以受托人名义进行管理和处分，开展慈善活动的行为”。

善信托属于公益信托，因此，本书对二者将不作区分。

从国内外法律对慈善信托的定义来看，构成慈善信托的实质条件有3个：一是委托人为慈善目的而设立；二是其受益人不特定；三是慈善目的必须具有绝对的公益性。虽然各国法律在慈善信托的具体制度规定和监管模式上差异明显，但是慈善信托的内涵和目的却基本相同。

我国慈善信托尚处于萌芽阶段，与其他国家蓬勃发展的慈善信托相比，远不能满足社会对慈善事业的强烈需求。如前所述，从我国目前的税法规定可以看出，在信托行为的税法适用上，通常参照一般经济业务的税法规定，除满足信托要件的证券投资基金可享受相应的税收优惠外，慈善信托并未因其具有“慈善属性”而享受税收优待。相反，其税负甚至可能超过商业信托。由于缺乏行之有效的税收激励，慈善信托的开展和普及，在《慈善法》实施之初受到了制约。近年来，随着慈善信托架构日渐改进，慈善信托的规模逐渐呈上升趋势。

慈善信托不仅可以有效拓展慈善财产来源，丰富慈善财产类型，提升慈善财产收益，优化慈善项目管理，还可以激励更多社会力量支持公益慈善事业发展。与其他慈善方式相比，慈善信托具有安全、灵活、高效、透明、持久的特点。同时，慈善信托还是持续解决贫困问题、缩小收入差距、促进共同富裕的有效途径。

第二节　我国慈善信托及其税收制度现状

一、税法供给不足导致慈善信托优势难以彰显

我国早在2001年颁布的《信托法》中，就已设专章规定了公益信托的基本制度，即使如此，公益信托仍未受到青睐，不仅数量微乎其微，而且缺乏成功个案。直到2008年6月，才由西安国际信托有限公司推出了中国首个真正意义上的公益信托——5·12抗震救灾公益信托计划，共募集信托资金1000万元，用于陕西汉中、宝鸡等地震灾区的救助和重建。由此，我国公益信托正式拉开帷幕。然而我国慈善信托，还不能满足社会对慈善事业的强烈需求。《慈善法》实施之后，从备案单数和规模来看，截至2021年12月31日，全国累计慈善信托备案773单，财产规模39.35亿元。其中2021年新设立慈善信托共计227单，财产规模5.71亿元，比2020年增加32.48%。从慈善信托的财产规模来看，北京市备案的慈善信托财产达2.2亿元，名列第一；其次是浙江省、广东省，

慈善信托的财产规模分别为1.06亿元和0.70亿元。[①] 与68家信托公司管理的资产总额相比,慈善信托的数量与规模可谓"九牛一毛"。由此可见,缺乏税收制度的激励,已经成为我国公益事业发展路上难以逾越的障碍。

就目前的税法规定看,对信托行为适用的规则与其他一般经济业务并无区别,在对信托业务课征增值税的140号文和56号文中,都无法寻觅到关于慈善信托课税的只言片语,慈善信托也没有因其慈善属性而享受特殊待遇。慈善信托税收制度的缺位,以及无法适用慈善事业的税收制度来处理慈善信托的课税问题,成为影响慈善信托发展的关键因素,不仅对其课税,而且普遍存在重复征税现象。在信托设立阶段,如果委托人以货币财产设立信托,则不产生纳税义务,倘若信托以股权等非货币形式设立信托,则需要缴纳所得税[②]和增值税,[③]以及印花税。

在慈善信托存续阶段,由于受托人是信托财产名义上的所有人,信托收益均应由受托人履行纳税义务,应缴纳税种同样包括所得税、增值税[④]和印花税。而当信托终止时,信托财产或者收益由受益人取得,受益人还需要再次缴纳所得税。如果信托财产为不动产,则还需负担双重契税。

---

① 参见舒迪:《〈2021年中国慈善信托发展报告〉发布,我国慈善信托财产规模已近40亿元》,载《人民政协报》2022年1月25日,第11版。

② 财政部、国家税务总局《关于公益股权捐赠企业所得税政策问题的通知》(财税〔2016〕45号)规定:"企业向公益性社会团体实施的股权捐赠,应按规定视同转让股权,股权转让收入额以企业所捐赠股权取得时的历史成本确定。"而以股权设立慈善信托,并未纳入享受这一税收优惠待遇的范围,委托人向慈善信托交付股权时视同转让股权,须以公允价值确定转让收入缴纳所得税。在财政部、国家税务总局2019年颁布的《关于公益慈善事业捐赠个人所得税政策的公告》(财政部、税务总局公告2019年第99号)中规定,个人发生的公益捐赠支出金额,属于捐赠股权、房产的,按照个人持有股权、房产的财产原值确定。但是因慈善信托不属于"取得公益性捐赠税前扣除资格的慈善组织、其他社会组织",委托人无法将交付给慈善信托的股权和房产作为公益性捐赠支出在税前扣除。

③ 36号文附件1中规定,销售服务和无形资产或者不动产,是指有偿提供服务、有偿转让无形资产或者不动产。而单位或者个体工商户向其他单位或者个人无偿提供服务、无偿转让无形资产或者不动产,应视同销售缴纳增值税,但用于公益事业或者以社会公众为对象的除外。因此,该文件虽然确认了对用于公益事业的"无偿提供服务、无偿转让无形资产或者不动产"的行为,无须缴纳增值税。但是用于设立慈善信托的财产,如为有形动产,必须缴纳增值税;如为提供服务、无形资产或者不动产,因不能被认定为"用于公益事业或者以社会公众为对象",所以无法享受增值税不征税待遇。

④ 140号文规定,资管产品运营过程中发生的增值税应税行为,以资管产品管理人为增值税纳税人。

二、慈善信托取得公益性捐赠税前扣除条件严苛

根据社会捐赠的运行机制,其捐赠方式可划分成直接捐赠与间接捐赠两种。直接捐赠的运作机理较简单,即个人或企业向受赠人直接赠与。而间接捐赠则是以国家机关或社会组织为受赠人,再通过国家机关和社会组织的实际运行与管理,实现对捐赠资源与财富的有效配置。区分直接捐赠和间接捐赠的实益,在于公益性捐赠税前扣除制度以间接捐赠为原则,以直接捐赠为例外。我国的两部所得税法均为捐赠主体享受公益性捐赠税前扣除,设定了明确的法定渠道,限定国家机关和境内公益性社会组织为间接捐赠的接收主体。在此基础上,财政部、国家税务总局《关于公益慈善事业捐赠个人所得税政策的公告》和财政部、国家税务总局、民政部《关于公益性捐赠税前扣除有关事项的公告》(以下简称27号公告)将“国家机关”明确为县级以上人民政府及其部门,将“公益性社会组织”明确分为慈善组织、其他社会组织和群众团体,要求其依法设立或登记,同时满足相应条件,按规定程序获得公益性捐赠税前扣除资格。群众团体的税前扣除资格名单又需要依财政部、国家税务总局《关于通过公益性群众团体的公益性捐赠税前扣除有关事项的公告》(财政部、税务总局公告2021年第20号)规定,由各省市财政和税务部门联合公布。依法登记的慈善组织和其他社会组织的税前扣除资格名单,则是依据27号公告规定,由各省市民政、财政和税务机关联合确定并公布。对税前扣除资格的管理是主管机关监管公益性社会组织的重要手段。以27号公告为例,该公告彰显了对公益性社会组织的严监管趋势,围绕税前扣除资格的基本要求与具体规定作了全面安排,明确列举了慈善组织和其他社会组织取得公益性捐赠税前扣除资格应当符合的条件,主要包括:更新税前扣除资格的取得条件,优化税前扣除资格的确认程序,延长税前扣除资格的时效保障,明确税前扣除资格的取消情形和重新确认资格的限制,确认公益性社会组织注册资金可税前扣除等内容。27号公告将非营利组织免税资格作为取得税前扣除资格的前置条件,同时新增了专项信息报告的规定和社会组织管理费用支出占比的限定等内容。严苛的税前扣除资格设定,使适格的受赠主体范围大为缩减,且当前我国具备税前扣除资格的社会组织规模已处于较低水平,公益性社会组织的数量不足,不利于公益慈善事业的长足发展。

三、公益性捐赠的税前扣除标准差异较大

允许企业和个人将用于公益性捐赠的支出在缴纳所得税前扣除，是世界各国常用的税收优惠措施。我国税法中也规定了公益性捐赠的税前扣除比例，《企业所得税法》第9条规定："企业发生的公益性捐赠支出，在年度利润总额12%以内的部分，准予在计算应纳税所得额时扣除；超过年度利润总额12%的部分，准予结转以后三年内在计算应纳税所得额时扣除。"《个人所得税法》第6条规定，个人将其所得对教育、扶贫、济困等公益慈善事业进行捐赠，捐赠额未超过纳税人申报的应纳税所得额30%的部分，可以从其应纳税所得额中扣除。不仅如此，因受赠人的差异，捐赠人能够适用的税前扣除标准也有天壤之别。这是由于虽然上述税法对企业、个人公益性捐赠的扣除限额作出了规定，但是一些效力层级较低的行政规章和规范性文件，又规定了更详细具体的优惠比例，使针对某些特殊受赠人的捐赠，可以享受到税前全额扣除的优惠待遇。例如，企业或者个人通过非营利性的社会团体和国家机关向红十字事业①、青少年活动场所、②非营利性老年服务机构③、教育事业捐赠，④以及通过宋庆龄基金会、中国福利会、中国残疾人福利基金会、中国扶贫基金会、中国煤矿尘肺病治疗基金会、中华环境保护基金会⑤用于公益救济性的捐赠，准予在缴纳企业所得税和个人所得税前全额扣除。此外，企业、事业单位、社会团体和个人等社会力量，通过中国老龄事业发展基金会、中国华文教育基金会、中国绿化基金会、中国妇女发展基金会、中国关心下一代健康体育基金会、中国生物多样性保护基金会、中国儿童少年基金会和中国光彩事业基金会⑥、中国

---

① 参见财政部、国家税务总局《关于企业等社会力量向红十字事业捐赠有关所得税政策问题的通知》(财税〔2000〕30号)。

② 参见财政部、国家税务总局《关于对青少年活动场所、电子游戏厅有关所得税和营业税政策问题的通知》(财税〔2000〕21号)第1条。

③ 参见财政部、国家税务总局《关于对老年服务机构有关税收政策问题的通知》(财税〔2000〕97号)第2条。

④ 参见财政部、国家税务总局《关于教育税收政策的通知》(财税〔2004〕39号)第1条。

⑤ 参见财政部、国家税务总局《关于向宋庆龄基金会等6家单位捐赠所得税政策问题的通知》(财税〔2004〕172号)。

⑥ 参见财政部、国家税务总局《关于中国老龄事业发展基金会等8家单位捐赠所得税政策问题的通知》(财税〔2006〕66号)。

医药卫生事业发展基金会[①]、中国教育发展基金会[②]用于公益救济性的捐赠，在计算应纳税所得额时均没有扣除上限，即无论捐赠多少均可全额扣除。显而易见，这些优惠各异、纷繁复杂的税收政策，不仅造成了各公益性捐赠人税收待遇的差别，也诱导了公益资金的流向，难以推动社会公益事业的有序发展。[③]慈善信托的委托人在选择信托计划时，必然也将受到这些规章文件的影响，可能会有悖于其从事慈善事业的初衷。

四、慈善信托的特殊架构应运而生

根据我国现行税法，慈善信托的设立即使具有完全的公益目的，也很难获得税收减免。即使委托人根据《慈善法》第 80 条捐赠的信托财产可以享受税收减免，但是信托公司接受捐赠设立慈善信托后，如何开具发票也会成为一大难题。财政部、民政部《关于进一步明确公益性社会组织申领公益事业捐赠票据有关问题的通知》（财综〔2016〕7 号）第 1 条规定了有权向财政部门申领公益事业捐赠票据的主体："在民政部门依法登记，并从事公益事业的社会团体、基金会和民办非企业单位（以下简称公益性社会组织），按照《公益事业捐赠票据使用管理暂行办法》规定，可以到同级财政部门申领公益事业捐赠票据。"显然信托公司不在此列。公益事业捐赠票据不但是捐赠者扣除税前所得的凭证，更是慈善组织自身捐赠收入免税的依据，若信托公司无法申领和开具公益事业捐赠票据，那么无论是委托人还是受托人的税收优惠都不能得到落实。

在我国，慈善信托并非经济实体，其本身并不具备纳税主体资格，在现行税法规定下，作为受托人的信托公司也无权开具可税前扣除的捐赠发票。从 2016 年备案的 22 项慈善信托计划来看，由信托公司单独或者共同担任受托人的有 21 项，只有 1 项是由慈善组织单独担任受托人的。[④] 当前慈善信托的受

---

① 参见财政部、国家税务总局《关于中国医药卫生事业发展基金会捐赠所得税政策问题的通知》（财税〔2006〕67 号）。

② 参见财政部、国家税务总局《关于中国教育发展基金会捐赠所得税政策问题的通知》（财税〔2006〕68 号）。

③ 参见郝琳琳：《论公益信托的税收激励》，载《北京工商大学学报（社会科学版）》2010 年第 2 期。

④ 参见《中慈联发布 2016 年中国慈善信托发展报告》，载中国慈善联合会网 2017 年 2 月 14 日，http://www.charityalliance.org.cn/news/8381.jhtml。

托人以信托公司为主,主要源于信托公司在信托管理、信托财产保值增值以及信托结构设计等方面,比慈善组织更具经验和优势。然而,由于缺乏直接的税收优惠支持,以信托公司作为受托人的慈善信托各方主体,无法凭借信托文件及其公益慈善属性获得减免税。因此,相关主体只好设计相应的架构,来适用税收优惠并解决委托人慈善信托财产的税前抵扣问题。无论怎样选择受托人,都必须通过慈善组织获得公益事业捐赠票据,在设立信托时,就会想方设法楔入"捐赠"或"项目执行"环节,借助慈善组织的特殊身份来实现开具和获取捐赠发票的目的。由此,慈善信托的结构难免会发生扭曲,其制度优势也难以充分发挥。

(一)慈善组织成为慈善信托的委托人或者项目执行人

慈善组织充当委托人模式(见图8-1)。此模式其实由两个阶段组成:第一阶段是完成慈善捐赠。由慈善财产的所有者将财产捐赠给慈善组织,慈善组织接受捐赠后向赠与人开具捐赠票据,赠与人由此实现公益性捐赠的税前扣除。第二阶段是设置慈善信托。由慈善组织作为委托人再将捐赠财产设立慈善信托,受托人根据信托合同对信托财产进行管理和运用。

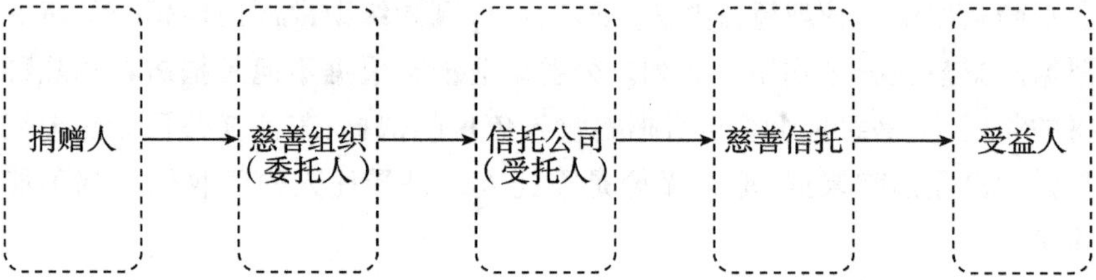

图8-1 慈善组织充当委托人

慈善组织充当项目执行人模式(见图8-2)。在这一模式中,委托人与受托人签订慈善信托合同之后,慈善信托即告成立。在该信托计划运营过程中,为了让委托人获得捐赠发票,受托人不得不在分配慈善信托财产时,将慈善组织引进信托架构,充任"项目执行人"角色。

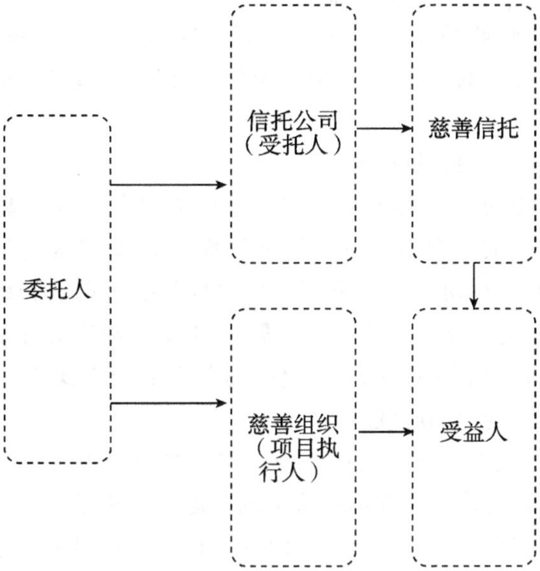

图 8－2　慈善组织充当项目执行人

（二）特殊架构下的理论与实践难题

显而易见，这两类特殊的信托架构都是为了取得慈善组织开具的符合公益性捐赠的发票设计而成的，然而在信托法框架下，这样的架构容易产生理论和实践上的争议。

1. 慈善组织作为委托人

捐赠人将财产捐赠给慈善组织，再由慈善组织按照捐赠人的意愿，将接受捐赠的财产设立慈善信托，那么，这些信托财产是否应计入慈善组织的慈善活动支出？从表面看来，慈善组织接受捐赠的财产及其收益将全部用于慈善事业，在设立慈善信托成为信托财产之后，其所有权和收益权不再归属于慈善组织，信托财产也将向符合慈善信托目的的不特定受益人进行分配，应属于"慈善活动支出"范围。但实际上，在慈善信托存续期间，尚未向受益人进行分配的信托财产和收益，并未实现其慈善目的，因此累积未分配的信托财产和收益，还不能视为慈善组织的慈善支出。由于我国《慈善法》要求慈善组织的慈善活动年度支出需达到一定的标准，倘若这部分财产不能计入慈善组织的年度总支出，将违背《慈善法》关于慈善活动支出的基本规定。[①] 甚至有观点认为，慈善信托应该强调委托人的权利，委托人应该由捐赠人担任，信托财产的支出也应遵循委托人的意愿，以慈善组织作为委托人，捐赠人的权利就难以得到保障。[②]

2. 慈善组织作为项目执行人

以慈善组织作为项目执行人，也是为了向捐赠人开具捐赠发票。实际上，委托人在慈善信托文件中不能将受益对象特定化，只能规定信托利益的资助项目和受益范围，然后由受托人根据信托文件的要求遴选和确定受益人。但是在这一模式中，为了开具慈善捐赠发票，在将信托财产分配给不特定的受益人之前，先要进入委托人指定的慈善组织的账户中，这在理论上容易引起对慈善信托受益人不特定性的质疑。

然而，即使委托人能够通过这一模式取得慈善捐赠发票，完成税前扣除，仍将面临无法一次性取得全部捐赠票据的难题。架构精巧和灵活理财是信托制度传承已久的优势，委托人在信托计划中，往往会作出关于年度慈善支出的比例安排，受托人按照约定分期向受益人分配。这样，作为项目执行人的慈善组织，只能按照每期的分配数额开具捐赠发票，无法做到一次全额开具，委托人同样无法将捐赠支出一次性在税前扣除，必然会弱化减免税的力度。

第三节　域外慈善信托各阶段税收立法与实践

从域外慈善信托的实践来看，税收优惠制度扮演了非常重要的角色，推动了慈善信托的发展。慈善信托的各方主体，包括委托人、受托人和受益人，甚至慈善信托本身，都可以享受到税收优惠，优惠的税种主要涉及企业所得税、个人所得税、资本利得税、遗产赠与税等，有些国家还给予慈善信托增值税、营业税、房产税等优惠。

---

① 根据《慈善法》第60条的规定，慈善组织中具有公开募捐资格的基金会开展慈善活动的年度支出，不得低于上一年总收入的70%或者前3年收入平均数额的70%。具有公开募捐资格的基金会以外的慈善组织开展慈善活动的年度支出和管理费用的标准，由国务院民政部门会同国务院财政、税务等部门依照前款规定的原则制定。

② 参见顾磊：《慈善信托：成功“抢滩”还是错位“登陆”？》，载《人民政协报》2016年9月20日，第10版。

一、信托设立阶段

多数国家在信托设立环节会给予委托人所得税减免。英国《2010年公司税法》规定，对于符合相关条件的慈善捐赠，允许企业在一个会计期间内计算应纳税所得额时从利润中扣减，扣除额以利润总额为限。① 英国《2007年所得税法》的第10部分，专门规定了适用于慈善信托所得课税的特殊条款。当个人作为委托人时，个人用于慈善目的的捐赠款项，可以按照较低的所得税基础税率纳税；如果捐赠人是企业且捐款用于慈善目的，则不仅捐赠企业可以申请将向慈善信托捐赠的全部款项从应税所得中扣除，该捐赠还不用计入慈善信托的收入总额。② 如果捐赠财产为不动产，还可以享受免缴印花税优惠。③ 在实践中，包括慈善信托在内的慈善组织，能够通过契约和薪水减扣方式对捐赠人返还赠与时所支付的所得税。④ 此外，以遗嘱形式设立的永久性慈善信托免征遗产税，非永久性慈善信托也可以在信托存续期间享受税收优惠。如果慈善信托并非以遗嘱形式设立，则只能免征资本转移税和所得税。⑤

美国的慈善信托免税优惠规定在美国《国内税收法典》第501节(C)(3)中，该条款规定享受免税待遇的慈善信托应具备的条件：其组织和运作完全是为了宗教、慈善、科学、公共安全试验、文学或教育、扶助国内或者国际业余体育竞赛(但不包括提供体育设施或装备的活动)，或防止虐待儿童和动物的目的。⑥ 由于美国的个人所得税适用累进税率，收入越高且适用税率越高的人，慈善捐赠实际上得到的优惠也就越多。该条款还规定，捐款对象不同，抵扣额度也有所区别。以货币形式捐赠，如果捐赠给公共慈善机构，则捐赠额在个人应纳税所得额50%以内的部分可以税前扣除；如果捐赠给私有基金会，税前扣除限额一般为应纳税所得额的30%，除非向运作型私有基金会和私有过桥基金会等特殊私有基金会捐赠，才可以按照50%的比例扣除。以非货币形式捐

---

① 参见英国《2010年公司税法》(Corporation Tax Act 2010, Section 189)。

② 参见英国《2007年所得税法》(Income Tax Act 2007, Section 520－523)。

③ 参见何宝玉：《英国信托法原理与判例》，法律出版社2001年版，第303页。

④ 20世纪六七十年代，英国最高的所得税在60%以上，纳税人就利用慈善赠与后再获得返还的利益来规避高额的税收。到20世纪90年代，英国采取了一系列措施使这种现象得到了遏制。

⑤ 参见中国信托业协会编著：《慈善信托研究》，中国金融出版社2016年版，第20～21页。

⑥ 参见资中筠：《财富的责任与资本主义演变：美国百年公益发展的启示》，上海三联书店2015年版，第55页。

赠,如果捐赠给公共慈善机构,捐赠额在应纳税所得额30%以内的部分可以税前扣除;如果向私有基金会捐赠,则税前扣除额最高为本人应纳税所得额的20%,超过限额部分可以递延5年结转扣除。对企业而言,向私有基金会捐赠并无税收优惠,如果向慈善信托捐赠,捐款不超过年所得10%的部分可以税前扣除,超过部分可以结转5年扣除。① 此外,个人以遗产捐赠方式设立慈善信托的,可以免征遗产税。

日本的税收优惠力度不及英美。在日本,只有以货币形式的财产设立公益信托,才能享受税收优惠,使用其他形式的财产则不能获得税收减免。即使是货币财产设立的信托,日本税法也是采用部分扣除制度,纳税人必须向"公共利益法人"中的"特定公共利益促进法人"捐赠,方能享受扣除。若委托人为公司法人,则其设立信托转移财产的行为视同在公平市场销售,需要缴纳资本利得税,除非捐赠对象为政府机关或者指定组织,才能将捐赠计入免税额。此外,委托人向公益信托受托人转移信托财产免征消费税。就遗产税而言,因继承、遗赠所取得的金额成为特定公益信托支出时,该金额不计入遗产税课税计算基础,免征遗产税;如果委托人死亡,只要继承人不产生与信托财产相关的经济利益,其信托权利被视为"零"价额,受益人不特定或委托人发生继承时,确认免课遗产税。②

二、慈善信托存续阶段

在英国,慈善信托在运行过程中,可以要求免除所得税、增值税等税费。首先是所得税。慈善信托不需要为其所从事的各种商业活动支付所得税,这些活动包括纯粹以慈善为目的或主要以慈善为目的的活动。但是,这种豁免也有例外,即如果慈善信托的收入或者可支配的资金,每年超过10,000英镑,并且这些财产的所得用于《1986年金融法》第7条所规定的"非许可的花费",则无法享受税收减免。③ 其次是增值税。通常而言,慈善信托有义务缴纳增值税,然而,如果该信托的目的是救济穷困而设立,那么在销售捐赠的货物时,无论其以何种形式卖出,都可以免除增值税。④ 同时,根据英国《1992年慈善收益

① 参见中国信托业协会编著:《慈善信托研究》,中国金融出版社2016年版,第30~31页。

② 参见中国信托业协会编著:《慈善信托研究》,中国金融出版社2016年版,第42~43页。

③ See J. G. Riddall, *The Law of Trust*, London, Butterworths, 1987, p. 158.

④ See Philip H. , *Equity and the Law of Trust*, 5th ed. , London, Butterworths, 1984, p. 208.

税收法》的规定,只要信托财产用于慈善目的,慈善信托即可免征资本增值税。① 最后是土地税。慈善组织可以申请对其所占有的土地及地上建筑物减免50%的税费,甚至可以向地方政府请求将剩余50%税费也予以减免,这样几乎可以实现全部的税收减免。② 另外,慈善组织占有的某些宗教性质的建筑全部免费。《1992年地方政府财政法》将这种税收改为地方税,优惠额度由地方政府自由裁量。③ 长期以来,英国的慈善信托一直享有税收优惠,这对英国社会公益事业的发展起到了关键的引导作用。

根据美国《国内税收法典》第501条(C)(3)的规定,慈善信托本身可以申请获取免税资格,并可以参照公共慈善组织的税收待遇享受相应的税收减免。根据该条款的规定,慈善组织作为受托人接受的捐赠都可以享受所得税减免,其开展与免税目的一致的业务活动所取得的收入,亦可免征所得税。

在日本,根据日本《所得税法》的规定,公益信托所得被视为非课税所得。日本《法人税法》附则也规定,企业设立特定公益信托的信托财产,在运作过程中获得的收入不征收所得税。④

可见,域外的税收法律法规通常会对个人和组织设立或向慈善信托捐赠给予不同程度的税收优惠,在慈善信托存续期间也会享受很多减免税待遇。由于历史文化传统的不同,英美国家在鼓励民众参与慈善事业方面的税收优惠力度很大,其政府更注重发挥税收的杠杆作用,以调动更多民间力量支持社会公益慈善事业的发展,更注重呵护和培育整个社会的慈善意识和积极性。

第四节　我国慈善信托税收激励制度之完善

一、税负宽松:鼓励慈善信托的发展

赋予慈善信托独立的纳税主体地位和税收优惠资格,使其无须依赖委托人或者受益人的身份即可获得税收减免,提升其运营的自主性,才更能体现慈善信托的独立法律价值。如果慈善信托不得不借助慈善组织才能获得税收优惠,那么就无须颇费周章地设立监管严厉的慈善信托,只需设立门槛较低的商

---

① 参见何宝玉:《英国信托法原理与判例》,法律出版社2001年版,第303页。

② See J. G. Riddall, *The Law of Trust*, London, Butterworths, 1987, p. 158.

③ 参见何宝玉:《英国信托法原理与判例》,法律出版社2001年版,第303页。

④ 参见中国信托业协会编著:《慈善信托研究》,中国金融出版社2016年版,第43页。

业信托便已足够。反之,如果慈善信托本身具有税收优惠资格,就不需要总是依赖慈善组织才能享受税收优惠,其灵活性也将因此脱颖而出。

我国的信托税收法律制度或可从相对特殊的慈善信托着手,先行探索完善。由于慈善信托一旦设立,信托财产就不能再回到委托人及其利害关系人名下,与其他私益信托相比,慈善信托各主体的法律关系相对简单,也无须设计过于复杂的法律架构来进行税收筹划。如果法律赋予慈善信托直接的税收优惠,不仅可以鼓励社会资本流向慈善领域,也将减少税收征管的成本和难度。

其实,依据现行税收制度,通过股权等非货币资产设立慈善信托,可能比设立商业信托税负更重。由于慈善信托设立阶段的股权资产仍然视同销售,与商业信托并无区别。在信托存续期间无须缴纳所得税,待分配到受益人后才作为受益人的收益缴纳所得税,商业信托的财产增值部分亦然。所以,商业信托只要以慈善组织为受益人,其财产增值部分无论是在信托存续期间还是终止之后,都无须缴纳所得税。而慈善信托却因受益人的不特定性,无法直接指定慈善组织为受益人,其财产增值部分仍然需要缴纳所得税。由此,慈善信托的税负有可能超过商业信托的税负,这样的情形是在目前信托整体税制和慈善组织税制共同作用下生成的。可见,以非货币资产所设慈善信托的课税问题,需要通过系统性地完善税制才能解决。

二、监管严格:防范慈善信托对税收优惠的滥用

相比我国《信托法》中设立公益信托实行"批准制",我国《慈善法》第45条确立的慈善信托以"备案制"为原则,显得尤为宽容。备案制将监管后置,降低了慈善信托的门槛。但是,从批准制直接跨越到备案制后,为了避免滥用慈善之名行私益之实,对委托人设立信托的目的还是应该进行审查。实行"备案制"的原因在于《慈善法》已经将自然人排除在慈善信托受托人之外,机构中能够担任受托人的,除信托公司外,均为慈善组织,而慈善组织的设立、组织机构设置、运作模式与监管制度均有严格规定,无须多此一举再行审查和批准。如果受托人为信托公司,由中国银保监会监督其资产运作与管理亦足矣。

由于可以享受税收优惠,对慈善信托进行严格监管是各国常见的做法。英国对慈善信托全方位的监管体系值得参照。英国《1993年慈善法》规定,设立慈善委员会的目的在于:一是采用更完善的管理方法,为慈善受托人提供更有利于慈善信托运行的良好建议;二是调查滥用慈善信托财产的行为,以此促进信托财产有效合理地利用。在该法中,明确列举了慈善委员会管理慈善信

托的主要职能,包括登记、问责、监管、支持和强制执行。在英国《2006 年慈善法》中,更是赋予慈善委员会较明确的法律地位,即只对议会负责的具有独立性的主管慈善事务的政府机关。并且,慈善委员会虽然独立却并不孤立,英国法院、皇家检察总长、遗嘱事务署以及国内税务局等机构,也都参与对慈善信托的全方位共同治理。慈善委员会与英国法院共同行使职权,包括为了更好地实现慈善目的而制定"方案"、变更信托目的适用力求近似原则,①以及采取措施纠正受托人违反慈善信托义务的行为等。由皇家检察总长代表王室干预慈善信托这一传统的监管方式一直很受推崇,皇家检察总长的监管责任是向法院提供保护和管理慈善信托的理念与建议。此外,涉及以遗嘱方式设立的慈善信托,由遗嘱事务署进行监管。因为《1799 年所得税法》(The Income Tax Act 1799)的实施和"帕姆赛尔案"的判决,慈善信托才获得了免税资格,英国国内税务局也就当仁不让地取得了对慈善信托减免税收的监督权。

与英国类似,美国建立了从联邦政府到地方政府全面严格的监管体系,有效促进了慈善组织严格律己,并树立了良好的社会公信力。首先,美国州政府对慈善事业具有直接监督权,慈善信托和慈善组织的设立,需要向州政府的检察长登记,美国 50 个州和首都华盛顿特区政府,都有专门机构分管在本辖区正式登记的公益慈善组织,管理社会组织的注册申请及审计检查。其次,慈善组织的筹款活动也必须获得州政府的批准。因此州政府的司法和行政系统直接对纳税人的利益负责,有义务和权利严格监管慈善组织和慈善信托的活动。从州检察官的监管要求来看,大多数州都直接要求检查慈善组织财务报表,并要求由独立第三方对其财务会计状况进行严格审计。

日本则并未明确慈善信托的监管部门,而是采取了不同慈善目的归口相应领域主管机关的模糊方式。在日本,建立了严格的慈善监管法规体系,其核心宗旨即一切活动必须以非营利公益事业为目标,允许获得一定经营性收入,但必须保证该笔收入全部用于慈善目的,且经营性收入在年度总收入中所占比例不得超过 50%。此外,还特别强调,赋予相关主管机关对公益信托监管的"随时性"和"必要性",旨在强化主管机关的权限,要求其对辖区内慈善信托加强监控。

考虑我国缺乏针对慈善机构的极为详尽的税收政策法规,慈善信托的税

① 力求近似原则,是指当慈善目的不能实现时,可以将原来的慈善目的变更为最接近原慈善目的的其他目的,使该慈善信托继续运行。

收制度也是亟待填补的空白，财税部门对慈善信托是否具有抵税资格进行专业性审查难度较大，因此，我国可以参照英国的慈善委员会制度，在慈善信托设立备案环节，由民政部门对其进行实质性审查，确保每一个慈善信托都具有绝对的慈善目的。实际上，以慈善信托为名，滥用税收优惠累积财产的先例也多有发生。因此，慈善信托必须在设立备案时获得监管机构的认可，才能允许其申请税收优惠资格，尤其是今后对慈善信托的税收制度建立之后，对其进行严格监管显得尤为必要。

三、慈善信托税收制度设计

慈善信托并不是一种政府行为，而是社会公众直接将其财富投入社会公益事业的发展之中，既节省了相关的行政管理费用，也减少了公共支出。为鼓励和扶持慈善信托，我国可以从以下几方面逐步完善慈善信托的税收激励制度。

（一）构建统一且协调的慈善事业税收制度

任何税收都与纳税人的财产利益息息相关。因而，慈善事业的税制也应该与营利组织的一样，由全国人民代表大会及其常务委员会制定税收法律，或者授权国务院制定税收行政法规；各部门和地方政府制定的行政规章不得与税收法律和行政法规相冲突。但是，基于慈善信托的特殊性质考虑，其税收应该有别于一般的经济业务，慈善信托与慈善组织同样是为实现慈善目的和公共利益而设立，应得享慈善组织在税收上的各项优惠待遇。并应该在慈善事业的税制中独树一帜，特别要突出体现激励慈善信托发展的目标，以此创建统一协调的慈善事业税收制度和良好的法律环境。

（二）分阶段设计慈善信托税收制度

信托独具一格的产权结构，以及其运行中财产的形式移转和实质移转并存，导致信托财产收益和流转额均需双重纳税。作为信托类型之一的慈善信托，并未因其慈善属性而独享税收优惠，仍面临双重纳税的困境。本书在第三章确立的以实质课税原则作为信托各主体税负分配的基础，仍然适用于慈善信托的税收制度。具体而言，可以分阶段进行税收制度设计。

第一，设立阶段。基于信托合同，委托人将信托财产交付于受托人，应将其视为公益性的捐赠行为，并按捐赠限额进行所得税的税前扣除。这一阶段产生的印花税、契税和流转税等，因财产用于慈善目的应该给予减免。

第二，存续阶段。由于受托人并非信托财产的最终所有权人，根据实质课税原则,受托人在经营管理慈善信托过程中所获得的收益应免征所得税。在信托存续阶段取得的流转额收入,也应适当减征流转税,以此激励受托人,提高受托人经营慈善信托的积极性。

第三,终止阶段。非公益性信托终止时,信托财产发生实质性转移,由受托人转移给受益人,受益人当然应负担所得税等税款。然而,在慈善信托中,受益人往往都是社会弱势群体,是需要帮扶、救助的对象,再对受益财产进行征税无异于雪上加霜。因此,受益人取得的财产获得免税对待,显得更加符合情理。

总而言之,实质课税原则通过占有财产的形式,捕捉信托计划的本质,减轻了委托人和受托人的税负,又凭借税收正义理念免除了经济支付能力相对孱弱的受益人的纳税义务,契合慈善信托的目的和初衷。

(三)进一步提高并统一公益性捐赠的税前扣除标准

允许企业将公益性捐赠在计算应纳税所得额前扣除,几乎是世界各国的普遍做法。除前文提及的美国慈善捐赠依捐赠对象的差别而采用不同的税前扣除方法外,加拿大的税前扣除比例高达应纳税所得额的75%,希腊更有公益性捐赠可以全额扣除的规定。就我国而言,为鼓励企业履行社会责任,践行慈善理念,可以参考其他国家的相关政策和实践,进一步提高我国企业公益性捐赠的所得税前扣除比例,减免捐赠企业的所得税额;同时应取缔那些因捐赠对象特殊而可以享受税前捐赠全额扣除的差别优惠待遇,统一公益性捐赠的税前扣除标准,尽量避免诱导善款的流向。而自然人用于公益目的的捐赠,则可以考虑取消有关捐赠限额的规定,即在计算个人的应纳税所得额时,允许将公益性捐赠全额扣除,以激励个人投身慈善事业的热情。随着个人自行申报纳税制度的逐渐推广和完善,全额扣除慈善支出也将具有很强的实践价值,从而推动《个人所得税法》税制模式的优化。①

① 参见郝琳琳:《论信托避税及其防范规则》,载《北京工商大学学报(社会科学版)》2011年第5期。

第九章　CRS 与个税新法背景下的离岸家族信托与财富传承

第一节　从财产隐秘到账户交换：CRS 启动税务透明时代

一、家族信托与离岸信托

家族信托,是指高净值人群委托信托机构代为管理、处置家族财产的信托计划,其目的是实现富裕人群的财富管理和子孙福祉。根据信托法律原理,一旦设立家族信托,投入至信托计划内的财产即具备独立性,无论富人离婚析产或破产、死亡,家族信托计划内的财产都将独立存在。委托人也可通过合同约定设定多样化、个性化的传承条件,以确保子孙后代衣食无忧。同时,通过特殊的财务安排,家族信托可用于规避高额的遗产税等税费。基于上述优点,家族信托在 20 世纪 80 年代出现后,受到世界各地高净值人士的广泛青睐。

离岸信托也称为境外信托或外国信托,是指日常管理在境外进行,且全部或大部分受托人不在本国居住或不在本国习惯性居住的本国居民委托人设立的信托。由于特定的属地对信托的定义或法条有相对宽松或特别的政策,受益人的利益能够得到更多的保护,所以越来越多的企业家为了达到企业和个人的财务目的,选择离岸信托,确保能在法律上寻求解决方案。

高净值人士在考虑财富的代际传承时,离岸家族信托凭借其先天优势，尤其是税务上的优势，成为高净值人士以及全球资产配置群体在进行投资时的首选。高净值群体越来越倾向于利用离岸信托，尤其是离岸家族信托进行财产的增值与传承。

各国信托法对于离岸信托的设立、撤销、当事人权利义务等，可能存在不同的规定，但通常而言，离岸信托法律关系中一般涉及信托的委托人、受托人、受益人，部分离岸信托还会设置保护人。委托人是离岸信托关系的创设人，按照自己的意愿通过信托合同对信托收益的归属进行约定，并将合法财产转移到受托人名下；受托人是按照信托合同管理信托资产的人，虽是离岸信托名义上的所有者，但不真正享有信托收益，其通常为专业信托公司或者委托人信任的个人，受托人可以按约定取得信托报酬；受益人是真正享有信托资产收益权的人，可以是自然人、法人或者非法人，可以是一个或者多个，按照在信托中受益形式的不同分成固定受益人和任意受益人。除上述当事人外，离岸信托还可以设立信托保护人来监督受托人的各项活动，实践中有的信托还会设立多个信托保护人，组成保护人委员会。

离岸家族信托能够实现财产转移，并能够对财产起到很强的保护作用。委托人将财产转入其设置的离岸信托后，凭借信托的独立性，委托人后续的商业操作与变化，不会对该离岸信托中的财产产生影响，相当于设置了一面财产防火墙。此外，一些高净值人士通常会在低税负的离岸地设立离岸家族信托，将他们获得的财富传承下去，高净值人士作为信托委托人，可以通过合同等方式，设定受益人取得信托收益的条件，以防止“富不过三代”现象的出现，确保福祉惠及子孙后代。除财产转移与财产传承两大功能外，融合了现代金融自由化和经济全球化的离岸信托，更能体现其规避法律的特性。在实践中，避税功能也是离岸信托得以快速发展的重要原因。离岸信托之所以能够具有如此丰富的功能，是因为其自身的灵活性和保密性，具体表现在以下几个特性：

第一，存续期间长。一方面较长的存续期体现了信托制度的灵活性，能够从长远出发作出长线的信托安排，比如，受托人可以不必受制于存续期间而选择投资初期收益小但发展潜力巨大的新兴产业；另一方面，长时间的存续期间，在一定程度上也为离岸信托纳税人，利用累积收益的方式规避纳税义务，提供了制度前提。因此，美国等国家和地区的信托业设有反永续原则，对信托存续期间作出了限制，防止可能发生的信托避税。但一些离岸地出于吸引全球资本的考量，会规定较长的信托存续期间，以发展最快的离岸投资中心英属维尔京群岛(The British Virgin Islands,BVI)为例,当地信托立法规定离岸信托的存续期间可以约定,最长可以达360年之久。此外,出于公益目的设立的离岸慈善信托不受存续期的限制,只有当信托目的无法实现(如慈善信托财产已耗尽)方才终止,这就使离岸信托中可能出现假借慈善信托进行避税的行为。

第二,保密制度严格。瑞士、开曼群岛等离岸金融中心,都对本地设立的金融账户作出了十分严密的保密规定,对离岸信托同样没有硬性的登记规定,更没有强制性的信息披露规定。更有甚者,根西岛等离岸地规定,除司法机关作出的强制性指令外,信托公司等金融机构没有义务向其他金融监管机构或他国税务部门提供信托涉税信息,虽然随着国际税收情报交换工作的开展,离岸信托的私密性受到一定程度的挑战,但严格的保密制度仍是离岸信托吸引众多高净值人士选择的重要特征。

第三,税收政策优惠。一方面,大多数离岸地的税制中,各税种税率较低,甚至一些税种规定免征或不征。例如,英属维尔京群岛公司的公司税税率为15%,而我国企业所得税税率为25%,同时,英属维尔京群岛不征收资本利得税、资本转移税,更加减轻了纳税人的税负。除制定低税率的税收制度外,部分离岸金融中心还针对离岸信托制定了专门的税收优惠政策,比如,所得税只对源于本国或地区的所得征收,对非居民受益人的信托收益,设置一定期限的豁免,甚至不征税优惠。另一方面,为了更有力地吸引全球范围内的高净值人士选择本国或本地区设立离岸信托,部分离岸地为非居民委托人设立的离岸信托,特别设置了独特的信托种类,比如,英属维尔京群岛的VISTA信托和开曼群岛的STAR信托等,提供更加有力度的税收优惠政策和服务。

第四,有利于家族企业传承。对于家族企业的控股股东或者实际控制人来说,他们希望股权能集中在家族成员之中,不希望因为婚姻关系造成股权的稀释和旁落。家族信托能够保持股权结构的稳定与传承。企业可以将股权都装入信托中,并对股权的实际控制人和其他控制人的权利作出明确的约定,从而达到委托人或者控股股东拥有绝对控股权的目的。设立家族信托还可以激励和约束后代的行为。委托人可以在信托条款中明确规定受益人获取收益的条件,附加对后代的约束条款,例如,考取名牌大学就可以多获得收益,挥霍度日,无所事事,则少分钱物。通过信托具体条款的约束,促使家族财富在物质上传递,在精神上传承。

二、CRS 的前世今生

经济快速发展促进了财富增长,我国高净值人士[①]数量逐年攀升。根据招商银行发布的统计数据,2020 年,中国个人可投资资产总规模达人民币 241 万亿元,可投资资产在人民币 1000 万元以上的中国高净值人士数量达 262 万人,预计 2021 年年底该人群数量将接近 300 万人,拥有可投资资产总额将超过人民币 90 万亿元。[②]

长期以来,高净值人士依赖信托等离岸架构进行个人财富的税务筹划,因无法准确获知其离岸账户的财产信息,这些资产一直处于隐秘之中,成了税收的盲区。然而,互联网时代的信息技术,使金融账户信息自动交换变得轻而易举,加之国际金融危机导致的各国财政困难,逐渐催生了 FATCA 和 CRS。

早在 2014 年,经济合作与发展组织(Organisation for Economic Co-operation and Development,OECD)为打击跨境逃税行为,发布了《金融账户涉税信息自动交换标准》(*Standard for Automatic Exchange of Financial Information in Tax Matters*,AEOI 标准)。[③] 该标准是由 CRS 和《主管当局间协议范本》两个部分组成的。其中,CRS 主要是关于金融机构收集、报送外国税务居民(包括个人与企业)账户信息的程序与要求。

在 G20 的推动下,CRS 很快引领了多个国家(地区)共同参与编织信息互通的罗网,实现了国际社会过去一直难以企及的目标:将个人的境外金融账户信息交换回其税务居民所在国。截至 2019 年 7 月,已有 106 个国家(地区)签署实施 AEOI 标准的多边主管当局协议,其中 92 个国家(地区)已开展相关信息交换。[④] 在 CRS 之前,信托等离岸架构因其制度的优越性和信息的保密性,成为高净值人士国际避税的主要形式。但是,根据 CRS 的合规要求,离岸信托

---

① 本章所称“高净值人士”参照了招商银行各年度发布的《中国私人财富报告》使用的标准,是指拥有可投资资产在人民币 1000 万元以上的个人。

② 参见《招商银行发布〈2021 中国私人财富报告〉》,载招商银行网 2021 年 5 月 17 日,https://www.cmbchina.com/cmbinfo/news/newsinfo.aspx? guid = 87fb8c75 - ad23 - 4e5c - 86a7 - 612ff1f3b80e。

③ Standard for Automatic Exchange of Financial Account Information in Tax Matters, Accessed Aug. 25, 2023, https://www.oecd-ilibrary.org/docserver/9789264216525-en.pdf? expires = 1628428311&id = id&accname = guest&checksum = 559946C90B368FADB07AC40AE77F4F71.

④ 参见《金融账户涉税信息自动交换标准简介》,载国家税务总局网,http://www.chinatax.gov.cn/aeoi_index.html,最后访问时间:2023 年 8 月 20 日。

在 CRS 下须进行金融账户信息的申报和识别。①

（一）CRS 交换的内容

金融机构应当汇总报送境内分支机构的下列非居民账户信息，并注明报送信息的金融机构名称、地址以及纳税人识别号。具体而言，需要报送的信息包括：

1. 个人账户持有人的姓名、现居地址、税收居民国（地区）、居民国（地区）纳税人识别号、出生地、出生日期；机构账户持有人的名称、地址、税收居民国（地区）、居民国（地区）纳税人识别号；机构账户持有人是非居民控制人的消极非金融机构的，还应当报送非居民控制人的姓名、现居地址、税收居民国（地区）、居民国（地区）纳税人识别号、出生地、出生日期。

2. 账号或者类似信息。

3. 公历年度年末单个非居民账户的余额或者净值（包括具有现金价值的保险合同或者年金合同的现金价值或者退保价值）。账户在本年度内注销的，余额为零，同时应当注明账户已注销。

4. 存款账户，报送公历年度内收到或者计入该账户的利息总额。

5. 托管账户，报送公历年度内收到或者计入该账户的利息总额、股息总额以及其他由于被托管资产而收到或者计入该账户的收入总额。

6. 其他账户，报送公历年度内收到或者计入该账户的收入总额，包括赎回款项的总额。

7. 国家税务总局要求报送的其他信息。

（二）我国 AEOI 标准实施时间表

2014 年 9 月，经国务院批准，我国在 G20 财政部部长和央行行长会议上承诺将实施 AEOI 标准，首次对外交换信息的时间为 2018 年 9 月。

2015 年 7 月，《多边税收征管互助公约》由第十二届全国人大常委会第十五

---

① 对于被认定为消极非金融机构的离岸信托来说，如果在其他金融机构持有账户，那么该离岸信托还需要向金融机构提供其实际控制人的身份信息，以供金融机构进一步判定该信托账户是否属于需要识别和申报的账户。当消极非金融机构的实际控制人为非居民个人时，金融机构需要收集并提交包括委托人、受托人、受益人（固定受益人和任意受益人）以及保护人等实际控制人的税务信息。根据 CRS 的要求开展金融账户涉税信息自动交换，首先由一国（地区）金融机构通过尽职调查程序，识别另一国（地区）税收居民在该机构开立的账户，按年向金融机构所在国（地区）主管部门报送账户持有人名称、纳税人识别号、地址、账号、余额、利息、股息以及出售金融资产的收入等信息，再由该国（地区）税务机关与账户持有人的居民国税务机关开展信息交换，最终为各国（地区）进行跨境税源监管提供信息支持。

次会议批准，已于2016年2月对我国生效，为实施AEOI标准奠定了多边法律基础。

2015年12月，经国务院批准，国家税务总局签署了《金融账户涉税信息自动交换多边主管当局间协议》，为我国与其他国家（地区）间相互交换金融账户涉税信息提供了操作层面的多边法律工具。

2016年10月，国家税务总局就《非居民金融账户涉税信息尽职调查管理办法（征求意见稿）》公开征求意见。

2017年5月9日，《非居民金融账户涉税信息尽职调查管理办法》正式发布。

2017年7月1日，金融机构开始对新开立的个人和机构账户开展尽职调查。

2017年12月31日前，金融机构完成对存量个人高净值账户（截至2017年6月30日金融账户加总余额超过100万美元）的尽职调查。

2018年5月31日前，金融机构报送信息。

2018年9月，国家税务总局与其他国家（地区）税务主管当局第一次交换信息。

2018年12月31日前，金融机构完成对存量个人低净值账户和全部存量机构账户的尽职调查。①

三、CRS下离岸信托的尽职调查程序

在CRS之前，信托因其制度的优越性、信息的保密性以及不透明的离岸架构，使离岸信托成为国际避税的一种主要形式。但是，根据CRS的合规要求，离岸信托在CRS下属于“机构”的范畴，也就是说，信托如果在其他机构持有账户，也会被当作机构账户来处理，进行金融账户信息的申报和识别。离岸信托在CRS下具有一个合规身份，即金融机构或者非金融机构，且根据离岸信托具体的业务活动，非金融机构类信托又会进一步被分类成积极非金融机构或者消极非金融机构。只有确定了离岸信托具备尽职调查义务，才能够进行金融账户的识别和申报。此外，在离岸信托身份认定后，离岸信托在CRS涉税信息交换方面，到底会交换哪些信息，又是如何交换的？

---

① 参见《金融账户涉税信息自动交换标准简介》，载国家税务总局网，http://www.chinatax.gov.cn/aeoi_index.html，最后访问时间：2023年8月20日。

(一)CRS 下离岸信托的身份认定

1. 确认 CRS 下离岸信托的金融机构身份

根据 CRS 规则,信托被视为一个实体,其可能是金融机构也可能是非金融实体(non-financial entity,NFE)。CRS 下包含四大类金融机构,分别是存款机构、托管机构、特定保险机构和投资机构。如果离岸信托的大部分收入都来源于金融资产的投资、再投资和交易,那么该离岸信托就会被识别为投资机构,在四大类金融机构中,信托最容易构成的机构为投资机构。一旦离岸信托被确认为金融机构,则应当完成相关的账户持有人识别和涉税信息申报的工作。

信托若满足报送金融机构中的“投资实体”规定,则为金融机构。根据 AEOI 标准,投资实体的定义是主要为客户或代表客户进行以下一种或者几种活动或业务:

①交易货币市场工具(支票、汇票、存单、衍生品等),外汇、汇率、利率、指数工具,可转让证券,商品期货;

②个人和集合投资组合管理;

③代表他人对金融资产进行投资管理;

④如果某机构受 CRS 协议中规定的托管机构、存款机构、特定保险公司或上述第 1 ~ 3 种投资实体的专业管理,并且收入主要源于金融资产的投资、再投资、金融资产交易,则该机构也会被认定为“投资实体”。

如果某实体在过去 3 个自然年(存续时间不满 3 年以存续时间为准)相关活动产生的收入等于或超过总收入 50%,则该实体被视为主要为客户或代表客户进行上述第 1 ~ 3 种中的一种或者几种活动或业务,或被视为收入主要源于上述第 4 种描述的金融资产的投资、再投资、金融资产交易,该实体被认为是投资实体。

2. 确认离岸信托的非金融机构身份

在 CRS 的框架下,如果离岸信托不属于金融机构,那么它就属于非金融机构,“金融机构”在 CRS 的规则下需要承担合规义务,而一家实体如果被界定为“非金融机构”,就意味着它没有尽职调查和金融账户信息报送的合规义务。

(1)积极非金融机构和消极非金融机构

根据离岸信托业务的不同,非金融机构可以细分为积极非金融机构和消极非金融机构。与积极非金融机构不同,消极非金融机构并没有一个明确的概念和细分类,而是一个默认的类别。原则上,如果一个非金融机构不属于积极非金融机构,则其应被分类成消极非金融机构。消极非金融机构是 CRS 为了防止个人通过在 CRS 非参与国设立投资机构进行避税而特别增加的一类，即位于 CRS 非参与国的投资机构，很多离岸信托都会被识别为消极非金融机构。CRS 下，消极非金融机构的账户持有人，需要穿透到该机构的实际控制人，并承担相应的纳税义务。所以，如何界定一个实体，有着非常重要的意义。

(2)CRS 对消极非金融机构的界定

作为非金融机构，消极非金融机构本身没有任何 CRS 下的合规义务，不存在识别金融账户并收集和申报金融账户信息的问题。但是如果消极非金融机构在另外一家金融机构开立了金融账户，则该金融机构不仅需要识别该消极非金融机构的税收居民身份，同时需要"穿透"该消极非金融机构，识别其实际控制人，看其是否属于需要申报的情形。

消极非金融机构一般来说，可以分为两种情况：第一种情况，如果 CRS 参与国或地区的税收居民在 CRS 非参与国或地区设立了投资机构，并且该机构在 CRS 参与国或地区持有金融账户，那么此时该投资机构就会被认定为消极非金融机构。也就是说，如果 CRS 参与国居民在 CRS 非参与国设立了离岸信托，而该离岸信托在其他 CRS 参与国的银行持有账户，那么此时银行也会将离岸信托认定为消极非金融机构。例如，CRS 参与国居民在 CRS 非参与国设立了一家投资机构 P，当 P 机构在 CRS 参与国的 Q 银行持有金融账户时，Q 银行应当将 P 机构分类成消极非金融机构。

第二种情况，如果一家非金融机构，上一个年度内，股息、利息、租金、特许权使用费收入等不属于积极经营活动的收入，并且据以产生这些收入的金融资产的转让收入，占总收入比重 50% 以上，或这家机构上一个公历年度末，拥有的股息、利息、租金等收入的金融资产，占总资产比重 50% 以上，即离岸信托架构下的收入绝大部分是消极收入，那么该离岸信托就会被认定为消极非金融机构。

对于构成消极非金融机构的离岸信托来说，如果在其他的金融机构持有账户，那么该离岸信托还需要向金融机构提供其实际控制人的身份信息，以供金融机构进一步判定该信托账户是否属于需要识别和申报的账户。当消极非金融机构的实际控制人是非居民时，金融机构就需要收集并提交实际控制人的有关税务信息。在离岸信托中，具体的实际控制人包括委托人、受托人、受益人(固定受益人和任意受益人)以及保护人。

(二)信托机构 CRS 信息交换的规则

根据 CRS 开展金融账户涉税信息自动交换，首先由一国(地区)金融机构通过尽职调查程序，识别另一国（地区）税收居民个人和企业在该机构开立的账户，按年向金融机构所在国（地区）主管部门报送账户持有人名称、纳税人识别号、地址、账号、余额、利息、股息以及出售金融资产的收入等信息，再由该国（地区）税务主管当局与账户持有人的居民国税务主管当局开展信息交换，最终为各国（地区）进行跨境税源监管提供信息支持。（见图 9－1）

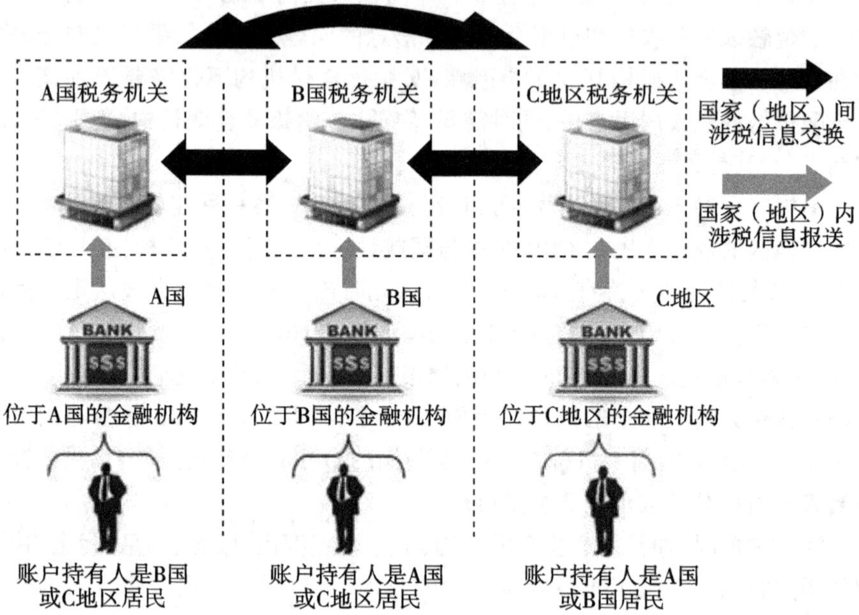

图 9－1 金融账户涉税信息自动交换过程

资料来源：《金融账户涉税信息自动交换标准简介》，载国家税务总局网，http://www.chinatax.gov.cn/aeoi_index.html。

1. CRS 下离岸信托非居民金融账户的审查

当确定了离岸信托是具有合规义务的金融机构还是消极非金融机构后，离岸信托需要审查客户在本机构开立的金融账户。金融账户的类型，包括存款账户、股权与债权权益、托管账户、有现金价值的保险业务和年金业务。

2. CRS 下离岸信托金融账户的申报

审查 CRS 下离岸信托的金融账户后，离岸信托需要对账户相关信息报送至本辖区税务机关，主要包括金融账户持有人身份信息的申报和金融账户财务信息的申报。

(1)账户持有人身份信息的申报

在 CRS 下,离岸信托的账户持有人主要包括股权权益持有人和债券权益持有人,包括离岸信托的委托人、受益人和对信托实施最终有效控制的人。这些个人需要就包括纳税人姓名、地址、税收居民所在国、纳税人识别号等信息进行申报,对离岸信托来说,还需要申报离岸信托的名称和识别号码,一般是其他的可以用来识别其股权或债权权益持有人的特殊号码。

(2)账户财务信息的申报

离岸信托账户财务信息主要包括账户余额或价值以及账户的收入等信息。例如,李某(中国税收居民)在开曼群岛设立了 A 离岸信托(假设在 CRS 下属于消极非金融机构),根据信托协议,信托委托人为李某,受托人为英属维尔京群岛的 B 信托公司,受益人为李某妻子李妻(巴拿马税收居民)和儿子小李(中国税收居民),保护人为张某(瑞典税收居民)。A 离岸信托在开曼群岛的某银行持有存款账户,且为唯一的金融资产,该账户 2021 年全年的账户余额为 500 万美元,计入该账户的利息收入为 60 万美元。2021 年 10 月 6 日,受益人小李分配信托收益 20 万美元,李妻分配收益 25 万美元。在本案例中,由于目前中国与开曼群岛、英属维尔京群岛、巴拿马、瑞典等之间,都已经激活了 CRS 信息交换协议,A 信托作为英属维尔京群岛的消极非金融机构,其本身并没有 CRS 下的信息申报义务,但是由于其在开曼群岛的某银行开立存款账户,而该银行属于 CRS 下认定的金融机构,所以根据“穿透原则”,开曼群岛某银行应当“穿透”A 信托,对信托的实际控制人信息进行识别和申报。

第一步,识别离岸信托架构下的机构以及对应的合规身份。该离岸信托架构下具有两个机构,分别是 A 信托和开曼群岛某银行。其中,A 信托在 CRS 下被认定为消极非金融机构,而开曼群岛某银行属于金融机构。第二步,确认离岸信托架构下的账户持有人。开曼群岛某银行需要“穿透”A 信托的实际控制人,包括委托人李某、保护人张某、受益人李妻和小李。第三步,识别和申报离岸信托架构下的账户持有人信息。由于该信托的实际控制人——委托人李某(中国税收居民),受益人李妻(巴拿马税收居民)和其子小李(中国税收居民),保护人张某(瑞典税收居民)的税收居民国,都属于开曼群岛的 CRS 需申报国,因此每个人的身份信息和财务信息都需要由开曼群岛某银行进行收集,然后申报给开曼群岛税务机关,并且进一步交换到各相关当事方的税收居民所在国。表 9 – 1 是开曼群岛某银行需要申报和识别的相关财务信息。

表 9－1　开曼群岛某银行需要申报和识别的相关财务信息

单位:美元

实际控制人	信息交换目的国	账户余额	账户收入
委托人李某	中国	500 万	60 万
任意受益人李妻	巴拿马	0	25 万
任意受益人小李	中国	0	20 万

表 9－1 的财务信息将会由开曼群岛的税务机关交换到其他相关国家和地区。在 CRS 实施前,我国税务机关可能并不能穿透该离岸信托架构,获取包括该案例中我国税收居民的相关涉税信息,故也不能就其收入征税。当 CRS 实施后,我国税务机关能够获取离岸信托的相关财务信息,并据此判断该架构中是否存在逃避缴纳税款的行为。根据我国《个人所得税法》的规定,居民纳税人负有无限纳税义务,其所取得的应纳税所得,无论是源于中国境内还是中国境外任何地方,都要在中国缴纳个人所得税。由于开曼群岛对利息收入不征税,因此,我国税收居民实际受益人小李,可能需要就信托收入补缴 4 万美元(20 万美元 ×20%)的个人所得税。

第二节　无独有偶:个税新法挤压离岸信托避税空间

CRS 的施行,促使我国个人所得税的反避税立法与时俱进。个人所得税反避税条款的设计借鉴了《企业所得税法》的经验,针对违反独立交易原则买卖商品、利用境外低税区域避税、仅为获取税收利益而实施的“不合理商业安排”等个人避税行为,规定了税务机关享有依法进行纳税调整的权力。[①]《个人所得税法》与《税收征收管理法》规定的反避税措施,无一不是对高净值人群的量身定制,从而进一步挤压了利用转让定价、离岸架构、家族信托等方式寻求避税利益的空间。

一、回应 CRS:个人所得税法的反避税规则

我国《个人所得税法》反避税规则的主要规定在第 8 条,这一条列举了税

① 参见刘昆:《关于〈中华人民共和国个人所得税法修正案(草案)〉的说明——2018 年 6 月 19 日在第十三届全国人民代表大会常务委员会第三次会议上》,载《中华人民共和国全国人民代表大会常务委员会公报》2018 年第 5 期。

务机关有权按照合理方法进行纳税调整的3种情形：一是"个人与其关联方之间的业务往来不符合独立交易原则而减少本人或者其关联方应纳税额，且无正当理由"；二是"居民个人控制的，或者居民个人和居民企业共同控制的设立在实际税负明显偏低的国家（地区）的企业，无合理经营需要，对应当归属于居民个人的利润不作分配或者减少分配"；①三是补漏规则，即"个人实施其他不具有合理商业目的的安排而获取不当税收利益"。税务机关有权对上述3种情形作出纳税调整，需要补征税款的，应当补征税款，并依法加收利息。

二、离境清税：移民移资海外仍须课税

《个人所得税法》第10条增加了"离境清税"条款，亦称"弃籍清税"。高净值人士今后以放弃中国国籍的方式，试图规避在中国境内缴纳个人所得税，也将存在较大的税务风险，"因移居境外注销中国户籍"的纳税人应依法办理清税申报。

三、行为后果：未申报境外资产须承担法律责任

其实，对我国税务居民源于境内和境外的所得均征税，是《个人所得税法》由来已久的基本原则，并非始于CRS之后。此前，个人境外所得无法在中国足额申报纳税，主要是由于税收征管能力的缺失。之所以难以追缴境外所得的应纳税款，主要是由于在实施税务情报交换之前，税务机关无法准确获知个人的境外财产状况。税收情报的国际交换，使税务机关能够自动获得居民纳税人的境外账户信息，如果纳税人未申报缴税，则将承担法律责任。

承担行政责任的主要依据是《税收征收管理法》第64条，②税务机关除追缴纳税人不缴或少缴的税款、滞纳金外，还可以对纳税人并处罚款。承担刑事责任则以《刑法》第201条为主要依据，纳税人的行为构成逃避缴纳税款罪的，

---

① 关于"对应当归属于居民个人的利润不作分配或者减少分配"，《特别纳税调整实施办法（试行）》（国税发〔2009〕2号）第84条还作出了例外规定："中国居民企业股东能够提供资料证明其控制的外国企业满足以下条件之一的，可免于将外国企业不作分配或减少分配的利润视同股息分配额，计入中国居民企业股东的当期所得：（一）设立在国家税务总局指定的非低税率国家（地区）；（二）主要取得积极经营活动所得；（三）年度利润总额低于500万元人民币。"

② 《税收征收管理法》第64条第2款规定，"纳税人不进行纳税申报，不缴或者少缴应纳税款的，由税务机关追缴其不缴或者少缴的税款、滞纳金，并处不缴或者少缴的税款百分之五十以上五倍以下的罚款"。

最高可处3年以上7年以下有期徒刑,还可并处罚金。①

第三节 优化反避税规则:整合“合理商业目的”与“经济实质原则”

一、暂付阙如:个人所得税反避税规则尚待优化

上述个人所得税反避税规则有力地打击了个人利用关联交易、离岸架构以及其他不具有合理商业目的的特殊安排规避纳税义务的行为。毋庸置疑,在CRS与我国《个人所得税法》的共同作用下,税务信息的跨境交换得以推动,反避税的效率得到提升。然而,由于我国个人所得税反避税立法与实践尚处于探索之中,存在不足之处。

其一,我国《个人所得税法》的反避税条款不够具体明确。例如,反避税条款并未对“关联方”“关联关系”等关键术语进行界定,缺少确定“独立交易原则”的评判标准,也未对“正当理由”的认定条件进行罗列和解释。《个人所得税法》虽将“不具有合理商业目的”作为兜底性反避税条款,但判断“不具有合理商业目的”的依据,却并未予说明。过于概括的条款必然缺乏实践的可操作性,不仅会降低税务部门反避税的执行力,也会因税务机关自由裁量权过大,导致对一般反避税规则的滥用。此外,因缺乏判断“合理商业目的”的客观标准,不同税务机关在甄别交易安排的动机时,极有可能出现“同案不同判”的结果。

其二,“离境清税”规则模糊,难以适用。虽然我国《个人所得税法》为限制高净值纳税人以移民方式避税,设置了“离境清税”的原则性规定,即注销户籍须办理纳税申报与税款清算。但除此以外并无具体实施细则和操作指引。纳税人无法知悉,到底是改变国籍即需要办理“清税”,还是个人财产达到一定数额才需要办理“清税”。至于哪些财产或收益属于“清税”的应税范围,更是不得而知,据此对高净值人士弃籍移资中的避税行为进行规制的效果必然大打

① 《刑法》第201条规定,“纳税人采取欺骗、隐瞒手段进行虚假纳税申报或者不申报,逃避缴纳税款数额较大并且占应纳税额百分之十以上的,处三年以下有期徒刑或者拘役,并处罚金;数额巨大并且占应纳税额百分之三十以上的,处三年以上七年以下有期徒刑,并处罚金……有第一款行为,经税务机关依法下达追缴通知后,补缴应纳税款,缴纳滞纳金,已受行政处罚的,不予追究刑事责任;但是,五年内因逃避缴纳税款受过刑事处罚或者被税务机关给予二次以上行政处罚的除外”。

折扣。

其三,《税收征收管理法》缺少关于自然人的反避税规则。《税收征收管理法》作为指导税务实践的基本法律,其反避税范围理应包含企业与自然人在内的全部纳税主体。但是,以该法第 36 条确定的转让定价调整规则为例,其适用主体仅为企业,并不包括自然人。[①] 这种适用范围排除自然人的做法,削弱了税务部门对自然人纳税人多样化避税行为的监管效率。

其四,反避税国际合作的范围与水平尚需进一步拓展和提升。目前,纳税人存放在尚未签署税收情报交换协议或非 CRS 缔约方的金融资产,尚无法被有效监管;对于不属于 CRS 交换范围的非金融资产,如房地产、艺术品、古董等财产信息,税务机关亦无从掌握。因此,高净值人群仍有避税空间。

虽然人为利用税法瑕疵或疏漏避税的行为,不仅有悖税法宗旨,而且背离了量能课税等基本原则,具有实质违法性,但不同于偷税和逃税,[②]避税在形式上具有合法的"外衣",仅属于利用法律的"漏洞"而减少税款。与偷税和逃税行为相比,避税行为的社会危害性较弱。因此,避税承担的法律责任应是"补税"而非"处罚",这是对避税行为的恰当应对;相较立法上的宽容谦抑,反避税执法措施的缜密严苛是平衡漏洞与过激、防堵税款大量流失,尤其是限制高净值人士采用信托、基金或设置离岸金融账户等多种方法,跨境避税所必需的。

二、拾遗补阙:特殊反避税条款明晰化

《个人所得税法》中的特殊反避税条款主要体现在对转让定价和避税地受控外国公司(controlled foreign company,CFC)的纳税调整上。与大多数国家相似,我国在制定转让定价反避税规则时,也采用了粗线条原则规定的方式。自然人转让定价与企业转让定价相比有很大不同。生产经营是一般企业取得收入的主要渠道,通过关联交易转让定价来实现避税目的,而自然人利用转让定价避税的所得形式主要是财产转让(含股权转让)所得、高附加值劳务报酬所得以及特许权使用费所得等。由此,自然人转让定价规则不宜完全采纳企业

---

① 《税收征收管理法》第 36 条规定:"企业或者外国企业在中国境内设立的从事生产、经营的机构、场所与其关联企业之间的业务往来,应当按照独立企业之间的业务往来收取或者支付价款、费用;不按照独立企业之间的业务往来收取或者支付价款、费用,而减少其应纳税的收入或者所得额的,税务机关有权进行合理调整。"

② 一般认为,避税,是指行为人利用税法的漏洞,通过人为的异常的法律上的安排,减轻税负或排除税法适用的各种不正当行为。

转让定价的相关规定,对转让股权、特许权使用费以及提供高附加值劳务等交易的转让定价,也应成为《个人所得税法》反避税规则的重心。此外,应尽量清晰界定特殊反避税条款所涉及的基本概念。例如,对"关联方"的解释,除血缘关系外,借贷、经营、雇佣等其他直接或间接利害关系也应被涵盖其中。

与转让定价的反避税应关注企业与自然人的特点不同,受控外国公司的纳税调整规则不仅适用于企业,也适用于自然人。我国《个人所得税法》中对受控外国公司的纳税调整规定,同样极为简洁,且并未对关键词进行必要的解释和说明。针对受控外国公司的反避税措施,《企业所得税法》第45条、《特别纳税调整实施办法(试行)》第76条提供了极具可操作性的依据。影响力较大的"CFC反避税第一案",[①]正是山东省税务机关适用上述规定,对我国香港特别行政区某公司应归属于其中国内地母公司的利润,进行的特别纳税调整。《企业所得税法》对受控外国公司的反避税规定,值得在细化《个人所得税法》同类制度时借鉴。其一,对关键词的定义。参照《企业所得税法》中的解释,《个人所得税法》反避税规则中的受控外国公司,是指由居民个人或者由居民企业和居民个人共同控制的设立在实际税负低于12.5%(《企业所得税法》第4条第1款规定税率水平的50%)的国家(地区),且并非出于合理经营需求,对利润不作分配或减少分配的非居民企业。其二,判别"控制"的标准。"控制"的范围应包括但不限于股权控制、经营依赖、购销垄断等对外国企业构成实质控制的诸多方面。[②] 其三,《企业所得税法》对"实际税负明显偏低"的甄别方法,对《个人所得税法》依然奏效。这就意味着,外国企业适用税率低于12.5%可认定为"实际税负明显偏低"。

三、一般反避税原则:不可忽视"经济实质"

《个人所得税法》第8条第3项作为一般反避税条款,应能担当其责,其构成要件、认定标准、遵循原则须进一步具体明确。认定"避税"行为应遵从主观和客观两项标准,即主观上以"不具有合理商业目的"来评价,客观上则以"实

---

① 参见魏俊:《疏议我国受控外国企业反避税规则——以山东省某受控外国公司(CFC)特别纳税调整案为例》,载《税务研究》2018年第8期。

② 对"控制"的进一步具体解释:(1)居民企业或者中国居民直接或者间接单一持有外国企业10%以上有表决权股份,且由其共同持有该外国企业50%以上股份;(2)居民企业,或者居民企业和中国居民持股比例没有达到第1项规定的标准,但在股份、资金、经营、购销等方面,对该外国企业构成实质控制。

质重于形式”来判断。

(一)合理商业目的:排除避税的主观条件

一般反避税条款在反避税制度中属于“底线”规则,即在竭尽其他办法均无法认定“避税”行为的前提下才能适用,以填补特别反避税规则的漏洞。《个人所得税法》增加了“合理商业目的”一般反避税条款,但尚无相关的具体说明。《企业所得税法实施条例》第 120 条虽然解释了“不具有合理商业目的”的内涵,①但是,何为“合理”的“商业目的”则既无定义也无列举,一般反避税规则的不确定性显而易见。税务机关因此具有宽泛的自由裁量空间,这使纳税人更难以对避税风险进行判断和预警。

从一般反避税条款的文义考量,“不具有合理商业目的”应为避税行为的主观评价标准。然而,行为人的主观目的仅为其本人知晓,他人难以有具体的、可操作的判断标准。一般而言,纳税人以获取税收利益为主要或唯一目的的交易安排,应被认定为“不具有合理商业目的”。具体可从三个方面作出判断:第一,存在某项异常的交易或者活动安排;第二,该交易安排以获取税收利益为唯一或者主要目标;第三,与正常交易相比较,该交易确实减少了应纳税额,实际取得了税收利益。

(二)实质课税:一般反避税的客观依据

除“合理商业目的”的主观评价外,一般反避税还应遵循必要的客观标准,以求主观与客观相一致。主观评价的目的是排除反避税规则的适用,但主观意图的难以举证,必然促使反避税执法机构寻求判断避税行为存在的客观依据,即只需证明行为人在客观上实施了异常交易,并导致减税或者免税的结果,就可推定其具有避税的目的,除非该交易主体具有“不以税收利益为主要或唯一目的”的证据。实质课税原则作为税收立法与适用的基本原则,在评判避税行为时自然不可缺位。事实上,许多国家已经将其作为判断避税行为的主要甚至首要标准,因为就可操作性而言,实质课税原则比商业目的规则在税收实践中更易于应用。其实,在国家税务总局 2009 年颁行的《特别纳税调整实施办法(试行)》中,已经创造性地引入了“实质重于形式”的审核原则,②要求

---

① 《企业所得税法实施条例》第 120 条将“不具有合理商业目的”解释为“以减少、免除或者推迟缴纳税款为主要目的”。

② 根据《特别纳税调整实施办法(试行)》第 93 条和第 94 条的规定,“税务机关应按照实质重于形式的原则审核企业是否存在避税安排”,并“应按照经济实质对企业的避税安排重新定性,取消企业从避税安排获得的税收利益”。

税务机关在对企业交易行为进行纳税调整时，应遵循“经济实质”。在2015年实施的《一般反避税管理办法（试行）》中，又沿袭了这一规定。[①] 由此，在个人所得税制度中，亦可参照这一做法，将“实质重于形式”的审核原则与“不合理商业目的”判断标准，共同适用于个人所得税一般反避税执法。

追求利益最大化历来是商人的根本目标，税收利益自然也包含在商人追求的诸多商业利益之中。尤其是在当前综合所得和经营所得税率相对较高的情况下，寻求专业人士提供税收筹划是高净值人群的“标配”。在税收筹划的合法性已为世界各国（地区）认可的当下，又对追求税收利益为主的商业行为进行否定，在法律逻辑上确实很难自洽。另外，纳税人的主观动机不仅难以证明，而且并非税法所能评价。因此，在对交易行为是否具有“合理商业目的”进行判断时，需要通过客观事实加以分析佐证，“经济实质”这一客观标准的地位也就更加难以替代。

此外，若税务机关在反避税执法中拥有极大的自由裁量权，则容易损害纳税人的合法利益，故而有必要在一般反避税规则中设置纳税人权利救济条款，防止税务机关工作人员滥用行政权力。[②] 针对不同类型的交易，还需要建立反避税案件类型化与案例指导制度，依据每类案件的交易特点，规定每种类型化案件的交易形式与实质，规范其适用规则和法律后果。这样不仅可以对类型化交易活动进行有针对性的纳税指导，也可以尽量限缩税务机关过于宽泛的自由裁量空间。

四、弃籍课税：“离境清税”的适用条件和清算要求

建立“离境清税”制度是世界各国对因移居境外而需注销本国户籍的纳税人的通行做法。在征管实践中，主管税务机关应清算申请移民的纳税人的所得及财产，责令清缴尚未缴纳的税款，并对其未变现的已孳生利息、股息红利等权益性投资收益，征收个人所得税。在《个人所得税法》引入“离境清税”条

---

① 《一般反避税管理办法（试行）》第5条规定：“税务机关应当以具有合理商业目的和经济实质的类似安排为基准，按照实质重于形式的原则实施特别纳税调整。调整方法包括：（一）对安排的全部或者部分交易重新定性；（二）在税收上否定交易方的存在，或者将该交易方与其他交易方视为同一实体；（三）对相关所得、扣除、税收优惠、境外税收抵免等重新定性或者在交易各方间重新分配；（四）其他合理方法。”

② 例如，可以在反避税规则中规定：允许纳税人在对认定结果有异议时，提供相关证据，经税务部门确认后对已认定结果予以调整。

款之后，施行的《个人所得税法实施条例》中并无“清税”的具体条件与“离境所得”的清算方法。国家税务总局应就此制定具有可操作性的税收部门规章，其中至少应包含注销户籍当年综合所得与经营所得的汇算清缴条件、其他所得的完税要求以及对以前年度欠税的处理办法等内容。① 清算所得的税率，可参考“综合所得”“经营所得”以外的其他类型所得的税率形式，统一适用20%的比例税率。如此，既能彰显税收公平原则，又不会加重纳税人的税负。

五、程序公正：税收征管中的反避税执法

《税收征收管理法》第36条规定了税务机关有权合理调整关联企业之间的关联交易，但是并没有关于自然人转让定价的反避税规定，应在其中增加关于个人关联交易的纳税调整规则。比较可行的方法是，参考《个人所得税法》将《税收征收管理法》中税务机关反避税的调整对象，由“关联企业”修改为“关联方”，这样不仅将税务机关反避税执法相对人扩展至自然人，也将个人所得税纳入反避税调整范围。同时，应完善《税收征收管理法》中自然人纳税人识别制度，依托人工智能和大数据技术，实现税收征管中的“应收尽收”，避免税款流失；并构建适用于个人纳税人的信用评级和信用修复制度。

六、事先裁定：保障纳税人的信赖利益

事先裁定，亦称预约裁定，是税务机关对特定法律法规或者税收协定，能否对特定纳税人拟进行的交易或已完成但尚未进行纳税申报的交易，予以适用以及如何适用作出的裁定。事先裁定是对涉案纳税人“量身定制”的裁定，无法类推适用于其他纳税人。②

交易行为内容宽泛且形式多样，法律规则因无法准确前瞻，难免会有疏漏，而反避税规则赋予税务机关的纳税调整、核定税收等执法权力，又对纳税

---

① 具体而言，计算清算所得时，应将注销本国户籍者持有的股权或者投资性不动产等资产，视同销售应税资产，并将实现的收入（以注销户籍前一日的市场公允价值计量）减除取得资产时的成本、持有应税资产期间发生的各项费用以及资产损失后的余额作为应纳税所得额。

② 事先裁定不同于已在国内实践多年的预约定价制度。虽然二者都是对特定纳税人拟进行的交易作出裁定或安排，亦均属于反避税制度的组成部分，但适用范围和裁定基础却有本质区别。预约定价安排主要是对关联交易的转让价格在某一特定期间内所应遵循的标准达成的事前协议；而事先裁定适用范围更广泛，涉及所得税、消费税、关税、税收征管，乃至会计期间或会计方法变更等诸多事项。

人带来了税法条款适用上的不确定性。为了减少因这种不确定性对纳税人信赖利益造成的损害,同时为了平衡避税与反避税行为的边界,纳税人与税务机关之间进行事先的个案交流显得尤为必要。事先裁定这一纳税人与税务机关之间的预先沟通机制也就应运而生。

因此,在《税收征收管理法》中应增加事先裁定制度,当纳税人对其预期未来发生、有重要经济利益关系的特定复杂事项,难以直接适用税法制度进行核算和计税时,可以申请预约裁定。同时,应规定预约裁定的适用范围、申请方式、法律效力和公开程度等具体操作规则。当纳税人遵从预约裁定而出现未缴或少缴税款时,可免除其缴纳税款的责任。

第四节　渐进的税收透明化激励财富合规传承

为应对 CRS 与我国《个人所得税法》"双管齐下"的反避税规则,在 2018 年最后 2 个月内,国内多位高净值人士再次寄望离岸避税,并纷纷推出离岸架构升级版,力图通过在 CRS 非参与国设置离岸家族信托等方式,规避纳税人信息自动交换,避免海外所得汇总在境内纳税。[①] 然而在税收透明化趋势下,那些"久负盛名"的避税地也在出台相关法案或者制定相应措施,以期达到 CRS 的"标准"要求。以新加坡为例,其国内实际控制人登记备案制度正在悄然进行。作为对冲基金、私人股权与房地产基金的重要投资地之一,新加坡自 2017 年 3 月起,就已经开始实行实际控制人登记备案制度,要求包括非居民企业在内的各类公司、合伙企业等经营实体,建立受益所有人信息登记册,并建立反洗钱体系。自 2020 年始,又施行更严格的"中央登记册"制度,要求上述各类公司、合伙企业及非居民企业等,将受益所有人信息集中登记至新加坡会计与企业管理局指定的网站,登记对象为"受益所有人",即拥有公司"重大利益"或对公司有"重大控制"的个人或法人实体,均须办理登记。鉴于新冠疫情的影响,新加坡将登记"中央登记册"的时间从 2020 年 5 月延迟到当年 7 月。[②] 著名"避税地"开曼群岛和英属维尔京群岛,也于 2018 年

① 参见陈嘉玲、郑利鹏:《2000 亿资金蜂拥离岸信托 雷军等富豪"移师"境外》,载中国经营网 2019 年 1 月 26 日,http://www.cb.com.cn/index/show/jr/cv/cv12516990260/p/s.html。

② 参见《新加坡注册局(ACRA)宣布新政策"实际控制人"》,载狮城新闻网 2020 年 7 月 1 日,https://www.shicheng.news/show/917693。

分别颁布了《国际税务合作(经济实质)法》①和《经济实质(公司与有限合伙)法》,②这两部法案的生效实施,意味着我国税务机关可以更加容易地掌握中国居民纳税人在开曼群岛、英属维尔京群岛等地的相关资料,纳税人的税务信息将越来越透明。

获取税务信息是税务机关实施反避税监管的前提条件,有效规制个人跨境避税行为,还需依据实体法中明确、可操作的反避税规则。虽然我国在 2018 年修订的《个人所得税法》中增设了转让定价、受控外国公司、一般反避税和弃籍清税条款,但相较更完备的企业反避税法律制度,《个人所得税法》的反避税规则仍十分抽象。本文提出了有利于实践操作的具体化建议。在个人所得税反避税实体法规则明晰化以后,关于特别纳税调整的程序规则也应与之匹配,在《税收征收管理法》中应增加关于自然人的反避税条款,以解决反避税规制对象缺位的问题,并规定避税的相关法律责任。此外,还应加大国际反避税协作力度。除依托 CRS 交换税务信息外,还可以谋求开展高净值人群反避税专项合作,包括签署反避税国际税务合作协议,将反避税稽查领域延伸适用于高净值人群的跨境所得;参与个人所得税反避税多边联合整饬行动,实施对高净值人群跨境避税行为的国际共治。

由于美国尚未加入 CRS,因此,有些税务规划方案的设计者建议中国的高净值人群将海外财产转移至美国,力图规避将金融账户情报交换到中国。然而,移资美国是否能够切实保障财产不被征税?实际上,OECD 在解释 CRS 与 FATCA 的关系时,就提及美国已经着手依据 FATCA 进行信息交换,且中国与美国也早在 2014 年就草签了涉税金融账户信息的对等交换协议。因此,中美确认以 FATCA 为依据交换个人金融账户信息之日,即为移资美国的高净值人群的税务透明之时,试图将金融资产转移至美国以规避 CRS,并非可持续的合规解决方案。③

---

① International Tax Co-Operation (Economic Substance) Act,2021 年又对该法案进行了修订,Accessed Aug. 20,2023, https://www. ditc. ky/wp-content/uploads/DITC-Economic-Substance-Act. pdf,Supplement No. 5 Published with Legislation Gazette No. 12 Dated 5th February, 2021。

② British Virgin Islands Economic Substance (Companies and Limited Partnerships) Act, 2018, 2019 年又对该法案进行了修订, Accessed Aug. 20,2023, https://www. bvifsc. vg/sites/default/files/notice-economic_substance_companies_and_limited_partnerships_act_2019. pdf。

③ 虽然在中美互换个人金融账户信息之后,移资美国亦将课税,但在我国 2018 年修订的《个人所得税法》施行之际,仍有不少高净值人士为规避其中的反避税条款,选择将金融资产转移至美国重设离岸家族信托。

由此,在优化个人所得税反避税规则之后,面对正在走向全球税务信息透明的新时代,高净值人士即使作为金融机构的VIP,亦无法获得金融机构的些许偏袒和庇护。只有以“合规”为本进行可持续的整体税务规划,才是对财产进行保护和传承的应有姿态。

第十章　房地产投资信托基金课税规则审视与制度优化*

2020年4月,中国证监会和国家发展改革委联合发布了《关于推进基础设施领域不动产投资信托基金(REITs)试点相关工作的通知》(证监发〔2020〕40号),同年8月,中国证监会又发布了《公开募集基础设施证券投资基金指引(试行)》(中国证券监督管理委员会公告〔2020〕54号),上述两个文件的颁行,标志我国基础设施投资信托基金试点正式起步。2021年,国家发展改革委又连续发布了《关于进一步做好基础设施领域不动产投资信托基金(REITs)试点工作的通知》(发改投资〔2021〕958号)与国家发展改革委办公厅《关于加快推进基础设施领域不动产投资信托基金(REITs)有关工作的通知》(发改办投资〔2021〕1048号),助力REITs增容与发展。但是,专门适用于REITs的税收规则,目前还仅有财政部与国家税务总局联合发布的《关于基础设施领域不动产投资信托基金(REITs)试点税收政策的公告》(财政部、税务总局公告2022年第3号,以下简称3号公告),该文件仅对REITs设立环节的所得税作出了粗线条的规定。

自2007年开始,我国陆续出台鼓励REITs试点的

---

* 在本章的写作中,无论是资料的收集还是税负的测算,均得到中国社会科学院大学张威同学的鼎力帮助,在此深表感谢!

各类政策。2014 年,中信启航 REITs 正式在深交所挂牌上市,成为我国第一只类 REITs 产品,2014 ~ 2020 年,我国平均每年推出 10 只类 REITs 产品,但与国际标准的公募 REITs 相比,类 REITs 属于私募发行,投资不具有广泛性,且流动性较低,不具备公募 REITs 的相关优势,也没有和国际标准的公募 REITs 接轨。2021 年,在监管机制、法律条件与市场准备条件已经基本成熟的条件下,我国发布了第一批公募 REITs 产品,截至 2022 年 8 月 17 日,共有 14 只公募 REITs 产品成功上市,涉及市场规模突破 500 亿元,资产类别从高速公路、污水处理等,扩容至清洁能源、保障性租赁住房等领域。①

目前,直接适用于 REITs 的税收政策性文件只有一个,即 3 号公告,该文件第 1 条规定:"设立基础设施 REITs 前,原始权益人向项目公司划转基础设施资产相应取得项目公司股权,适用特殊性税务处理,即项目公司取得基础设施资产的计税基础,以基础设施资产的原计税基础确定;原始权益人取得项目公司股权的计税基础,以基础设施资产的原计税基础确定。原始权益人和项目公司不确认所得,不征收企业所得税。"但以上税收优惠只涉及设立环节的企业所得税,并没有涉及设立阶段的土地增值税、契税等其他税种的相关规定,也未涉及后期的存续环节与退出环节,内容规定相对简单,不够全面完整。此外,对转让项目公司股权至 REITs 时的企业所得税,仅规定实施递延纳税,优惠力度较弱,在设立阶段仍存在不符合商业实质的征税,存续阶段也存在对项目公司与投资者双重征税的问题。公募 REITs 的相关税政仍有许多改进与完善的空间。

第一节 REITs 的含义、类型与特征

一、REITs 的含义

REITs 的英文全名为"real estate investment trusts",是按照信托原理设计,凭借发行收益凭证的方式汇集投资者的资金,交由专门的投资机构进行投资经营管理,并将投资综合收益按比例分配给投资者的一种金融投资产品。在一般情况下,REITs 收购不动产持有并经营,在取得租金收入后,按一定比例派发给投资者,投资者在风险自担的前提下享受投资收益。对于不动产所有者

① 参见王思文:《百亿元资金抢购"日光基"再现 3 只保租房公募 REITs 单日认购规模超 680 亿元》,载《证券日报》2022 年 8 月 18 日,A3 版。

和建设单位来说，REITs 提供了一种盘活流动性弱的不动产资产并彰显其价值的有效方法。对于中小投资者来说，REITs 可以使其在不需要持有巨额资金的情况下直接参与不动产投资，分享不动产价值增值带来的收益。

二、REITs 的类型

首先，根据投资资产组成和收益来源的差异，可以将 REITs 分为权益型、抵押型和混合型 3 种。权益型 REITs 投资者拥有标的资产的权益，可以将其看作股权型投资，投资者不仅可以从租金中获得收入，还可以取得源于标的资产的增值收益。而抵押型 REITs 相当于债权型投资，投资者直接向不动产所有者、物业或者开发企业发放贷款，或者投资于抵押贷款的二级市场，从而拥有不动产债权，并以取得的手续费和抵押贷款的利息收入，作为其主要收入来源。混合型 REITs，则是股权加债权型投资，以利息收入和增值收益作为其主要收入来源。

其次，根据募集过程中资金的来源渠道，可以将其分为私募 REITs 与公募 REITs。私募 REITs 基金公开性较低，其对投资者承受风险的能力要求较高，因此监管相对比较宽松，各国和各地区的法律也会明确规定私募 REITs 投资者的资格条件和人数限制。公募 REITs 是以公开发行的方式向社会公众投资者募集信托资金，其投资者人数与单人投资额一般不受限制，因此，公募 REITs 比私募 REITs 募集资金的渠道更加广泛和灵活，国际主流的 REITs 一般都采取公募 REITs 模式。在 2021 年以前，我国也发行了相当数量的私募 REITs，相较国际主流的 REITs，我们一般称为类 REITs。①

三、REITs 的特征

在境外成熟的 REITs 市场，公募 REITs 具有以下基本特征。

第一，投资于成熟不动产资产，依靠长期稳定的现金流进行收入分配。标准化的公募 REITs 一般投资于不动产，但是投资的细分领域却非常广泛，包括零售物业、基础设施、住宅、办公楼等，多元化的投资范围使其能够适应瞬息万变的经济形势，有利于促进各种类型的项目发起人实施 REITs，同样也给投资人提供了更多的选择契机。

① 由于我国发行过的私募 REITs 在交易结构、发行目的、基础资产等方面，与公募 REITs 大致相同，但在发行方式、二级市场流动性、产品属性方面还有所差别，因此称其为类 REITs。

第二,具有债权与股权的双重属性,并兼具良好的流动性。REITs 作为一种投资信托,不仅可以认购、赎回,还可以在公开市场上市流通、转让,且与其他资产关联度较低,是优良的资产配置形式。

第三,强制派息与低杠杆。在成熟的 REITs 市场,一般要求 REITs 的绝大部分收益必须分配给份额持有人。美国、日本、新加坡、中国香港特别行政区、印度等国家和地区,均要求 90% 以上的分红比例。绝大多数 REITs 投资于可产生稳定现金流的不动产,可以保证投资者每年获取稳定的现金分配收益。REITs 采用杠杆经营模式。但其杠杆率一般较适中,其负债率也低于一般上市房地产公司。在大部分国家和地区法规中,都有明确的最高负债比例限制,例如,新加坡法律规定,REITs 的杠杆率不得超过 50% 。

第四,税收中性。拥有成熟 REITs 市场的国家和地区通常也会制定与之相匹配的税收政策,REITs 的交易结构较复杂,涉及的纳税主体也比较多,在 REITs 的设立、存续以及退出的全过程,如果均以交易的外观形式来适用税法的规定,将会在很大程度上增加 REITs 各阶段各纳税主体的税收负担,倘若没有相应的税收优惠政策,不可避免地将会阻碍 REITs 的发展。税收优惠政策的制定可以弥合由于按照交易形式课税带来的不利和影响,在 REITs 的产生和发展历程中,税收优惠政策对其具有极强的驱动力。例如,REITs 产品的发源地美国,其 REITs 交易模式已经成为各国 REITs 的范本,美国 REITs 的繁荣发展,离不开相应税收优惠政策的支持,美国《国内税收法典》明确规定,对于标准的 REITs 项目,只要符合在出资额、投资人数、利润分配率等方面的条件,便可以享受相应的税收优惠政策。又如,新加坡和中国香港特别行政区税法规定,在投资者取得 REITs 投资分红环节免征所得税,并且在项目设立环节也制定了相应的税收优惠政策。日本则效仿美国的做法,对于项目公司取得利润中分配给投资者的部分,免征企业所得税。

第二节　我国 REITs 产品征税现状

无论是标准公募 REITs 还是较早发行的私募型类 REITs,皆可将其运营全过程划分为设立重组、收益分配和项目退出 3 个阶段,本书也按照通常的研究视角,将 REITs 分解为设立、存续、退出 3 个阶段,分析各阶段 REITs 各主体的税负情况。目前上市的公募 REITs 产品基本采取公募基金与资产支持证券结合的模式,具体交易模式如图 10－1 所示,该模式以公募基金作为整个项目的载体,投资者通过投资公募基金来间接持有基础资产的权益。

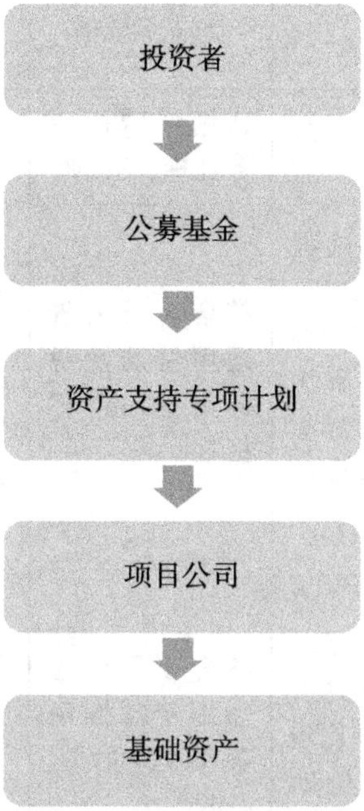

图 10 - 1　我国基础设施公募 REITs 基本交易结构

一、设立阶段

REITs 设立阶段可以细分为设立项目公司、私募基金收购项目公司、专项计划收购私募基金、公募基金收购项目专项计划和投资者认购公募基金份额等阶段。

(一) 设立项目公司

这一阶段的主要交易行为是不动产转让。原始权益人将 REITs 的基础资产,通过出资入股或者直接转让等方式转移至项目公司,或者直接通过公司分立的方式设立项目公司,转移至项目公司后也便于对该项目公司进行独立操作。以上 3 种情形下涉及的税负有所差别,3 种方式的具体税收政策见表 10 - 1 所示。

表 10－1 原始权益人项目公司设立阶段涉税处理

交易方式	增值税	企业所得税	土地增值税	契税
直接转让	征收	适用特殊性税务处理,不征收	征收	征收
出资入股	纳税人在资产重组过程中,通过合并、分立、出售、置换等方式,将全部或者部分实物资产以及与其相关联的债权、负债和劳动力一并转让给其他单位和个人,不征收增值税	符合 3 号公告适用特殊性税务处理的,不征收	属于整体改制的,暂不征土地增值税(不适用于房地产开发企业)	属于整体改制的,免征
派生分立	纳税人在资产重组过程中,通过合并、分立、出售、置换等方式,将全部或者部分实物资产以及与其相关联的债权、负债和劳动力一并转让给其他单位和个人,不征收增值税	符合 3 号公告适用特殊性税务处理的,不征收	属于整体改制的,暂不征土地增值税(不适用于房地产开发企业)	属于整体改制的,免征

由表 10－1 可知,原始权益人以不动产投资设立项目公司,在设立阶段需要缴纳的税种主要有增值税、企业所得税、土地增值税和契税。如果设立过程中的交易行为满足相关条件,可以享受不征税政策或者免税优惠。具体而言,原始权益人在项目公司设立时,采用直接将不动产卖给项目公司的方式,需要依规缴纳增值税、土地增值税和契税,如果符合 3 号公告条件适用特殊性税务处理的,不征收企业所得税。倘若将 REITs 的基础资产通过出资入股或者公司分立的方式设立项目公司,属于“将全部或者部分实物资产以及与其相关联的债权、负债和劳动力一并转让给其他单位和个人”的,不征收增值税;①属于“整

① 国家税务总局《关于纳税人资产重组有关增值税问题的公告》(国家税务总局公告 2011 年第 13 号)规定:“纳税人在资产重组过程中,通过合并、分立、出售、置换等方式,将全部或者部分实物资产以及与其相关联的债权、负债和劳动力一并转让给其他单位和个人,不属于增值税的征税范围,其中涉及的货物转让,不征收增值税。”

体改制”的，暂不征收土地增值税①并免征契税，②但是不征收土地增值税的规定不适用于房地产开发企业。

（二）REITs 收购项目公司

在项目公司设立且资金募集完成后，由 REITs 通过资产支持专项计划收购项目公司全部股权。该环节在征税的过程中一般被视为股权转让，主要涉及的税种有增值税及其附加、企业所得税、印花税等，该环节税收政策见表 10－2 所示。

表 10－2　REITs 收购项目公司的涉税处理

税种	处理
增值税	由于项目公司一般为非上市公司，股权不属于金融商品，转让项目公司股权一般不征收增值税
企业所得税	符合 3 号公告条件的，转让当期不需要缴纳企业所得税，在完成募集且收到转让价款时再进行缴纳。其中，对原始权益人按照战略配售要求自持的基础设施 REITs 份额对应的资产转让评估增值，允许递延至实际转让时缴纳企业所得税[1]
印花税	针对股权转让与提供委托贷款两个项目，按照委托贷款合同与股权转让合同的金额作为计税依据，由合同双方当事人分别缴纳印花税

[1]3 号公告第 2 条第 1 款规定：“基础设施 REITs 设立阶段，原始权益人向基础设施 REITs 转让项目公司股权实现的资产转让评估增值，当期可暂不缴纳企业所得税，允许递延至基础设施 REITs 完成募资并支付股权转让价款后缴纳。其中，对原始权益人按照战略配售要求自持的基础设施 REITs 份额对应的资产转让评估增值，允许递延至实际转让时缴纳企业所得税。”

---

① 财政部、国家税务总局《关于继续实施企业改制重组有关土地增值税政策的公告》（财政部、税务总局公告 2021 年第 21 号）第 1 条第 1 款规定：“企业按照《中华人民共和国公司法》有关规定整体改制，包括非公司制企业改制为有限责任公司或股份有限公司，有限责任公司变更为股份有限公司，股份有限公司变更为有限责任公司，对改制前的企业将国有土地使用权、地上的建筑物及其附着物（以下称房地产）转移、变更到改制后的企业，暂不征土地增值税。”但是，上述改制重组有关土地增值税政策不适用于房地产转移任意一方为房地产开发企业的情形。

② 财政部、国家税务总局《关于继续执行企业 事业单位改制重组有关契税政策的公告》（财政部、税务总局公告 2021 年第 17 号）第 1 条规定：“企业按照《中华人民共和国公司法》有关规定整体改制，包括非公司制企业改制为有限责任公司或股份有限公司，有限责任公司变更为股份有限公司，股份有限公司变更为有限责任公司，原企业投资主体存续并在改制（变更）后的公司中所持股权（股份）比例超过 75%，且改制（变更）后公司承继原企业权利、义务的，对改制（变更）后公司承受原企业土地、房屋权属，免征契税。”

(三)投资者认购公募基金

这一交易环节并不涉及增值税与所得税。根据财政部、国家税务总局《关于信贷资产证券化有关税收政策问题的通知》(财税〔2006〕5号,部分失效)第1条第4项、第5项规定,受托机构发售信贷资产支持证券以及投资者买卖信贷资产支持证券暂免征收印花税,发起机构、受托机构因开展信贷资产证券化业务而专门设立的资金账簿暂免征收印花税。① 因此,这一环节基本不产生税款。

二、存续阶段

存续环节,是指在整个项目搭建完成后,项目公司通过运营基础资产取得收益,此收益在各个主体之间通过约定的相应顺序进行分配的过程。除项目公司外,私募基金、资产支持专项计划、公募基金,乃至终端投资者,交易的各环节与各主体均将承担相应的税负。

(一)项目公司取得收益

这一交易过程涉及的税种主要有增值税、城市维护建设税与教育费附加、企业所得税、城镇土地使用税,由于运营中会产生房产租金收入,还会涉及房产税,如表10-3所示。

表10-3 项目公司取得收益的涉税处理

税种	处理
增值税	纳税主体通常为一般纳税人,按照项目公司的业务类别来确定适用税率,通常为不动产租金收入、物流管理费收入等
企业所得税	以项目公司取得的应纳税所得额为计税依据征税
城镇土地使用税	以项目公司所持有不动产的实际占地面积为计税依据征税
房产税	从价征收,以房产余值为计税依据,税率为1.2%; 取得租金收入,则从租计征,将租金收入作为计税依据,税率为12%
印花税	按照签订的租金合同的标的金额作为计税依据征税

① 根据财政部、国家税务总局《关于信贷资产证券化有关税收政策问题的通知》(财税〔2006〕5号,部分失效)第1条第4项、第5项规定,"(四)受托机构发售信贷资产支持证券以及投资者买卖信贷资产支持证券暂免征收印花税。(五)发起机构、受托机构因开展信贷资产证券化业务而专门设立的资金账簿暂免征收印花税"。

（二）利润在各主体流转环节

项目公司取得收益之后，要通过层层流转或分配才最终到达投资者，这期间会产生相应的税收事项，具体见表 10－4。

表 10－4　项目收益在各环节流转过程的涉税处理

环节	征税情况
项目公司至资产专项计划	一般情况下私募基金通过一部分债权对项目公司进行控制，所以这部分利息收入应征收增值税，计算销项税税率为 6%，可抵扣的进项税额较少； 资产专项计划并非企业所得税的纳税主体，不征收企业所得税
资产专项计划至公募基金	取得被分配的利润一般为非保本收益，所以一般不征收增值税； 资产专项计划与公募基金并非企业所得税的纳税主体，所以亦不征收企业所得税
公募基金至投资者	个人投资者，申购和赎回基金单位取得的差价收入，暂不征收个人所得税； 对基金取得的股票股息、红利收入，由上市公司在向基金支付收入时代扣代缴 20% 的个人所得税； 从基金分配中取得的收入，暂不征收个人所得税[1]
	企业投资者暂不征收企业所得税[2]

[1] 根据财政部、国家税务总局《关于开放式证券投资基金有关税收问题的通知》（财税〔2002〕128 号，已失效）的规定，对个人投资者申购和赎回基金单位取得的差价收入，在对个人买卖股票的差价收入未恢复征收个人所得税以前，暂不征收个人所得税；对基金取得的股票的股息、红利收入，债券的利息收入、储蓄存款利息收入，由上市公司、发行债券的企业和银行在向基金支付上述收入时代扣代缴 20% 的个人所得税；对投资者（包括个人和机构投资者）从基金分配中取得的收入，暂不征收个人所得税和企业所得税。

[2] 财政部、国家税务总局《关于企业所得税若干优惠政策的通知》（财税〔2008〕1 号，部分失效）第 2 条第 2 项规定，对投资者从证券投资基金分配中取得的收入，暂不征收企业所得税。

三、退出阶段

退出阶段，包括投资者之间互相转让公募基金份额与项目的整体退出两种方式。REITs 证券属于权益类证券，与股票的交易方式类似，持有者可以在二级市场进行交易。对于个人投资者来说,其在二级市场对 REITs 证券进行交易,所产生的价差不征收个人所得税与增值税,但对于企业来说,需要根据价差征收企业所得税与增值税。

在公募 REITs 项目整体退出时,与设立环节相似,也会涉及企业所得税、增值税、土地增值税等税种。但与上市公司一样,公募 REITs 一般可永续存在,所以应根据 REITs 实际退出情况进行税款征纳。

第三节 案例分析:以 BS 房地产投资信托基金税负为例

BS 房地产投资信托基金(以下简称 BS REIT)于 2021 年在我国深交所发行,其发行的主要目的是盘活存量资产,增强企业获取现金流的能力。BS REIT 的原始权益人为 Z 上市公司,公司资产总额为 8269.64 亿元,业务覆盖面极广,其母公司为 Y 集团有限公司,是我国大型国有企业。另外,此案例涉及的标的资产均为不动产,在交易结构方面,BS REIT 与国际标准的公募 REITs 交易结构基本一致,一般都为"公募基金 + 专项计划 + 项目公司"的架构模式。由此可见,BS REIT 无论是在原始权益人组成还是基础资产与交易结构上,都具有公募 REITs 的典型特征。此外,该项目证券已经在深圳证券交易所发行,相关的信息较公开。BS REIT 所公布的封闭式基础设施证券投资基金招募说明书中的相关数据比较全面、完整,为本章税负测算的准确性提供了保证。

一、BS REIT 基本情况介绍

Z 上市公司为了项目的成功实施,在某产业园选取了运营成熟、收益稳定的两项优质资产——WR 大厦与 WH 大厦,作为底层基础资产。

2021 年 5 月,首批标准化的公募 REITs 通过了中国证监会的批准,标志着标准化公募 REITs 正式在我国启动,2021 年 6 月 21 日,BS REIT 正式在深交所上市,达到募集目标 9 亿份,募集总金额达到 20.79 亿元。该基金的运作方式是契约型封闭式,存续期预计为 50 年,基础设施项目市场估值为 25.28 亿元。①

① 资料来源:BS REIT 募集说明书。

（一）项目主要参与方

1. 原始权益人

为了促进产业园的发展，盘活存量资产，扩充融资渠道，原始权益人作为发起人推出了我国公募 REITs 第一批产品。原始权益人为 Z 上市公司，属于房地产行业，拥有产业园区、集中商业等核心产业板块。原始权益人的主要职责是根据《项目公司股权转让协议》的约定，将项目公司的全部股权转让至 BS REIT 主体，并取得转让价款，以达到盘活存量资产、取得融资金额的目的。

2. 项目公司

基于风险隔离等原因，BS REIT 设立了两家项目公司，分别为 WR 大厦管理有限公司（J）与 WH 大厦管理有限公司（Q），两家项目公司的主要作用是分别持有两项标的资产，即 BS REIT 项目的底层资产 WR 大厦与 WH 大厦。两家项目公司的股东皆为 Z 上市公司。

3. 公募基金管理人

BS REIT 项目的基金管理人为 M 基金管理有限公司，主要任务是为投资者提供全面的资产相关的管理服务。网上或者网下投资者、战略投资者等投资者，通过持有公募基金管理人所管理的基础设施证券投资基金来完成投资，公募基金管理人的主要职责是募集投资者所投资的基金，再将底层资产取得的收益分配给相应的投资者，在整个过程中还具有收取管理费、召开基金份额持有人大会、编制相应的报告、信息披露以及履行基础设施项目运营管理等职责。

4. 资产支持证券管理人

BS REIT 项目的资产支持证券管理人为 N 资本管理有限公司，是一家综合性金融服务平台。它运营的资产支持专项计划是整个项目的中间环节，从整个结构来看，起到承上启下的作用，其主要作用是承担购买基础资产、管理专项计划财产、分配专项计划收益至公募基金，进而分配给投资者。

（二）基础资产

该基础资产从产业园中选取，为了项目能够运营良好，收益稳定，在对项目规模整体考量之下，选取了较优质的基础资产 WR 大厦与 WH 大厦。根据网上资料与该项目资产支持证券募集说明书中所描述，两项资产交通区位优良，周边有牢固的产业基础设施和生活配套设施，运营良好，将会创造稳定的收益。

该案例中的两项基础资产所处的产业园行业，本身具有“现金流收入稳定”的特性,从宏观方面,国家一直在大力发展重点产业园,在政策扶持方面具有优势,也保证了该项目具有稳定的收益与回报,基础资产的基本情况如表 10-5 所示。

表 10-5　基础资产的基本情况

项目	建筑面积/平方米	截至2020年12月31日账面价值/万元	评估价值/万元	单价(元/平方米)	证载土地用途	证载建筑物用途
WH 大厦	53,592.84	23,246.38	149,300	27,858	工业用地	工业、商业、食堂
WR 大厦	41,707.23	20,691.73	103,500	24,816	工业用地	工业、商业、食堂、配套
合计	95,300.07	43,938.11	252,800	52,674	—	—

资料来源:BS REIT 募集说明书。

(三)项目交易结构与设立流程

根据 BS REIT 募集说明书,BS REIT 交易步骤如下:

(1)Z 上市公司作为股东,通过派生分立的方式设立 J、Q 两家项目公司,并使这两家项目公司分别持有本次交易的标的资产 WR 大厦与 WH 大厦。

(2)基金管理人与资产支持证券管理人签订《产业园 1 期专项计划认购协议》,将募集到的资金以专项资产管理的方式委托至资产支持证券管理人,以此设立专项计划,基础设施证券投资基金也相应是专项计划的持有人。

(3)N 资本管理有限公司(专项资产项目管理人)以其自己的名义设立两家全资子 SPV(特殊目的机构)公司(之后被项目公司吸收),在公募基金募集完成后,根据《SPV 股权转让协议》,专项计划收购 SPV 公司 100% 股权。

(4)SPV 公司根据约定从原始权益人(Z 上市公司)处受让项目公司 100% 的股权,除通过募集的资金进行收购外,SPV 公司还向银行借款 30,000 万元,通过债权的方式控制项目公司。

(5)根据 BS REIT 资产募集说明书中的披露,在基金成立后,SPV 将在 6 个月内被项目公司吸收,并将 SPV 注销,但此行为并不会对基金整体的运行造成实质性的影响。

BS REIT 的交易结构流程图如图 10-2 所示。

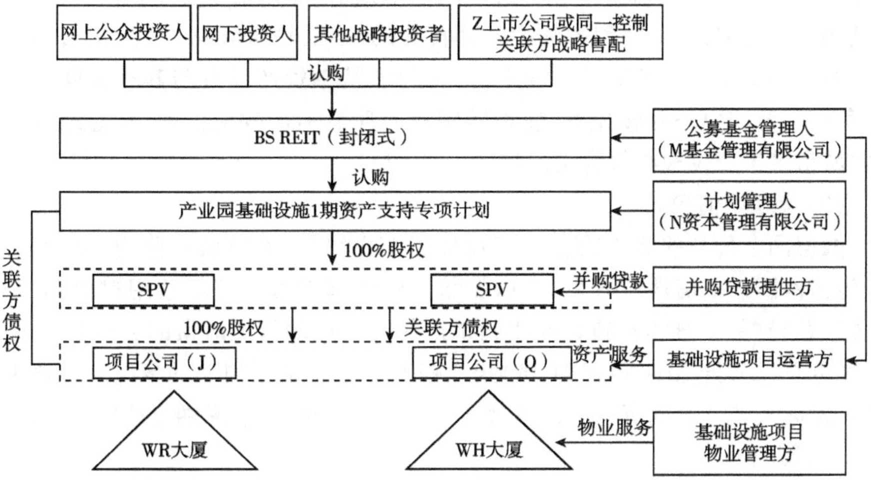

图 10－2　BS REIT 整体架构

资料来源：BS REIT 募集说明书。

二、BS REIT 项目各纳税主体的各阶段税负

一般而言，公募 REITs 项目的涉税环节主要分为设立、存续与退出 3 个阶段，设立阶段，主要是指整个项目的搭建过程，存续阶段主要是项目公司通过底层资产取得收益的过程，与利益分配环节涉及的相关事项，退出阶段涉及基金份额的转让以及整个项目的退出环节。该项目的纳税主体主要有原始权益人、项目公司和投资人三方。下文将从该项目原始权益人发布的资产募集说明书、Wind 以及上市公司报表收集相应的数据，针对上述 3 个阶段、三个涉税主体为研究对象，进行定量的税负测算及分析。

（一）设立阶段

1. 发起人转让基础资产

发起人为了达到风险隔离的目标，通过派生分立方式设立项目公司，分立后由项目公司持有基础资产。在派生分立项目公司的过程中，涉及不动产在不同法人之间的划转，此过程涉及的税种有增值税、城市维护建设税及教育费附加、土地增值税、契税、企业所得税、印花税。

（1）增值税

根据国家税务总局《关于纳税人资产重组有关增值税问题的公告》（国家

税务总局公告2011年第13号)规定,纳税人在资产重组的过程中,将相关资产及其相关联的债权、负债和劳动力一并转让的,不征收增值税。Z上市公司作为原始权益人,在资产划转过程中,是将两项基础资产以及与其相关联的债权、负债和劳动力一并转让的,故本案例在此环节不征收增值税,相应地也不征收城市维护建设税与教育费附加。

(2)土地增值税

根据网上公开的Z上市公司工商注册信息可知,其所属行业为房地产行业,经营范围包括房地产开发,所以发起人转让基础资产并不适用财政部、国家税务总局《关于继续实施企业改制重组有关土地增值税政策的公告》(财政部、税务总局公告2021年第21号)第3条暂不征土地增值税的情况。在该案例中,发起人转让基础资产应按照视同销售进行处理,并应缴纳土地增值税。①

(3)契税

根据财政部、国家税务总局《关于继续支持企业事业单位改制重组有关契税政策的通知》(财税〔2018〕17号)第4条的规定:"公司依照法律规定、合同约定分立为两个或两个以上与原公司投资主体相同的公司,对分立后公司承受原公司土地、房屋权属,免征契税。"在该案例中,原始权益人分立出两家项目公司,并且两家项目公司分别承受相应的土地、房屋等不动产,符合上述规定,因此,两家项目公司皆免征契税。

(4)印花税

根据《关于企业改制过程中有关印花税政策的通知》(财税〔2003〕183号)第1条第2项的规定,"以合并或分立方式成立的新企业,其新启用的资金账簿记载的资金,凡原已贴花的部分可不再贴花,未贴花的部分和以后新增加的资金按规定贴花"。在该案例中,原始权益人在分立过程中是将资产、负债以及相关的工作人员等一并进行转让,没有新启用的资金账簿记载的资金,故在派生分立环节免征印花税。

(5)企业所得税

根据3号公告第1条的规定,"原始权益人向项目公司划转基础设施资产

---

① 根据表10-5可知,基础资产的公允价值为252,800万元,账面价值为43,938.11万元,折旧年限为40年,取得时间为2012年,假设该过程使用年限平均法进行计提折旧,可推算出取得价值为54,922.64万元。对于存量房,且没有评估价格的,按照每年加计5%进行核算,全部扣除项目金额为54,922.64×(1+5%×9)=79,637.83万元,增值额为173,162.17万元,增值率为217%,计算出土地增值税为173,162.17×60%-79,637.83×35%=76,024.06万元。

相应取得项目公司股权，适用特殊性税务处理，即项目公司取得基础设施资产的计税基础，以基础设施资产的原计税基础确定”。在该案例中，派生分立出项目公司属于“划转”的范畴，符合企业所得税特殊性税务处理的规定，此环节没有企业所得税征税事项发生。

2. 专项计划收购 SPV 公司

根据《SPV 公司股权转让协议》，专项计划收购 SPV，此环节主要涉及非上市公司的股权转让。

首先是增值税，根据 36 号文附件 1 所附《销售服务、无形资产、不动产注释》第 4 条，金融商品转让不包括非上市公司的股权。在该案例中，两个项目公司的作用仅为管理相关的不动产，并未上市，因此该交易不属于增值税征税范围，自然也不需要缴纳城市维护建设税及教育费附加。此外，由于专项计划本身并非法人主体，故亦不涉及企业所得税。

其次是专项计划收购 SPV 公司主要涉及印花税，转让非上市公司股权时，应按照“产权转移书据”税目来征收印花税，税率为记载金额的万分之五，纳税义务人为转让人与受让人，根据两家项目公司的工商登记资料所展示，两个 SPV 公司截至目前还未被项目公司吸收，两家公司注册资本皆为 1500 万元，①由于并未收集到相应的转让对价，按照其注册资本计算印花税。②

3. SPV 认购项目公司

在基础设施证券投资基金募集完成后，SPV 公司对项目公司进行股权收购，根据 BS REIT 资产支持证券募集说明书中所披露，股权对价为整个项目所募集到的资金，以及 SPV 公司从银行贷款数额的总和扣减 SPV 预留费用（预计 150 万元）。根据表 10－6 可知，2021 年 5 月 24 日证券发行价格为 2.31 元，由于发行价格会在短时间内保持稳定，所以本案例中将发行价格认定为 2.31 元，计算出募集的总金额为 20.79 亿元（见表 10－6）。另外，根据资产支持证券募集说明书中披露，借款金额为 3 亿元。所以收购项目公司的股权对价为：20.79（亿元）＋3（亿元）＝23.79（亿元）。

---

① WR 大厦管理有限公司与 WH 大厦管理有限公司工商登记资料。

② 应纳印花税为 1500 × 2 × 0.05% × 2 ＝ 3 万元。

表 10-6　BS REIT 募集资金详情

名称	BS REIT
证券名称	BS REIT
资产类型	园区基础设施
发行规模/亿元	20.79
募集份额/万份	90,000
发行价格/元	2.31
询价时间	2021 年 5 月 24 日

资料来源:万得数据库。

(1)增值税及其附加

与专项计划收购 SPV 公司环节相同,根据 36 号文附件 1 所附《销售服务、无形资产、不动产注释》第 4 条,转让非上市公司的股权并不在缴纳增值税的范围内,所以此过程不需要缴纳增值税及其附加。

(2)印花税

印花税主要涉及股权转让与提供委托贷款两个项目。同专项计划收购 SPV 公司一样,应缴纳印花税。①

(3)企业所得税

SPV 收购项目公司环节涉及的金额为 23.79 亿元。根据表 10-5,本案例两项基础资产评估的账面价值合计为:2.32+2.07=4.39 亿元,因此,在此环节需要缴纳企业所得税。②

4. 项目公司反向吸收合并 SPV

反向吸收合并俗称"子并母",其实就是在子公司与母公司合并中,由子公司作为合并方而存续,母公司注销。不少公募 REITs 的交易结构中都采用反向吸并,这是由于在 REITs 结构中,底层物业资产归属于项目公司,原始权益人将项目公司出售给 REITs 时,项目公司缺少作为"税盾"的负债,就会因增加企业所得税负担而减少可能分配给投资者的收益。SPV(特殊目的公司)即承载为搭建股债结构而专门成立后又被反向吸并的特殊目的。即先由专项计划出资

① 根据资产支持证券募集说明书中所披露,此次并购涉及的金额为所募集到的金额加上从招商银行的借款金额,共计 20.79+3=23.79 亿元,因此应缴纳印花税为 23,7900(万元)×2×0.05%=237.9 万元。

② 企业所得税应纳税额为(237,900-43,900)×25%=48,500 万元。

设立 SPV,在 SPV 中通过股东借款构建股债比,再通过 SPV 收购项目公司,最后由项目公司反向吸收 SPV 并继承 SPV 的债务。交易结束后,还能保障底层物业资产不发生权属变更,从而免予缴纳土地增值税等税负,并顺利完成股债结构税盾的搭建。

那么,反向吸收合并是否需要缴纳企业所得税?根据财政部、国家税务总局《关于企业重组业务企业所得税处理若干问题的通知》(财税〔2009〕59 号)的规定,该案例中的反向吸并符合免税合并条件,可选择适用特殊性税务处理,即合并企业以被合并企业的原有计税基础确定其资产和负债的计税基础,被合并企业也无须缴纳企业所得税。由此,在反向吸并的过程中,几乎不产生税收成本。

5. 投资者认购专项计划

投资者与专项计划托管人签订信托合同,用于认购资产支持证券并取得相应的信托利益,按照规定,此过程涉及印花税的缴纳。根据《关于信贷资产证券化有关税收政策问题的通知》(财税〔2006〕5 号,部分失效)第 1 条第 4 项的规定,受托机构发售信贷资产支持证券以及投资者买卖信贷资产支持证券暂免征收印花税,所以专项信托计划(受托机构)发售该证券免征印花税。

(二)项目存续阶段

1. 项目公司运营期间

表 10 - 7 与表 10 - 8 为根据 BS REIT 募集说明书整理而得,两表分别展示了根据项目发布前 3 年数据预测的 BS REIT 的两家项目公司通过基础资产所产生的营业收入、营业成本等金额。①

表 10 - 7 项目收入预测值

单位:万元

项目	2021 年度(预测数)	2022 年度(预测数)	均值
租金收入	12,668.78	12,939.70	12,804.24
物业费收入	1218.76	1236.73	1227.75
停车位收入	348.36	355.32	351.84
合计	14,235.90	14,531.75	14,383.83

资料来源:BS REIT 募集说明书。

① 在对未来年度的数据进行预测时,本案例所依据的数据为预测年度的平均值,根据表 10 - 7 可知,两项基础资产的土地使用年限为 50 年,整个项目的存续期限也为 50 年,所以在对整个项目存续期间各个税种进行计算时,均在平均值的基础上乘以 50。

表 10-8 项目成本费用预测

单位:万元

物业名称	2021 年度(预测值)	2022 年度(预测值)	均值
折旧摊销费	5773.32	5773.32	5773.32
物业管理费	1373.81	1373.81	1373.81
营运成本	620.80	635.44	628.12
维修费	76.01	77.64	76.83
管理费用	681.90	690.52	686.21
财务费用	1050.00	1050.00	1050.00
税金及附加	684.13	688.13	686.13
其他	261.07	266.57	263.82
合计	10,521.04	10,555.43	10,538.24
营业利润	3714.86	3976.32	3845.59

资料来源:BS REIT 募集说明书。

在项目公司整体运营阶段,主要涉及的税种有增值税及其附加、企业所得税、房产税、城镇土地使用税等,以下通过相应的数据对其进行计算。

(1)增值税

两个项目公司的销售额均大于500万元,且均为增值税一般纳税人。根据表10-7可知,两个项目公司营业收入主要分为租金收入、物业费收入与车位费收入。租赁业务服务和车位管理服务为不动产租赁业务,适用9%的增值税税率,物业管理服务按照6%的增值税税率进行征收,其销项税额合计为62,885.61万元。①

根据表10-8可知,可抵扣的进项税主要计税依据为营业成本与期间费用,假设该进项税额皆能取得增值税专用发票,只考虑项目公司在运行过程中所产生的相关费用,忽略因基础资产折旧而产生的摊销费所造成的增值税进

① 根据表10-7数据,每年的数值采取预测年度的平均值,销项税额计算结果如下三式:
租金收入销项税额为:12,804.24×50×9% =57,619.08 万元;
物业费收入销项税额为:1227.75×50×6% =3683.25 万元;
停车费收入销项税额为:351.84×50×9% =1583.28 万元;
因此,以上销项税额合计为62,885.61 万元。

项税。其全部可抵扣的进项税额为14,878.8万元。①

依据上述假设与计算,在项目存续50年间可抵扣的进项税额为14,878.8万元,在整个项目的存续过程中,应缴纳的增值税为48,006.81万元。②

(2)城市维护建设税及教育费附加

该案例中相应资产均位于市区内,城市维护建设税税率与教育费附加和地方教育附加费率分别为7%、3%和2%。因此,在项目存续过程中,应缴纳的城市维护建设税及教育费附加合计为5760.82万元。③

(3)房产税

依据我国《房产税暂行条例》第3条与第4条的规定,该案例应以房产租金收入作为计税依据,税率为12%。根据表10-7,并依据相应的假设,两家项目公司的年租金收入为12,804.24万元,且项目存续期间为50年,所以,两家项目公司共需要缴纳的房产税为76,825.44万元。④

(4)城镇土地使用税

该案例中的基础资产位于城市,根据我国《城镇土地使用税暂行条例》第2条与第3条的规定,应当缴纳的城镇土地使用税,以纳税人实际占用的土地面积为计税依据,按照地方政府所规定的税额计算征收,具体面积见表10-9所示。

表10-9　基础资产占地面积

大厦名称	建筑面积/平方米	土地使用权面积/平方米	土地属性
WR大厦	41,707.23	17,243.53	工业用地
WH大厦	53,592.84	18,241.21	工业用地
合计	95,300.07	35,484.74	—

资料来源:BS REIT募集说明书。

---

① 物业管理收入的增值税税率为6%,其余费用与成本均假设税率为13%,计算结果如下:
物业管理费进项税额为:1373.81×50×6%=4121.43万元;
其他支出的进项税额为:(628.12+76.83+686.21+263.82)×50×13%=10,757.37万元;
全部可抵扣的进项税额=4121.43+10,757.37=14,878.8万元。

② 应缴纳的增值税=销项税额-进项税额=62,885.61-14,878.8=48,006.81万元。

③ 应缴纳的城市维护建设税及教育费附加合计=48,006.81×(7%+3%+2%)=5760.82万元。

④ 两个项目公司共需要缴纳的房产税=12,804.24×50×12%=76,825.44万元。

根据当地城镇土地使用税查询表,其城镇土地使用税为每平方米税额3元。计算出的项目存续期间共计缴纳城镇土地使用税为532.27万元。①

(5)印花税

财产租赁合同应按规定缴纳印花税,各承租方与两家项目公司签订租赁合同,需要缴纳印花税1280.42万元。②

(6)企业所得税

考虑到项目公司只有单一管理基础资产的业务,所以一般情况下,只有少量的营业外支出与营业外收入,营业利润基本上等于利润总额,假设项目不存在税会差异,利润总额即应纳税所得额。在整个项目存续的50年间,两家项目公司需要缴纳的企业所得税为48,069.88万元。③

2.项目公司向资产支持证券专项计划分配利润

项目公司取得相应的利润后,通过层层交易主体最终流到基金份额持有人(投资者)手中,涉及主体主要为项目公司、资产支持专项计划、公募基金与基金份额持有人,具体流转顺序如图10-3所示。

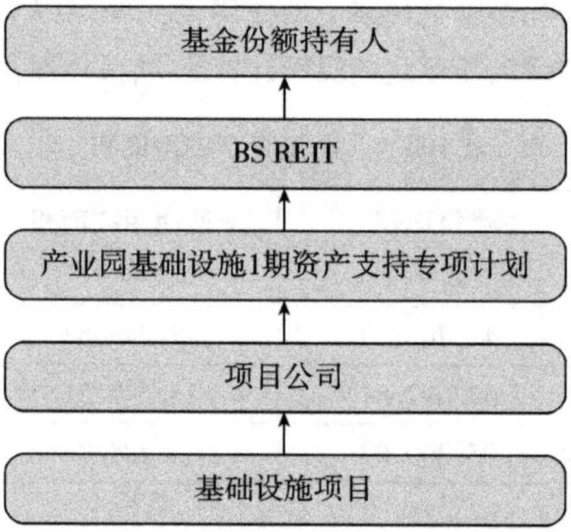

图10-3 账户流转结构

① 项目存续期间共计缴纳城镇土地使用税=35,484.74×3×50=532.27万元。

② 租赁合同的租赁金额从表10-7中获取,财产租赁合同印花税税率为租赁金额的千分之一,故根据租赁收入计算印花税税额为:12,804.24×50×0.1%×2=1280.42万元。由此,在项目存续的50年间,两家项目公司需缴纳印花税1280.42万元。

③ 年均利润从表10-8中获得,应纳企业所得税=3845.59×50×25%=48,069.88万元。即在整个项目存续的50年间,两家项目公司需要缴纳的企业所得税为48,069.88万元。

项目公司将自己取得的收益进行分配，专项计划通过股权加债权的方式对项目公司进行控制，所以项目公司分配收益包含一部分股息，也包含一部分利息，根据《BS REIT 2021 年第三季度报告》所提及，招商银行并购贷款30,000万元，固定年利率3.5%，借款起始日为2021年6月8日，借款到期日为2026年6月8日，为期5年。

(1)增值税及其附加

资产支持证券专项计划从项目公司中取得的利息收入为固定收益的保本收入，应按照贷款服务缴纳增值税，税率为6%，增值税额为315万元，相应的城市维护建设税与教育费附加、地方教育附加为37.8万元。①

(2)企业所得税

由于资产支持计划并非法人主体，所以在取得从项目公司分配的利息和股息时，并不需要征收企业所得税，故在此环节不涉及企业所得税的缴纳。

3. 专项计划向公募基金分配利润

项目公司将通过基础资产取得的收益分配给专项计划后，专项计划再将扣除相关税费后的剩余利润分配至公募基金，流程如图10－3所示。由于从专项计划中取得的收益，一般视为非保本收益，因此不需要缴纳增值税。而公募基金本身同样并非法人主体，所以也不需要缴纳企业所得税。

4. 公募基金向投资者分配收益

根据《BS REIT2021 年第三季度报告》所披露，本基金募集分配采取现金分红的方式，在既定的条件下，每年至少分红一次，分红的比例不低于基金每次可分配金额的90%。具体分配数据如表10－10所示。

表10－10　可分配金额计算过程

单位：万元

项目	金额
净利润	192,279.5
折旧和摊销	252,800

① 贷款服务的销项税额＝30,000×3.5%×5×6%＝315万元。由于专项计划层面发生的进项税额相对较少，可以忽略。对于从项目公司取得的股息所得，可以将其视为非保本收益，不需要缴纳增值税。相应的城市维护建设税与教育费附加、地方教育附加为315×(7%＋3%＋2%)＝37.8万元。

续表

项目		金额
调减项	应收应付项目变动额	22,492
	未来合理的相关支出预留	3923
	总和	418,664.5

资料来源:BS REIT 募集说明书整理计算所得。

假设项目分配金额为基金可分配金额的90%,则最终分配的金额为:418,664.5×90% =376,798.05 万元。根据财政部、国家税务总局《关于企业所得税若干优惠政策的通知》(财税〔2008〕1 号,部分失效)的规定,对法人投资者从证券投资基金分配中取得的收入,暂不征收企业所得税。但是个人投资者不能充分享受这一优惠。对基金取得的股票的股息、红利收入,债券的利息收入、储蓄存款利息收入,由上市公司、发行债券的企业和银行在向基金支付上述收入时代扣代缴20%的个人所得税。该案例中假设该环节个人投资者与企业投资者的投资份额分别占50%,则在此环节征收的个人所得税为37,679.8 万元。①

(三)退出阶段

1. 投资者出售公募基金份额

投资者所持有的REITs 证券具有较好的流动性,所以可以像股票一样在二级市场上公开流通,在流通过程中便会产生差价。对于具有法人身份的法人投资者,对该证券转让差价需要征收企业所得税与增值税;对于个人投资者来说,目前属于免税的范畴,暂不需要缴纳个人所得税与增值税。

2. 项目公司退出环节

由于我国公募REITs 于2021 年发行,目前还没有涉及项目退出的方式,但参考国际标准公募REITs 与我国之前所发行的类REITs 做法,在最终退出环节和项目公司设立环节类似,主要涉及项目公司的股权转让。非上市公司的股权转让并不是增值税的征税范围,不需要缴纳增值税,另外股权转让方属于公募基金,并非法人主体,所以也无须缴纳企业所得税。

假设最终的交易价格是基础资产的评估价值,根据表10-5 可知,基础资产评估价值为252,800 万元,此环节只涉及股权转让的印花税,印花税税率为合同金额的万分之五,应缴纳的印花税为252.8 万元。②

① 投资者应缴纳个人所得税 =376,798.05×50% ×20% =37,679.8 万元。

② 应缴纳的印花税额 =252,800×2×0.05% =252.8 万元。

三、BS REIT 税负评析

为了更好地了解各涉税主体在 REITs 项目中的税负轻重，本小节通过整理数据并对各主体的税负进行归类与统计，统计结果如表 10－11 所示。

表 10－11　各涉税主体税负及占比

涉税主体	设立环节/万元	存续环节/万元	退出环节/万元	合计/万元	占比/%
原始权益人	124,643.01	0	126.4	124,769.41	36.26
项目公司	0	180,677.24	126.40	180,803.64	52.55
投资者	0	37,679.8	0	37,679.8	10.95
其他主体	121.95	705.60	0	827.55	0.24
合计	124,764.96	219,062.64	252.8	344,080.4	100.00

表 10－12 为对各税种的涉税税负及其占比的归类与统计。

表 10－12　各税种税负（测算）及其占比

涉及税种	税负（测算）/万元	占比/%
企业所得税	96,569.88	28.11
房产税	76,825.44	22.36
土地增值税	76,024.06	22.13
增值税	48,321.81	14.07
个人所得税	37,679.80	10.97
城市维护建税及教育费附加、地方教育附加	5798.62	1.69
印花税	1774.12	0.52
城镇土地使用税	532.27	0.15

（一）设立阶段

1. 土地增值税在设立成本中占比过高

原始权益人在对基础资产进行重组的过程中，涉及巨额的土地增值税，根据表 10－12 可知，从全流程来看，土地增值税占到了 22.13%，若仅从设立阶段来看，却占到了设立阶段税负的61%，即设立环节的大部分税收负担来自土地增值税，但此环节只是整个项目在准备阶段的内部重组，且转让该不动产的目的也并非为了取得其中的增值价值，而是为取得租金、物业费等收入，因此存在一定的不合理性。由于该案例中原始权益人属于房地产企业，所以并不适用财政部、国家税务总局《关于继续实施企业改制重组有关土地增值税政策的公告》（财政部、税务总局公告2021年第21号）第3条的免税待遇。由此可见，土地增值税的征税制度仍需进一步优化。

2. 企业所得税的征收未遵循实质课税原则

在收购项目公司时，由于可能存在基础资产的大幅增值，而项目公司的主要财产就是其所持有的基础资产，导致收购价与其账面价值之间存在较大的差额，转让也因此产生了巨额的企业所得税，税额高达48,500万元，占设立环节税负的49%。但综观整体REITs项目，该环节只是REITs产品设计过程的一个步骤，该转让行为在实质上并非商业行为，而仅为金融产品的架构过程，转让项目公司的目的也并非取得增值收益。由此，在设立阶段缴纳企业所得税与实质课税原则是相悖的，应考虑给予相应的减免待遇。

3. 高税负不利于公募REITs的长足发展

根据计算结果汇总出的表10－11可知，REITs产品在设立过程中原始权益人需要缴纳124,643.01万元的税负，其中大部分由原始权益人缴纳，原始权益人融资的总金额为207,900万元，需要缴纳的税款占所融资金额的60%，这将会降低原始权益人的融资动力，在各项税负中占比较高的主要是土地增值税与企业所得税。在项目全流程中，设立环节的税负占总税负的比例为36.26%，其主要税负承担者为原始权益人，而REITs设立的初衷，主要是原始权益人为了盘活存量资产，取得更多的现金流流入，减轻企业融资压力。若在REITs设立的初始阶段就产生了较重税负，且该笔税负并非由盈利而产生，而是在REITs产品架构过程中产生的，无疑会影响原始权益人的融资愿望。在本案例中，项目设立环节并没有涉及增值税、契税和印花税等税种，这是由于项目符合上述各税种的税收优惠条件，但各税种可适用优惠的重组类型、标准和条件各不相同，若在设立过程中，为了减轻税负而创造适用优惠政策的相关条件，则必然会造成许多管理上的不便，增加管理成本，也有悖于税收中性原则，增加了政策的适用难度。

（二）存续阶段

BS REIT产品的存续时间为50年，故本案例在计算存续过程中的税负时，按照50年的存续期进行计算，存续期间的税负合计为219,062.54万元，占整个项目生命周期税负总额的63.67%，此环节税负承担者主要是项目公司与投资者。

1.项目公司负担的增值税较高

根据表10-12，存续阶段项目公司需要缴纳的增值税为48,006.81万元，占存续阶段项目公司税负的26.67%，是一笔不容忽视的税额，根据上述计算结果，项目公司50年的营业收入预测值为719,191.5万元，可以计算出增值税的实际税负率为6.7%，税负成本较高。这是由于项目公司在日常运营中只有管理费、运营费用等固定的成本费用，而租赁不动产取得的收入却很高，在计算增值税时可抵扣的进项税额又很少，从而导致增值税实际税负较高。

2.项目存续期间存在重复征税问题

在该案例中，项目公司产生的收益与投资者取得的收益本质上是同一笔收益，但共征收两次税，这是典型的经济性重复征税。如前所述，项目公司的所得税数额为48,069.88万元，投资者取得收益产生的所得税为37,679.80万元，根据测算数据，项目公司需要缴纳的企业所得税为48,069.88万元，投资者需要缴纳的所得税为37,679.80万元，两者合计为85,749.68万元。项目公司50年的营业利润预测值为192,279.5万元，所得税占营业利润的比例为44.59%，远超企业所得税税率25%、个人所得税中的股息、红利所得的适用税率20%。两个涉税主体所缴纳税额重复的部分，可以视作重复征税的数额，虽然根据《企业所得税法》和《个人所得税法》的规定，企业取得收益与投资者取得股息、红利均应缴纳税款，但REITs产品中的项目公司终究只是REITs投资者取得投资收益的一种工具，仅负责管理产品中的基础资产，重复征税问题应尽量避免。

（三）退出阶段

在实践操作中，借鉴我国已经发布的类REITs，退出环节一般为原始权益人从REITs主体中回购项目公司，一般来说收购项目公司股权并不需要缴纳土地增值税，但也有一些个别案例认为实质上属于转让不动产，需要缴纳土地增值税。本案例在测算过程中仍按照一般情况下转让股权进行处理，并未涉及土地增值税。然而这种税务处理方式其实存在较大的不确定性风险，若在实际操作中，税务机关认定回购行为视为转让不动产，则需要缴纳土地增值税。若在项目生命周期50年结束后，基础资产有巨大的增值，仍会造成巨额的税收负担，因此应对退出环节转让股权所涉土地增值税问题，给出明确的征免政策依据。

(四)案例小结

BS REIT 作为我国首批公募 REITs 产品之一,从组织架构、税务处理的方式以及基础资产的性质等来看,具有一定的代表性,且这种产品结构也是未来将持续发展的一种模式。通过对该案例所涉项目进行税负测算以及最后的数据结果分析,可发现 BS REIT 整体税负较高,且主要集中在原始权益人在设立阶段的土地增值税与企业所得税,以及项目公司在存续阶段的所得税、增值税与房产税。尽管我国目前公募 REITs 产品发展状况良好,但这主要得益于 REITs 产品本身所具有的优质金融产品属性,且基础资产大多具有较高收益且具有稳定的现金流。然而公募 REITs 的税收制度仍存在诸多问题,较高税负的抑制作用也不容小觑。

第四节　域外 REITs 税收政策

一、域外 REITs 产品税收政策分析

(一)美国

美国是 REITs 产品的起源地,于 20 世纪 60 年代发布了第一只 REITs 产品后,经历了 60 年的长久发展,也颁行了专门适用于 REITs 的税收制度。截至 2021 年年底,美国共存续 217 只 REITs 产品,目前为止仍是 REITs 规模最大的国家。[①] 美国 REITs 涉及的不动产类型十分广泛,涵盖了基础设施、工业、医疗保健等众多领域。能够成为 REITs 市场的领头羊,不仅缘于美国 REITs 市场有专业化管理、完善成熟的法律法规,还得益于其配套的税收优惠政策。在 REITs 的类型上,通常为公司型,且根据美国法律规定,公司型 REITs 至少应该有 100 个股东,并且前 5 大股东股权占比合计不得超过 50%,这既能有效降低投资的门槛,也有利于分散风险,还能让更多的公众投资者投资于收益稳定的不动产,实现了真正意义上的"公募"。在 REITs 的投资领域上,则要求投资于不动产的占比不得低于 75%。

美国《国内税收法典》规定,对符合投资比例、分红比例的 REITs 产品给予税收优惠政策。在运营过程中,针对项目公司取得的收益,分配给投资者的部

---

① 参见臧运慧、陈翔、鲁政委:《公募 REITs 定价手册》,载搜狐网 2022 年 2 月 14 日,https://news.sohu.com/a/522599039_121281598。

分可享免税待遇,未分配部分才征收企业所得税,以减免重复征税。由于美国法律规定 REITs 需将应税收入的至少 90%,以股利或分红形式分配给投资者,导致 REITs 较难通过公司利润进行再投资,以实现公司的扩张。其反避税措施也很严厉,对于分配金额未达到相应比例的,需要缴纳未分配金额 100% 的违约金作为惩罚,从而保证不动产取得的收益尽可能多地流向投资者;为了防止通过 REITs 来交易房产进行套利,美国对 REITs 在内置收益税、违禁交易税等方面也有相应的规定,还对关联企业之间的不正当转让定价行为,征收惩罚性的税金。具体的税收政策见表 10-13。

表 10-13　美国 REITs 税收政策梳理

<table>
<tr><td rowspan="2">购置/处置阶段</td><td>买方</td><td>不动产交易税</td></tr>
<tr><td>卖方</td><td>不动产交易税、出售资产收入利得分配给投资分红各部分免资本利得税</td></tr>
<tr><td rowspan="2">存续、持有阶段</td><td rowspan="2">项目公司</td><td>征收房产税,另外项目公司所得利润分配于投资者部分免所得税</td></tr>
<tr><td>REITs 分配给投资者金额小于收益的 90%,项目公司分配金额小于可分配金额 75%,将收取违约金 100% 作为处罚</td></tr>
<tr><td>投资者分红阶段</td><td>投资者</td><td>企业投资者照常征税,个人投资者给予一定程度的税率式优惠</td></tr>
</table>

(二)日本

日本的第一只 REITs 产品于 2001 年上市,其 REITs 的发展借鉴了美国的经验,资产类别种类繁多,其中综合不动产、写字楼、酒店占据绝大部分,此外还有公寓、零售和购物中心等。同美国的主体性质一样,日本的 REITs 主体也多采取公司形式。为了促进收益分散化和防范运营风险,规定 REITs 的前十大股东持股比例合计不能大于 75%,除前十大股东外的股东不能少于 1000 个。对于投资不动产的占比,日本法律规定投资的资产中至少 95% 应投资于不动产或与之相关的资产,收益分配的比例不得少于可分配比例的 90%。

在税收优惠政策上,规定在 REITs 设立环节,基础资产购买方的契税由 5% 减至 1.2% 或 1.6%;在存续阶段,针对项目公司所取得的利润,企业所得税为 30.86%,如果其首先根据法律规定将分红比例达到可分配金额的 90%,则分红部分免征企业所得税,这就使其企业所得税减少了 9 成以上。对于分配至投资者环节，并没有直接对其投资利得进行免税，而是对持有 REITs 超过 5 年者，资本利得税由 39% 降为 20%。各税收政策汇总见表 10－14。

表 10－14 日本 REITs 税收政策梳理

购置/处置阶段	卖方	征收交易流转税与企业所得税
	买方	征收契税
持有、存续阶段	项目公司	房产税、印花税，分红部分免所得税
投资者分红阶段	投资者	分红利得需要缴纳所得税

（三）新加坡

新加坡拥有亚洲第二大 REITs 市场，截至 2020 年年底，新交所主板上市 REITs 和不动产商业信托合计 43 只，总市值超过千亿新加坡元，新加坡 REITs 以国家化著称，其相当一部分基础资产位于中国、马来西亚、美国和欧洲等地。①

新加坡针对 REITs 的税收政策经过了许多轮改革，目前其税收优惠政策力度较大，仅征收设立环节的印花税、商品服务税与存续环节的房产税。对于存续期间的所得税，因税法对项目公司和投资者均赋予免税待遇，所以通过 REITs 征收的所得税微乎其微。在处置阶段，还对处置收益分配给投资者的部分给予免税待遇。新加坡在税收优惠政策的扶持之下迅速发展，已成为亚洲地区主要的 REITs 市场。具体的税收政策见表 10－15。

表 10－15 新加坡 REITs 税收政策梳理

购置阶段	卖方	只需缴纳印花税
	买方	工业地产持有 3 年以内的需要缴纳印花税，其余免税
处置阶段	卖方	分配给投资者的部分免税
	买方	商品服务税，另外 SPV 公司给予免税待遇
存续、持有阶段	项目公司	征收房产税、商品服务税，分红部分所得税基本免税
投资者分红阶段	投资者	企业与个人红利所得给予免税

① 参见北京富华创新科技发展有限责任公司：《试水新交所 REITs 新城控股以 9 个商业物业设立信托》，载金融界网，https://house.jrj.com.cn/2021/07/31012333177732.shtml。

(四)中国香港特别行政区

中国香港特别行政区是亚洲第三大 REITs 市场,为中国内地发展 REITs 提供了借鉴。自 2005 年香港特别行政区发布第一只公募 REITs 产品,截至 2021 年 2 月,已有 11 只 REITs 在香港特别行政区资本市场上市交易。虽然数量不多,但所涉领域齐全,包括零售与购物、写字楼、综合不动产和酒店业。① 香港特别行政区 REITs 的发展离不开完善的配套法律制度体系,其中力度较大的税收优惠政策是促进香港特别行政区 REITs 发展的关键因素。

与我国 REITs 设立阶段相似,需要将基础资产进行剥离转让,资产转让时,对卖方免所得税,收购资产的一方需要缴纳印花税。在 REITs 存续阶段,项目公司的运营收益需要缴纳房产税、土地税、印花税等,存续阶段的经营业务没有税收优惠。但在向投资者分红时,无论是企业投资者还是个人投资者,均给予了免税待遇。具体税收政策见表 10 – 16。

表 10 – 16　中国香港特别行政区 REITs 税收政策梳理

购置/处置阶段	卖方	分配给投资者部分给予免税,其余征收利得税
	买方	征收印花税
持有、存续阶段	项目公司	征收物业税、利得税、印花税,无免税待遇
投资者分红阶段	投资者	免利得税

二、域外 REITs 税收制度评述

税收优惠政策是国际上促进 REITs 发展的重要工具,国际上许多国家推出了成熟的 REITs 产品,具有清晰的 REITs 模式结构和完善的税收优惠政策,这极大地促进了国际上 REITs 产品的发展。美国是 REITs 产品的发源地,自第一只 REITs 诞生以来,美国不断完善与之相对应的税收优惠政策,之后的日本、新加坡等也都借鉴了美国 REITs 的发展模式与税收政策。

综观域外涉及 REITs 的税收优惠制度,不难发现,在设立阶段直接税收优惠较少,主要原因是各国(地区)涉及房地产买卖与租赁的相关税种较少,而我国则在设立环节涉及较高数额的土地增值税,且若不符合相应的适用免税和

---

① 参见程洋:《公募 REITs 进入首批试点项目正式实施阶段》,载搜狐网 2021 年 2 月 27 日,https://www.sohu.com/a/452991585_161795。

不征税条件,还需要缴纳增值税、契税等相关税负,这使REITs产品的综合税负增加,因此,在此阶段可以对土地增值税规定进一步减免措施。在REITs存续阶段,美国、日本税法均对项目公司分配给投资者的利润,规定了减免所得税的待遇;我国香港特别行政区则在投资者取得收益阶段,对投资者需要缴纳的税收进行直接免税;新加坡规定了双重税收优惠,既对项目公司本身取得的收益免所得税,又对投资者取得的投资收益免所得税。而通过前文对我国BS REIT税负的测算可以看出,BS REIT存续环节所得税实际税负为44.59%,重复征税问题比较严重。因此应借鉴其他国家或地区的做法,针对项目公司或投资者直接规定所得税减免,以消除重复征税。在项目退出阶段,域外税法对不动产卖方所获得的差价,分配给投资者的部分给予免税待遇的相关规定,也值得我国参考。

除对REITs各阶段各主体给予明确的税收待遇以外,域外严格的税收监管制度和监管执法措施,为滥用REITs避税和偷逃税提供了保障。例如,美国对REITs规定了相应的税收减免,也制定了相应的反避税措施,防止纳税人对税收优惠政策的滥用。税收优惠政策会激励纳税人利用REITs进行房产买卖,从而规避正常交易下可能的相关税负,这会让REITs成为新型炒房工具和纳税人的避税港湾,因此,美国法律明确规定了项目公司持有基础资产的最短期限,并加强反避税的监管。

第五节 完善我国REITs税收制度的建议

一、进一步明确设立阶段的税收优惠

由于REITs相较其他不动产融资产品具有更加复杂的组织架构,从上述案例可知,架构的复杂导致更多的应税交易产生,造成其整体税收负担较重,将会削减原始权益人通过REITs产品融资的动力,也会使REITs产品相较其他不动产融资产品在税负上处于劣势,有悖税收中性原则。

(一)土地增值税不征税规定应平等适用于房地产开发企业

如前所述,域外税负在REITs设立环节一般没有涉及高额的与土地相关的税负。而在我国,房产本身积累了大量的增值,会因此带来数额较大的土地增值税,在BS REIT案例中,设立环节土地增值税税额在该环节税负占比达22.13%。而设立环节转让相关不动产实质并非为了取得房地产的增值收益,而是为了剥离资产构建REITs所需的项目公司,进而取得不动产所创造的稳定

的租金、物业收入，所以虽然在融资过程中并未涉及不动产的实质转让，但却需要按照转让行为缴税，导致资产的剥离成本较高。在现行的土地增值税处理方法中，根据《关于继续实施企业改制重组有关土地增值税政策的公告》（财政部、税务总局公告2021年第21号）第3条、第5条规定，企业分立出新的企业，且两家企业投资主体相同，在此过程中转让相关的不动产，且交易的任意一方不得为房地产开发企业，暂不征土地增值税。但根据上述案例与实际的交易过程，在房地产行业面临下行的情况下，原始权益人很有可能属于房地产企业，进而不适用该条款中减免土地增值税的情况，房地产企业与非房地产企业发行REITs产品的目的是一致的，都不是为了取得不动产增值收益，所以两者应在此层面尽可能趋向于平等。针对标准的公募REITs项目，可将第3条规定扩大适用于房地产企业，免除各类交易主体的土地增值税。

此外，在BS REIT案例中，还有转让项目公司股权的行为，分别为REITs主体收购项目公司环节与退出环节中原始权益人回购项目公司环节。由于项目公司的主要资产为不动产，这有可能使税务机关将其认定为不动产的转让而征收土地增值税，这两个环节的股权转让是在设立与退出环节，所以也是整个项目的设立过程与结束过程，也只是REITs的内部重组，是形式上的所有权转让。根据实质课税原则，建议对房地产企业转让其股权暂不征收土地增值税，减少REITs的股权转让中对于土地增值是征税的不确定性，也进一步减轻REITs的综合税负，从而提高其收益率。

（二）进一步明确可享税收优惠的"划转"的范围

由于目前没有针对REITs的税收优惠政策体系，所以税收优惠政策的适用口径也不尽相同，在针对公募REITs的税收优惠政策文件3号公告第1条中，强调了以"划转"的方式来转移基础资产，对于"划转"的精确范围没有进一步确定，根据BS REIT案例分析可知，在实际操作中，存在多种转移资产的形式，如分立、资产收购等，这些是否适用3号公告第1条中的企业所得税特殊性税务处理，有待进一步明确。

（三）对设立项目公司的方式给予明确与同等待遇

在BS REIT案例中，若原始权益人结合企业自身的情况考虑，认为不适合通过分立方式，而是通过先设立项目公司，再将不动产转移的方式来建立REITs的架构，则会产生契税、印花税。由此，在现行税制下，对于暂不征收土地增值税、增值税、契税与印花税等税种的改制重组类型和标准不尽相同，所以在实务操作过程中容易顾此失彼，很难全部享受各税种的优惠。虽然各种设立项目公司的方式不尽相同,但目标都是为了公募 REITs 上市,没有必要为适用税收优惠而处心积虑设计复杂架构。所以在项目公司设立环节可以考虑将税收优惠力度保持同一水平,以遵循税收中性原则。

例如,在设立环节转让不动产,根据《关于纳税人资产重组有关增值税问题的公告》的规定,仅在通过合并、分立、出售、置换等方式,将资产及其所附带的债权、劳动力等一并转让的,才不征收增值税。但很多情况下,原始权益人转让基础资产至项目公司是为了隔离风险和运营便利,在实务操作中,项目公司被 REITs 收购,为了提升管理效率,可能会另聘资产服务机构对资产进行管理,原来与资产相关的劳动力可能会存在冗余的现象,原始权益人也许会为了减轻税负而不得不使该行为满足该公告中增值税不征税的规定,但却违背了税收中性原则。若不动产增值较高,将会使增值税的税负较重,又会与实质课税原则冲突。所以建议在设立环节转让基础资产均可以适用"不征收增值税"条款。

二、优化基础设施 REITs 存续阶段的税收政策

(一)减免项目公司的所得税

在整个 REITs 架构中,设立项目公司的目的主要是管理基础资产。根据导管原则,REITs 只是融资的一种工具,在存续环节,项目公司、专项计划乃至公募基金,实际上仅充当导管,因此在流通过程中产生的所得税应进行减免。在 BS REIT 案例中,若对项目公司和投资者皆征收所得税,所得税的实际税负将远高于所得税 25% 的名义税率,存在一定程度的重复征税,所以应进行一定程度的免税待遇,以削减重复征税。REITs 产品最终的受益人为投资者,依据实质课税原则,应由投资者承担所得税的税负。可参考美国、日本的税法规定,分配给投资者的利润在项目公司层面给予免税待遇,这样可使整个项目所得的综合税率回归正常水平,也是在遵循实质课税原则和导管原则的基础上,作出的合理选择。

(二)项目公司的租赁收入按照简易方法计征增值税

在 BS REIT 案例中,项目公司针对租赁收入计算增值税时,按照一般计税方法进行征收,但对项目公司来说,一般只有少量运营费、管理费等支出,这会造成可抵扣的进项税额较少,最终增值税税额较高。虽然根据《纳税人提供不动产经营租赁服务增值税征收管理暂行办法》(国家税务总局公告 2016 年第 16 号)第 3 条第 1 项的规定,一般纳税人出租其在 2016 年 4 月 30 日之前取得

的不动产,可以按照简易计税的方法征收增值税,但是我国第一批公募 REITs 的发行时间在 2021 年 6 月,取得不动产的时间一般也在该时点之后,所以很难适用该暂行办法中简易方法计税的条款,从而导致增值税税负较高。所以建议对基础设施公募 REITs 中的项目公司,尤其是可抵扣的进项税额较少的项目公司,取消该时间限制,均可选择按 5% 简易计税的征收率进行征税。这样,一方面,可以提高公募 REITs 的收益率,促进公募 REITs 在我国各领域发展;另一方面,还可以提高征管效率,使公募 REITs 的税收征管行为有序进行。

(三)提高税收征管的行政效率

由于 REITs 产品的架构比较复杂,涉税主体较多,所涉及的政策文件也颇多,所以可以考虑为配合 REITs 产品设立一套独立的税收优惠政策文件,以减少征税过程的复杂性与征税界限的模糊性。在提高征管效率方面,美、日等国都在 REITs 产品出现的同时,颁布了相应的配套政策,例如,美国《国内税收法典》中就对 REITs 的属性、要求等作出了明确的规定。我国可实施"立法先行",可以将公募 REITs 作为一种新的投资工具进行税收立法,并对各地税务机关征管政策进行统一。

(四)建立与税收优惠相配套的反避税机制

税收优惠固然会促进 REITs 的发展,但若颁布相应的税收优惠政策,则相应地,滥用税收优惠政策所产生的避税问题可能也会随之产生,所以建议反避税机制与 REITs 的税收优惠政策配套出台。构建反避税机制主要包括以下三个部分:

首先,避免滥用 REITs 优惠政策进行炒房的行为。为防止在短期内利用 REITs 频繁交易房产,可以对项目公司持有底层资产的期限进行限制。可借鉴美国的相关法律规定,对利用 REITs 买卖房产套利的行为给予相应的处罚,或者只对符合相应期限条件的 REITs 项目给予税收优惠,从而避免纳税人滥用税收优惠政策。

其次,对于基金收入,企业所得税给予了免税待遇,个人所得则需要正常纳税,这种不对等会产生避税的倾向,因此各类主体纳税义务应该分配均衡。

最后,REITs 享受的税收优惠政策所产生的不对等,可能会导致关联企业之间通过转让定价来逃避纳税义务,因此需要强化对关联企业之间业务往来的审查,以此避免关联企业的不正当交易。

三、总结与展望

中国证监会和国家发展改革委于2020年联合发布了《关于推进基础设施领域不动产投资信托基金(REITs)试点相关工作的通知》(证监发〔2020〕40号),同年,中国证监会又发布了《公开募集基础设施证券投资基金指引(试行)》(中国证券监督管理委员会公告〔2020〕54号),标志着我国公募REITs拉开了上市帷幕。2021年,我国在“房住不炒”“房地产行业去库存、去杠杆”“三去一降一补”等相关政策背景下,正式发布了国际标准的公募REITs这一优质融资工具。但目前对REITs的相关税收优惠政策较少,还不够明确和全面,导致REITs从设立、存续到退出各阶段的相关主体,依然存在税负较重等方面的问题。本章通过对BS REIT案例分析,并在课税原则和具体规则上提出相关建议,以期对我国公募REITs税收政策的制定有所裨益。

公募REITs的发展依然向好,随着我国存量房时代的到来,公募REITs将具有巨大的市场。随着REITs相关法律规定、监管政策的实施,尤其是相关税收制度的优化,将会带来公募REITs的更加长足的发展。

参考文献

一、中文著作与译著

〔1〕刘剑文主编:《财税法学前沿问题研究 9:财税法理论创新与深化财税体制改革》,法律出版社 2021 年版。

〔2〕刘剑文等:《领域法学:社会科学的新思维与法学共同体的新融合》,北京大学出版社 2019 年版。

〔3〕陈雨露主编:《国际金融学》,中国人民大学出版社 2008 年版。

〔4〕张军建:《信托法基础理论研究》,中国财政经济出版社 2009 年版。

〔5〕何宝玉:《信托法原理研究》(第 2 版),中国法制出版社 2015 年版。

〔6〕张守文:《税法原理》,北京大学出版社 2004 年版。

〔7〕郝琳琳:《信托所得课税法律问题研究》,法律出版社 2013 年版。

〔8〕孙洁丽:《慈善信托法律问题研究》,法律出版社 2019 年版。

〔9〕张守文:《财税法疏议》(第 2 版),北京大学出版社 2016 年版。

〔10〕汤洁茵:《金融交易课税的理论探索与制度建构》,法律出版社 2014 年版。

〔11〕张静琦主编:《金融信托学》,西南财经大学

出版社 1998 年版。

〔12〕尹音频等:《中国金融业税制发展报告》,西南财经大学出版社 2016 年版。

〔13〕尹音频:《资本市场税制优化研究》,中国财政经济出版社 2006 年版。

〔14〕何辉:《金融市场税收经济效应研究:基于中国经验数据的实证分析》,经济科学出版社 2011 年版。

〔15〕中建投信托博士后工作站编著:《中国信托行业研究报告(2022)》,社会科学文献出版社 2022 年版。

〔16〕《英国信托法:成文法汇编》,葛伟军译,法律出版社 2012 年版。

〔17〕李智等:《商事主体与商事信托法律制度研究》,上海三联书店 2016 年版。

〔18〕邢成、管百海编著:《家族信托理论与实务》,经济管理出版社 2020 年版。

〔19〕王春玲:《我国税收制度的经济学分析:一种法经济学的视角》,经济科学出版社 2007 年版。

〔20〕张维迎:《经济学原理》,西北大学出版社 2015 年版。

〔21〕财政部税收制度国际比较课题组编著:《英国税制》,中国财政经济出版社 2000 年版。

〔22〕财政部税收制度国际比较课题组编著:《加拿大税制》,中国财政经济出版社 2000 年版。

〔23〕财政部税收制度国际比较课题组编著:《美国税制》,中国财政经济出版社 2000 年版。

〔24〕各国税制比较课题组编著:《公司所得税制国际比较》,中国财政经济出版社 1996 年版。

〔25〕中国金融税制改革研究小组编著:《中国金融税制改革研究》,中国税务出版社 2004 年版。

〔26〕刘剑文主编:《国际税法学》,北京大学出版社 2013 年版。

〔27〕赖源河、王志诚:《现代信托法论》,中国政法大学出版社 2002 年版。

〔28〕文杰:《投资信托法律关系研究》,中国社会科学出版社 2006 年版。

〔29〕胡滨主编:《金融风险与监管:国际研究镜鉴》,经济管理出版社 2016 年版。

〔30〕杨文云:《金融监管法律国际协调机制研究》,上海财经大学出版社

2011 年版。

〔31〕徐孟洲主编:《信托法》,法律出版社 2006 年版。

〔32〕张亦春、郑振龙、林海主编:《金融市场学》(第 4 版),高等教育出版社 2013 年版。

〔33〕薛昊旸:《金融创新与监管及其宏观效应研究》,经济管理出版社 2014 年版。

〔34〕赵廉慧:《中国慈善信托法基本原理》,中国社会科学出版社 2020 年版。

〔35〕解学智、张志勇主编:《世界税制现状与趋势(2014)》,中国税务出版社 2014 年版。

〔36〕何宝玉:《信托法原理与判例》,中国法制出版社 2013 年版。

〔37〕陈清秀:《税法总论》,台北,元照图书出版公司 2012 年版。

〔38〕杨小强:《税法总论》,湖南人民出版社 2002 年版。

〔39〕张智勇:《国际税法》,人民法院出版社 2002 年版。

〔40〕强力、王志诚:《中国金融法》,中国政法大学出版社 2010 年版。

〔41〕汤洁茵:《金融创新的税法规制》,法律出版社 2010 年版。

〔42〕李青云:《信托税收政策与制度研究》,中国税务出版社 2006 年版。

〔43〕刘继虎:《法律视角下的信托所得税制——以民事信托所得课税为中心》,北京大学出版社 2012 年版。

〔44〕郝利军、李刚:《VIE 架构境外间接上市税法问题研究》,厦门大学出版社 2016 年版。

〔45〕王宗涛:《一般反避税条款研究》,法律出版社 2016 年版。

〔46〕米健:《比较法学导论》,商务印书馆 2013 年版。

〔47〕刘兆兴主编:《比较法学》,中国政法大学出版社 2013 年版。

〔48〕朱志钢:《我国税制结构:影响因素分析与优化路径选择》,中国税务出版社 2014 年版。

〔49〕汪昌云编著:《金融衍生工具》(第 2 版),中国人民大学出版社 2013 年版。

〔50〕解学智主编:《公司所得税》,中国财政经济出版社 2003 年版。

〔51〕禄晓龙:《中国税制改革中的税收结构优化研究》,中国经济出版社 2016 年版。

〔52〕韩仁月:《税制结构变迁、效应及优化研究》,经济科学出版社 2011

年版。

〔53〕林华主编:《金融新格局:资产证券化的突破与创新》,中信出版社2014年版。

〔54〕周树立:《中国信托业的选择》,中国金融出版社1999年版。

〔55〕翁武耀:《欧盟增值税反避税法律问题研究》,中国政法大学出版社2015年版。

〔56〕薛瑞锋主编:《发现机遇:离岸公司操作指引》,广东经济出版社2002年版。

〔57〕霍玉芬:《信托法要论》,中国政法大学出版社2003年版。

〔58〕朱青编著:《国际税收》(第7版),中国人民大学出版社2016年版。

〔59〕付伯颖编著:《外国税制教程》,北京大学出版社2010年版。

〔60〕用益金融信托研究院编著:《中国信托业市场报告(2016~2017)》,社会科学文献出版社2017年版。

〔61〕刘金凤、许丹、何燕婷等:《海外信托发展史》,中国财政经济出版社2009年版。

〔62〕张军建主编:《信托法纵横谈——写在我国信托法修改之前》,中国财政经济出版社2016年版。

〔63〕刘鸣炜:《信托制度的经济结构》,上海远东出版社2015年版。

〔64〕中国信托业协会编著:《慈善信托研究》,中国金融出版社2016年版。

〔65〕解锟:《英国慈善信托制度研究》,法律出版社2011年版。

〔66〕王振耀主编:《中华人民共和国慈善法评述与慈善政策展望》,法律出版社2016年版。

〔67〕杨后鲁:《税务透明时代下的家族财富传承》,清华大学出版社2019年版。

〔68〕刘佐:《中国税制概览:2014年》,经济科学出版社2014年版。

〔69〕姜新录:《上市公司并购重组税务处理案例解析》,中国财政经济出版社2021年版。

〔70〕葛克昌:《税捐行政法——纳税人基本权视野下之税捐稽征法》,厦门大学出版社2016年版。

〔71〕陈大钢编著:《中国信托法与信托制度创新》,立信会计出版社2004年版。

〔72〕林华主编:《中国REITs操作手册》(第2版),中信出版集团股份有限

公司 2022 年版。

〔73〕段从军编著:《国际税收实务与案例》,中国市场出版社 2016 年版。

〔74〕葛克昌:《税法基本问题》(增订版),台北,元照出版社 2005 年版。

〔75〕葛克昌:《所得税与宪法》(第 3 版),台北,翰芦出版社 2009 年版。

〔76〕陈清秀:《现代财税法原理》,台北,元照出版社 2015 年版。

〔77〕葛夕良:《全球化下企业所得税国际税收问题思考》,经济日报出版社 2015 年版。

〔78〕[英]弗里德利希·冯·哈耶克:《自由秩序原理》,邓正来译,三联书店 1997 年版。

〔79〕[美]米什金:《货币金融学》(第 4 版),李扬等译,中国人民大学出版社 1998 年版。

〔80〕[美]休·奥尔特、[加]布赖恩·阿诺德等:《比较所得税法——结构性分析》(第 3 版),丁一、崔威译,北京大学出版社 2013 年版。

〔81〕[美]凯文·E. 墨菲、[美]马克·希金斯:《美国联邦税制》,解学智、夏琛舸、张津主译,东北财经大学出版社、汤姆森学习出版集团 2001 年版。

〔82〕[日]中里实、弘中聪浩等编:《日本税法概论》,西村朝日律师事务所西村高等法务研究所监译,法律出版社 2014 年版。

〔83〕[美]约翰·罗尔斯:《正义论》,何怀宏、何包钢、廖申白译,中国社会科学出版社 1988 年版。

〔84〕[英]S. F. C. 密尔松:《普通法的历史基础》,李显冬等译,中国大百科全书出版社 1999 年版。

〔85〕[英]锡德里克·桑福德主编:《成功税制改革的经验与问题》,邓力平主译,中国人民大学出版社 2001 年版。

〔86〕[日]金子宏:《日本税法原理》,刘多田等译,中国财政经济出版社 1989 年版。

〔87〕[美]理查德·A. 波斯纳:《法律的经济分析》,蒋兆康译,中国大百科全书出版社 1997 年版。

〔88〕[英]加利·瓦特:《衡平法和信托法简明案例》(第 2 版),武汉大学出版社 2004 年版。

〔89〕[英]威廉·配第:《赋税论》,邱霞、原磊译,华夏出版社 2006 年版。

〔90〕[英]大卫·李嘉图:《经济学及赋税之原理》,郭大力、王亚南译,上海三联书店 2014 年版。

〔91〕[日]北野弘久:《税法学原论》(第4版),陈刚等译,中国检察出版社2001年版。

〔92〕[美]曼昆:《经济学原理》(第6版),梁小民、梁砾译,北京大学出版社2012年版。

〔93〕[美]哈维·S.罗森、[美]特德·盖亚:《财政学》,郭庆旺译,中国人民大学出版社2015年版。

〔94〕[英]亚当·斯密:《国富论》,贾拥民译,中国人民大学出版社2016年版。

〔95〕[美]维克多·瑟仁伊:《比较税法》,丁一译,北京大学出版社2006年版。

〔96〕[法]勒内·达维德:《当代主要法律体系》,漆竹生译,上海译文出版社1984年版。

〔97〕[日]金子宏:《日本税法》,战宪斌等译,法律出版社2004年版。

〔98〕[德]阿尔弗雷德·格雷纳:《财政政策与经济增长》,郭庆旺、杨铁山译,经济科学出版社2000年版。

〔99〕[美]兹维·博迪、[美]罗伯特·C.默顿、[美]戴维·L.克利顿:《金融学》(第2版),曹辉、曹音译,中国人民大学出版社2010年版。

〔100〕[美]博迪、[美]凯恩、[美]马库斯:《投资学》,汪昌云、张永冀等译,机械工业出版社2012年版。

二、中文论文与期刊

〔1〕张天民:《信托税制研究》,载《经济导刊》2000年第4期。

〔2〕陈涵、涂永式、王统林:《论信托受益权流通的税收机制完善》,载《税务研究》2017年第1期。

〔3〕郝琳琳:《我国个人所得税反避税规则的优化——以税务透明化背景下高净值人群跨境避税与税收征管为视角》,载《中国社会科学院研究生院学报》2021年第6期。

〔4〕赵廉慧:《慈善信托税收政策的基本理论问题》,载《税务研究》2016年第8期。

〔5〕刘继虎:《论形式移转不课税原则》,载《法学家》2008年第2期。

〔6〕姜雪莲:《日本新信托税制内容探析》,载《税务研究》2014年第6期。

〔7〕崔晓静、陈镜先:《离岸信托避税规制的域外经验及其启示》,载《国际

法研究》2021 年第 4 期。

〔8〕肖韵、鲁篱:《金融信托的适用例外:对受益人课税作为信托所得一般课税原则的考察》,载《山东社会科学》2015 年第 6 期。

〔9〕马瑞乾:《共同富裕背景下家族信托所得税课税的国际经验及其借鉴》,载《税收经济研究》2022 年第 1 期。

〔10〕徐卫:《规避遗产税的信托行为:否定抑或宽容——写在未来遗产税开征之前》,载《上海财经大学学报(哲学社会科学版)》2013 年第 2 期。

〔11〕张建棣:《信托收益所得税法的比较与借鉴》,载刘剑文主编:《财税法论丛》第 2 卷,法律出版社 2003 年版。

〔12〕马伟、余菁:《各国(地区)房地产投资信托税收待遇比较及借鉴》,载《国际税收》2016 年第 4 期。

〔13〕刘继虎:《信托移转所得之税基规则研究》,载《政法论丛》2018 年第 6 期。

〔14〕王忠庆、高鹰:《信托业务企业所得税流失的案例警示》,载《税务研究》2016 年第 6 期。

〔15〕邓子基、唐文倩:《关于我国发展房地产投资信托的税收政策研究》,载《福建论坛(人文社会科学版)》2011 年第 4 期。

〔16〕汪诚、戈岐明:《房地产投资信托基金的税收问题探究》,载《税务研究》2015 年第 7 期。

〔17〕赵廉慧:《破解慈善信托税制困局的理论路径》,载《税务研究》2021 年第 11 期。

〔18〕蔡概还:《信托业调整与发展的趋势》,载《清华金融评论》2016 年第 6 期。

〔19〕尹音频:《证券课税的经济效应探析》,载《财经论丛》1999 年第 1 期。

〔20〕赵廉慧:《日本信托税制简介》,载《涉外税务》2010 年第 8 期。

〔21〕黎颖露:《关于股权捐赠和慈善信托的税收问题》,载《中国民政》2016 年第 6 期。

〔22〕董淼:《营改增对信托行业的影响及对策》,载《现代商业》2017 年第 7 期。

〔23〕李生昭:《中国信托税收机理研究——基于信托本质分析基础》,载《中央财经大学学报》2014 年第 6 期。

〔24〕张军建、陈光:《建构我国遗产信托制度的思考》,载《中南大学学报

(社会科学版)》2004 年第 6 期。

〔25〕许多奇、杨州:《公益信托灾害救济的税法扶持与规制》,载《法学》2010 年第 9 期。

〔26〕张牧君:《合伙企业所得税制度的困境和出路——从创业投资企业个人合伙人所得税争议切入》,载《政治与法律》2020 年第 3 期。

〔27〕汤洁茵:《法治视野下一般反避税规则的续造》,载《法学》2022 年第 6 期。

〔28〕国家税务总局湖北省税务局课题组:《高收入高净值自然人税收征管的国际经验借鉴》,载《税务研究》2022 年第 4 期。

〔29〕曹阳:《我国房地产投资信托(REITs)的标准化发展与法律制度建设》,载《法律适用》2019 年第 23 期。

〔30〕陈熔:《房地产投资信托的税收制度改革刍议》,载《山西财政税务专科学校学报》2018 年第 2 期。

〔31〕郭晓恺、曹阿雪:《完善配套制度,发展公募 REITs》,载《清华金融评论》2019 年第 9 期。

〔32〕胡强:《艰难跨越:从类 REITs 到公募基础设施 REITs》,载《清华金融评论》2020 年第 12 期。

〔33〕席月民:《REITs 税收激励机制:课税原则与税收优惠》,载《证券法苑》2021 年第 1 期。

〔34〕王家俊:《信托税制中税负主体的确定性研究》,载《江汉论坛》2020 年第 7 期。

〔35〕马蔡琛、龙伊云:《私募股权基金税收政策的实践与展望》,载《税收经济研究》2022 年第 4 期。

〔36〕闫海:《基于组织形态的私募投资基金所得税法困境及其破解》,载《税收经济研究》2018 年第 6 期。

〔37〕欧阳天健:《反思与重构:法治视域下有限合伙制创投企业税制研究》,载《现代经济探讨》2020 年第 2 期。

〔38〕陈彬、夏旭:《公募基础设施 REITs 发展税收相关问题研究》,载《地方财政研究》2021 年第 1 期。

〔39〕李平、杨默如:《美国房地产投资信托税收政策研究及借鉴》,载《国际税收》2018 年第 12 期。

〔40〕刘迎霜:《我国公益信托法律移植及其本土化:一种正本清源与直面

当下的思考》,载《中外法学》2015 年第 1 期。

〔41〕金锦萍:《论公益信托之界定及其规范意义》,载《华东政法大学学报》2015 年第 6 期。

〔42〕徐孟洲:《论我国公益信托的设立》,载《广东社会科学》2012 年第 5 期。

〔43〕尹音频、辜红帆:《我国资产证券化税制评析与重构》,载《税务研究》2010 年第 6 期。

〔44〕王斌:《对我国资产证券化中 SPV 税收制度的探讨》,载《涉外税务》2010 年第 8 期。

〔45〕刘燕:《我国资产证券化中 SPV 税收政策评析》,载《税务研究》2007 年第 4 期。

〔46〕高金平:《证券投资基金管理人和投资人涉税问题分析》,载《中国税务》2017 年第 3 期。

〔47〕汤洁茵:《证券投资基金纳税主体资格的法律确证》,载《税务与经济》2008 年第 6 期。

〔48〕何家凤、何少武:《美国虚假信托的税收分析及对我国的启示》,载《商业会计》2011 年第 28 期。

〔49〕刘剑文、王文婷:《实质课税原则与商业创新模式》,载《税收经济研究》2011 年第 2 期。

〔50〕滕祥志:《实质课税的中立性及其与税收法定原则的关系》,载《国际税收》2015 年第 10 期。

〔51〕叶姗:《实质课税主义的理论价值确证》,载《学术论坛》2006 年第 2 期。

〔52〕刘映春:《实质课税原则的相关法律问题》,载《中国青年政治学院学报》2012 年第 1 期。

〔53〕汤洁茵:《原则还是例外:经济实质主义作为金融交易一般课税原则的反思》,载《法学家》2013 年第 3 期。

〔54〕尹音频、张昆明:《资本市场适度税负的研究与思考》,载《税务研究》2005 年第 10 期。

〔55〕黄士洲:《一般反避税立法实践的比较研究——以中国台湾地区、日本与德国税法相关规定与实例为主线》,载《交大法学》2015 年第 1 期。

〔56〕江平、周小明:《论中国的信托立法》,载《中国法学》1994 年第 6 期。

〔57〕吴小海、李本贵:《完善我国证券课税制度的政策研究》,载《税务研究》2005 年第 10 期。

〔58〕楼建波、刘燕:《论信托型资产证券化的基本法律逻辑》,载《北京大学学报(哲学社会科学版)》2006 年第 4 期。

〔59〕钱勤英:《浅议我国的信托税立法》,载《社科纵横》2008 年第 3 期。

〔60〕崔明霞、彭学龙:《信托制度的历史演变与信托财产权的法律性质》,载《中南财经大学学报》2001 年第 4 期。

〔61〕蔡则祥:《浅议证券投资基金的税收政策》,载《税务与经济》1999 年第 1 期。

〔62〕刘宁:《投资基金的五种课税模式》,载《经济研究参考》1999 年第 5 期。

〔63〕郝琳琳:《信托所得课税困境及其应对》,载《法学论坛》2011 年第 5 期。

〔64〕李青云:《论对个人财产转移信托的课税》,载《涉外税务》2007 年第 6 期。

〔65〕刘雪雁:《金融服务业征收增值税的国际比较与借鉴》,载《税务研究》2012 年第 12 期。

〔66〕茆晓颖:《中国证券市场税收效应和制度分析》,苏州大学 2006 年博士学位论文。

〔67〕闫晓茗:《金融行业增值税征收的国际经验借鉴》,载《中国财政》2016 年第 6 期。

〔68〕郑江平:《税收法治论纲》,厦门大学 2002 年博士学位论文。

〔69〕马恩涛:《金融服务业增值税征收问题的思考》,载《税务研究》2010 年第 9 期。

〔70〕梁月、张奇渊:《金融服务增值税制度的国际借鉴》,载《中国税务》2013 年第 5 期。

〔71〕杨小强:《金融服务:从营业税纳入到增值税》,载《金融会计》2015 年第 2 期。

〔72〕郝琳琳:《信托规避遗产税的立法应对》,载《税务经济研究》2014 年第 2 期。

〔73〕郝琳琳:《证券投资基金所得税制度的缺失及优化——以信托税收制度为研究视角》,载《商业时代》2011 年第 23 期。

〔74〕朱圆:《论信托的性质与我国信托法的属性定位》,载《中外法学》2015年第5期。

〔75〕高凌云:《收益权信托之合法性分析——兼析我国首例信托诉讼判决之得失》,载《法学》2015年第7期。

〔76〕郝琳琳:《信托所得课税规则研究》,载《中央财经大学学报》2011年第7期。

三、西文著作、法典及论文

〔1〕Internal Revenue Code, USA.

〔2〕Income Tax Act, UK.

〔3〕Corporation Tax Act, UK.

〔4〕Capital Transfer Tax Act, UK.

〔5〕Income Tax Act, Japan.

〔6〕Corporation Tax Act, Japan.

〔7〕Hoffman, Raabe, Smith, Maloney, *Corporations, Partnerships, Estates and Trusts*, South Western, 2013.

〔8〕Martin J. McMahon Jr, Bruce A. McGovern, *Recent Developments in Federal Income Taxation: The Year* 2016, Florida Tax Law Review, 2017.

〔9〕Rose-Marie Belle Antoine, *The Offshore Trust: A Catalyst for Development*, Journal of Financial Crime, 2007.

〔10〕William Byrnes, *Background and Current Status of FATCA and CRS*, Sept. 2017edition, Texas A & M University School of Law Legal Studies Research Paper, 2017.

〔11〕Yariv Brauner, *Treaties in the Aftermath of BEPS*, 41 Brook. J. Int1 L. 973 (2016).

〔12〕Andreas Haufle, *Taxation in a Global Economy*, Cambridge University Press. 2001.

〔13〕Charlene D. Luke, *Beating the "Wrap": The Agency Effort to Control Wraparound Insurance Tax Shelters*, 25 VA. Tax Rev. 129 (2005).

〔14〕Michael K. Friel, *Getting Physical: Excluding Personal Injury Awards Under the New Section* 104(*a*)(2), University of Montana Law Review, Vol. 58, No. 1 (1997).

〔15〕D' Addio, Michael F, *The Aragona Case: A Blueprint to Avoid the Net Investment Income Tax on Trusts*, Construction Accounting & Taxation, 2014.

〔16〕Murphy Kristina, *The Role of Trust in Nurturing Compliance: A Study of Accused Tax Avoiders*, Law and Human Behavior, 2004.

〔17〕Amoako-Adu, Ben, Smith, Brian F, *Valuation Effects of Recent Corporate Dividend and Income Trust Distribution Tax Changes*, Canadian Journal of Administrative Sciences, 2008.

〔18〕Alon Kaplan, Lyat Eyal, *Israel: Trusts and Foundations under Israeli Law: So Different, Yet the Same for Tax Purposes*, Trusts & Trustees, 2015.

〔19〕Milan Tadić, *Economic Effects Real Estate Tax*, Economics, 2016.

〔20〕M. Ferguson, J. Freeland & M. Ascher, *Federal Income Taxation of Estates, Trusts and Beneficiaries*, Aspen Law & Business, 1998.

〔21〕Pavel A. Yakovlev, Antony Davies, *How Does the Estate Tax Affect the Number of Firms?* Journal of Entrepreneurship and Public Policy, 2014.

〔22〕Stelios Tofaris, *Trust Law Goes East: The Transplantation of Trust Law in India and Beyond*, The Journal of Legal History, 2015.

〔23〕William M. Getry, Deen Kemsley, Christopher J. Mayer, *Dividend Taxes and Share Prices: Evidence from Real Estate Investment Trusts*, The Journal of Finance, 2008.

〔24〕George T. Bogerrt, *Trusts*, West Publishing Co., 6th edition, 1987.

〔25〕Caroline D. Strobel, *Administration's Proposals for Estate and Gift Tax*, J. Corp. Acct. Fin., 2012.

〔26〕Anton Jonseph, *Derivative: International Financial Reporting Standards and Taxation*, Derivative and Financial Instrument, 2005.

〔27〕Patrick M. Rooney, Eugene R. Tempel, *Repeal of the Estate Tax and Its Impact on Philanthropy*, Nonprofit Management and Leadership, 2001.

〔28〕Simon Gardrer, *An Introduction to the Law of Trusts*, Oxford University Press, 1990.

〔29〕Christian E. Weller, Manita Rao, *Progressive Tax Policy and Economic Stability*, Journal of Economic Issues, 2010.

〔30〕Sarka Sobotovicova, *Gift Tax and Its Incorporation into the Income Tax*, International Advances in Economic Research, 2016, Vol. 22 (3), p. 359 – 360.

〔31〕Xudong Chen, Na Hu, Xue Wang, Xiaofei Tang, *Tax Avoidance and Firm Value: Evidence from China*, Nankai Business Review International, 2014.

〔32〕Nubia Evertsson, *Is the Top Leadership of the Organizations Promoting Tax Avoidance?* Journal of Financial Crime, 2016.

〔33〕Scott D. Dyreng, Michelle Hanlon, Edward L. Maydew, Jacob R. Thornock, *Changes in Corporate Effective Tax Rates over the Past* 25 *years*, Journal of Financial Economics, 2017.

〔34〕H. A. J. Ford & W. A. Lee, *Principles of the Law of Trusts*, 2nd edition, Carswell, 1996.

〔35〕Peter J. Fagan, *Charitable Remainder Trusts*, Irwin Professional Publishing, 2002.

〔36〕Martin J. McMahon, Jr. Daniel L. Simmons, Paul R. McDaniel, *Federal Income Taxation of Corporations*, Fourth Edition, Foundation Press, 2013.

〔37〕J. Martin Burke, Michael K. Friel, *Taxation of Individual Income*, Eleventh Edition, Lexis Nexis, 2015.

〔38〕Florin Dumiter, Florin Turcas, Anca Opret, *German Tax System: Double Taxation Avoidance Conventions, Structure and Developments*, Journal of Legal Studies, 2015.

〔39〕Norman Mugarura, *Tax havens, Offshore Financial Centers and the Current Sanctions Regimes*, Journal of Financial Crime, 2017.

〔40〕Peter J. Lambert, Thor O. Thoresen, *The Inequality Effects of a Dual Income Tax System*, The B. E. Journal of Economic Analysis & Policy, 2012.

〔41〕Kevin X. D. Huang, Qinglai Meng, Jianpo Xue, *Balanced-budget Income Taxes and Aggregate Stability in a Small Open Economy*, Journal of International Economics, 2014.

〔42〕Paul Halpern, Oyvind Norli, *Canadian Business Trusts: A New Organizational Structure*, Journal of Applied Corporate Finance, 2006.

〔43〕Mariyana Pavlova, *Tax Impact on Household Income*, Economics and Business, 2016.

〔44〕Regis W. Compfield, Martin B. Dickinson, William J. Turnier, *Taxation of Estates, Gifts and Trusts*, 23rd Edition, Thomson West, 2006.

〔45〕G. L. W., *The Law Relating to Trusts and Trustees*, The Cambridge

Law Journal, 1941.

[46] Dr. Wolf Goodman, *Canadian Taxation of Trust and Their Beneficiaries*, International Bureau of Fiscal Documents, March 1999.

[47] J. D. Heyton, P. L. Loughlan, *Case and Materials on Equity and Trusts*, 5th ed., Butterworths, 1997.

[48] Tony Sherring, *UK Resident Trusts*, Tolley Publishing Company Ltd., 1994.

[49] Brooke Harrington, *Trust and Estate Planning: The Emergence of a Profession and Its Contribution to Socioeconomic Inequality*, Sociological Forum, 2012.

[50] F. P. Ramsey, *A Contribution to the Theory of Taxation*, Economic Journal, 1927.

[51] David Hayton, *The Developing European Dimension of Trust Law*, King's Law Journal, 1999.

[52] Harrison C. Dunning, *The Public Trust: A Fundamental Doctrine of American Property Law*, Issues in Legal Scholarship, 2011.